Mittelmeerraum überaus einflussreich werden sollte.[67] Denn Braudel gehörte zu den Begründern einer der innovativsten Schulen der Geschichtswissenschaft im 20. Jahrhundert, der *Annales* – Schule, die den wohl nachhaltigsten Beitrag der französischen Historiographie zur Theoriedebatte der Geschichtswissenschaft darstellt.[68] Dass ausgerechnet das Haupt dieser Strömung Hartlaubs Dissertation für so wertvoll erachtete, dass er den Autor allein viermal in seinem Werk namentlich erwähnte[69] – selbst Leopold von Ranke brachte es ebenfalls nur auf vier Namensnennungen –, stellt einen bislang kaum beachteten Ritterschlag für den Historiker Felix Hartlaub dar. Dabei zollte Braudel sowohl dem Inhalt als auch der Methode von Hartlaubs geschichtswissenschaftlicher Visitenkarte Respekt.

Warum hat die ausgefächerte Forschung zur *Annales* - Schule davon bislang keine Notiz genommen? Dies mag einerseits daran liegen, dass Braudel Hartlaub im dritten Teil seiner mehr als tausend Seiten zählenden Studie auswertete, welcher den politischen Ereignissen gewidmet war. Braudel reihte ihn unter die „ouvrages essentiels“ ein und gruppierte ihn dabei unter die Werke „pour l´histoire événementielle“.[70] Just dieser letzte Teil erschien Strukturhistorikern allerdings als lästige Abarbeitung der unumgänglichen politischen Di-

67 Vgl. lediglich Ernst Hinrichs: Fernand Braudel (1902-1985), in: Heinz Duchhardt/Małgorzata Morawiec/Wolfgang Schmale/Winfried Schulze (Hg.): Europa-Historiker. Ein biographisches Handbuch Bd. 2, Göttingen 2007, S. 251-270; Michael Erbe: Braudels Mittelmeerbuch als klassisches Werk der ‚Annales'-Historiographie, in: ders.: Zur Neueren Französischen Sozialgeschichtsforschung. Die Gruppe um die ‚Annales', Darmstadt 1979, S. 73-90; Manuel Borutta: Braudel in Algier. Die kolonialen Wurzeln der ‚Méditerranée' und der ‚spatial turn', in: Historische Zeitschrift 303 (2016), S. 1-38.

68 Grundlegend hierzu ist Lutz Raphael: Die Erben von Bloch und Febvre. *Annales*- Geschichtsschreibung und *nouvelle histoire* in Frankreich 1945 - 1980, Stuttgart 1994.

69 Vgl. Braudel: Méditerranée, S. 878, S. 923, S. 934 und S. 947.

70 Ebd., S. 1126.

mension, während sie das eigentlich innovative Potential bei Braudel darin erblickten, dass er die Geschichtswissenschaft aus der Dominanz der Politikgeschichte befreit und für die Bedeutsamkeit geographischer, gesellschaftlicher und ökonomischer Faktoren geöffnet habe.[71] Dass dies eine Verkürzung des methodischen Ansatzes von Braudel darstellt, hat Lutz Raphael in seiner eindrucksvollen Habilitationsschrift überzeugend ausgebreitet.[72] Denn Braudel besaß eine ausgeprägte Sensibilität für erzählerische Formen historischer Darstellung; und dieses Formenbewusstsein ging eine fruchtbare Synthese ein mit einer ausgeprägten Quellenkenntnis. Der einzelgängerisch veranlagte Braudel demonstrierte in seiner epochalen Dissertation mithin eindrucksvoll, dass strenge Rückbindung an die Quellen und unbändige Erzählfreude kein Gegensatzpaar bilden mussten – und genau an diesem Punkt trafen sich Braudel und Hartlaub.

Braudel schätzte an Hartlaubs Dissertation nicht nur die solide Verarbeitung des historischen Stoffs. Denn auch bei seiner Einordnung des Ereignisses in übergreifende strukturelle Kontexte glaubte er in Felix Hartlaub einen Geistesverwandten gefunden zu haben. Dass eine allein an Ereignissen ausgerichtete Historie lediglich an der Oberfläche kratzt und die historischen Tiefenströmungen nicht freizulegen vermag, war ein Credo der *Annales*- Schule, welches Braudel auch bei seiner Behandlung der Seeschlacht von Lepanto bekannte: Er wollte an diesem Beispiel zeigen, „welche Grenzen einer Geschichtsschreibung gezogen sind, die sich auf Ereignisse stützt."[73] Damit war er nicht weit entfernt von Positionen, die Felix Hartlaub in seine Darstellung

71 Vgl. hierzu unter anderem Peter Burke: Geschichte der Annales. Die Entstehung einer neuen Geschichtsschreibung, Berlin 2004.
72 Vgl. Raphael: Erben, vor allem S. 110 - 118.
73 Braudel: Mittelmeer, S. 257; im französischen Original heißt es, man könne an der Schlacht von Lepanto erkennen „les limites mêmes de l' histoire événementielle": Braudel, Méditerranée, S. 924.

immer wieder einfließen ließ. Gewiss nahmen bei Hartlaub überindividuelle Antriebskräfte nicht diejenige Bedeutung ein, welche ihnen Braudel zumaß. Aber dafür leitete Hartlaub aus der Beziehung zwischen Juan d' Austria und dem Papst die eigentliche Dynamik der von ihm erzählten Geschichte ab, die sich auf diese Weise der reinen Ereignishaftigkeit des Geschehens entzog: „Der Papst und der Kaisersohn müssen ganz unmittelbar aufeinander bezogen werden, wenn die Betrachtung der Lepantozeit sich nicht mit der Vergegenwärtigung von diplomatischen Verhandlungen und Kriegsereignissen begnügen will."[74]

Hartlaub huldigte dabei keinem naiven Personenzentrismus; denn Personenkonstellationen waren für ihn nur dann geschichtsmächtig, wenn sie sich mit den Strömungen und Erfordernissen der jeweiligen Zeit vermählten.[75] Gewiss legte Braudels Ansatz den Hauptakzent auf überpersönliche Strukturen – aber dies bedeutet nicht, dass Braudel Personen aus seiner Darstellung verbannt hätte. Denn schließlich hatte er bereits im Titel zum Ausdruck gebracht, dass der strukturbildende Terminus „Méditerranée", der als Kollektivsingular als Sammelbegriff für die geographischen, sozialen und wirtschaftlichen Fundamente diente, die Braudel ins Zentrum rücken wollte, nicht ohne Konzessionen an die geschichtsbildende Kraft der Persönlichkeit auskam. Braudel hatte daher den von ihm behandelten Zeitraum nach dem spanischen König Philipp II. benannt – und folgerichtig endet sein Werk auch mit dem Tod dieses Monarchen im Jahre 1598. Braudel räumte in diesem Schlusskapitel ein, dass Personen und überpersönliche Kräfte in einem strukturellen Spannungsverhältnis stehen, wenn es um eine Gesamtdarstellung geht. Denn Philipp II. habe vermutlich niemals den

74 Hartlaub: Don Juan, S. 35; in unserer Ausgabe S. 76.
75 Vgl. ebd., S. 31; in unserer Ausgabe S. 70-71.

Leitbegriff „Méditerranée“ in dem von Braudel verwendeten Sinn gebraucht.[76]

Aber weil Braudel der Geschichtsmächtigkeit von handelnden Personen Reverenz erwies, besaß die Darstellung von Geschichte für ihn immer auch eine dramatische Seite.[77] Auf diese Weise konnte man die Akteure nicht nur wie in einem Theaterstück auftreten lassen; auch für die Inszenierung des eigenen Lebens und auch Sterbens besaß Braudel ein sicheres Gespür. Daher konnte ihm auffallen, wie sehr Philipp II. sein sich abzeichnendes Ableben öffentlich inszenierte als „une belle œuvre d‘ art“.[78] Aus diesem Grunde konnte Braudel auch keine grundsätzlichen Einwände gegen die von Hartlaub gewählten dramatischen Darstellungsformen anbringen. Die menschlichen Abgründe und Tragiken, die Hartlaubs Zentralfigur Juan d‘ Austria durchlebt, sind für Braudel legitime ästhetische Ordnungsprinzipien. Es ist zumindest eine bedenkenswerte Idee, wenn Braudel dabei eine Shakespearsche Rolle für Hartlaubs Helden reklamiert.[79] Und auch Braudel war nicht frei davon, seine Darstellung des Geschehens zu dramatisieren. Juan d'Austria erscheint bei ihm allerdings als Agent metahistorischer Triebkräfte, wenn er ihn angesichts von dessen Entscheidung, die osmanische Flotte anzugreifen, als „ouvrier du destin“[80] stilisiert. Insofern wird man die Vermutung wagen können, dass sich selbst Braudel von der dramatischen Darstellungsform Hartlaubs in den Bann

76 Braudel: Méditerranée, S. 1087.
77 Ebd., S. 721.
78 Ebd., S. 1086.
79 Ebd., S. 923. Dabei ist zu bedenken, dass die deutsche Übersetzung diesen Passus unzutreffend wiedergibt. Denn Braudel räumt ausdrücklich als Gewißheit ein, dass Juan d'Austria – und zwar „seul“, also allein – das Schicksal gezwungen habe („forcé le destin“); die deutsche Übersetzung überführt diese klare Aussage in einen Fragesatz, der eine negative Antwort erwarten läßt: Braudel: Mittelmeer, S. 257.
80 Ebd., S. 937; in der deutschen Übersetzung mit „Werkzeug des Schicksals“ wiedergegeben: Braudel: Mittelmeer, S. 276.

ziehen ließ und dabei zu geschichtsphilosophisch - vitalistisch umrahmten Kategorien[81] griff, um den vermeintlichen Auftraggeber seiner Akteure dingfest zu machen.

III.

Per Saldo lässt sich hinsichtlich der im engeren Sinne akademischen Vita Hartlaubs festhalten, dass er sich mit seiner geschichtswissenschaftlichen Dissertation durchaus für höhere wissenschaftliche Aufgaben qualifiziert hatte. Er war kein Bummelstudent gewesen und bewegte sich zumindest in den drei im Rigorosum abgefragten Fächern – neben Neuerer Geschichte und Kunstgeschichte auch noch Mittelalterliche Geschichte – auf durchaus sicherem Boden, so dass nicht nur die Dissertation, sondern auch das Rigorosum die Note „sehr gut" erhielt. Und dass er sich in dem ihm unvertrautesten Gebiet, der Mittelalterlichen Geschichte, der Hilfe eines Repetitors bediente, war ebenfalls nicht ganz ungewöhnlich.[82]

Nun standen ihm im akademischen Betreib zwar nicht übermäßig viele, aber doch einige Türen offen – wie etwa die des Heidelberger Neuzeithistorikers Willy Andreas[83], der ihn allem Anschein nach Anfang 1942 mit der Aussicht auf eine Habilitation an seine Universität locken wollte.[84] Aber der Krieg forderte seinen Tribut – und für den wehrfähigen Hartlaub war an der Universität kein Platz, wohl aber in dem

81 Dazu Raphael: Erben, S. 118.

82 Über Verlauf und Vorbereitung des Rigorosums hat sich Hartlaub brieflich ausführlich ausgelassen, vgl. seine Schreiben aus der Zeit vom 10. Januar bis 22. Februar 1939 an seine Eltern sowie seine Vertraute Erna Gysi, abgedruckt bei Ewenz, Hartlaub, Bd. 1, S. 301-312.

83 Vgl. zur Person Bernd Faulenbach: Andreas, Willy (1884-1967), in: vom Bruch/Müller (Hg.), Historikerlexikon, S. 6-7.

84 Vgl. das Schreiben Hartlaubs an seinen Vater, 6. 2. 1942, Ewenz, Bd. 1, S. 511-513.

einzigen Format, in dem aufstrebende Historiker während des Krieges fachlich adäquat eingesetzt werden konnten: der „Kriegsgeschichtlichen Abteilung im Oberkommando der Wehrmacht“. Diese im Frühjahr 1941 ins Leben gerufene Einrichtung hatte die Aufgabe, für Hitler persönlich eine lebendige Geschichte des Krieges zu schreiben, in welcher nicht zuletzt Hitler als Feldherr eine zentrale Position einnehmen sollte.[85] Da die Abteilung von Hartlaubs akademischem Lehrer Walter Elze, besetzt werden sollte, fiel auch das Auge von Elze Meisterschüler und „Headhunter“ Wilhelm Scheidt auf Hartlaub. Allerdings scheiterte der erste Versuch, den Nachwuchshistoriker für die Berliner Dienststelle zu gewinnen.[86]

Doch Hartlaub kam erneut ins Spiel, weil der mit der Führung des „Kriegstagebuches“ des Wehrmachtführungsstabs im OKW beauftragte Archivar, Dr. Helmuth Greiner, einen wissenschaftlichen Mitarbeiter benötigte – und ihn im Mai 1942 in Gestalt des promovierten Historikers Felix Hartlaub auch erhielt.[87] An der Seite Greiners musste Hartlaub eine Aufgabe bewältigen, für die er nicht gerade geschaffen war. Alle 14 Tage hatte er aus den ihm zugegangenen schriftlichen Unterlagen eine Art Chronik des Kriegsverlaufes anzufertigen und dabei die zugrundeliegenden militärischen Führungsentscheidungen aufzunehmen. Dies setzte die Fähigkeit voraus, aus einer schier unüberschaubaren Quellenflut das Wesentliche herauszuschälen. Es handelt sich um eine Arbeit, für die ein pedantischer, getreulich und fleißig die Faktenlage rekonstruierender Historiker wie geschaffen schien – nur eben nicht ein kreativer Kopf mit literarischen Ambitionen wie Felix Hartlaub.

85 Vgl. Pyta: Hitler, S. 41-42, S. 312-324, S. 332-334.
86 Vgl. das Schreiben Hartlaubs an seinen Vater, 1. Juni 1941, ebd., S. 474.
87 Vgl. die Eintragung vom 21. Mai 1942 in den Aufzeichnungen von Marianne Feuersenger, der Sekretärin des Leiters der „kriegsgeschichtlichen Abteilung des OKW“, Oberst Scherff. Marianne Feuersenger: Im Vorzimmer der Macht, München 1999, S. 123.

Hartlaub verbrachte dennoch zweieinhalb Jahre, die Zeit vom Mai 1942 bis zum November 1944, im Führerhauptquartier in der Wolfsschanze, gelegentlich auch im Ausweichquartier in Berchtesgaden. In dieser Zeit entwickelte er auf dem Gebiet der Fleißarbeit eines Historikers, also der detailgenauen Rekonstruktion und Zusammenfassung von historischen Vorgängen, eine bemerkenswerte Fähigkeit. Zuerst an der Seite von Dr. Greiner lieferte er alle 14 Tage das ab, was er ironisch seine „Schulaufgaben"[88] nannte: „Wir ... reihen einfach gedrängte Inhaltsangaben und Zusammenfassungen der Aktenstücke, die unmittelbar aus den Händen der geschichtemachenden Männer in unsere Mappen geflattert kommen, aneinander. Immerhin müssen wir alle 14 Tage ein Opus von 60 - 80 Seiten abliefern".[89] Hartlaub war also auch zu einer solchen entbehrungsreichen Routinearbeit imstande, wenngleich er keinen Hehl daraus machte, dass ihm das „ameisenartige Zusammentragen und Gruppieren der Unterlagen"[90] nicht behagte. Aber insgesamt wirkte sich der Aufenthalt im Führerhauptquartier durchaus produktiv auf die Quantität des von Hartlaub fertig gestellten Textausstoßes aus. Auch wenn Hartlaub sich gelegentlich beklagte, dass man „ alles nur durch das Medium der Akten[91]" sähe, hatte diese Blickfeldverengung Hartlaub von seiner Schreibangst kuriert. Gerade weil er nicht unter dem Zwang stand, totem Aktenmaterial kreative und auch noch literarisch anspruchsvolle Synthesen zu entlocken, sondern in einem vorgeschalteten Schritt selbst als Aktenproduzent tätig war, war seine Hemmschwelle gesunken.

An dieser Stelle muss ausdrücklich darauf verwiesen werden, dass Hartlaub im Führerhauptquartier an der Produktion einer für die geschichtswissenschaftliche Forschung bis

88 Hartlaub an Erika Haase, 12.7.1942, Ewenz, Bd. 1, S. 544.
89 Hartlaub an Melita Laenebach, 15.1.1943, ebd., S. 576.
90 Ebd., S. 577.
91 Ebd., S. 576.

heute maßgeblichen Quelle an herausragender Stelle beteiligt war. Denn nirgendwo wird die Geschichte des Kriegsverlaufs und der ihr zugrundeliegenden operativen und strategischen Entscheidungen so greifbar wie im „Kriegstagebuch des OKW". Die entbehrungsreiche Arbeit von Hartlaub und seiner Historikerkollegen hat mithin die Zeitläufte überdauert; die von ihnen erstellten Dokumentationen wurden nicht – wie so viele militärhistorische Quellen – vernichtet, sondern für die Forschung gerettet und zwischen 1961 und 1965 als vierbändige Ausgabe (in zwei Teilbänden) publiziert[92] – insgesamt nahezu 6500 Druckseiten –; eine wahrlich beeindruckende Quellensammlung.

Dabei entwickelte sich Hartlaub im Laufe der Zeit von einem reinen Zuarbeiter, der Akten sortierte und griffbereit registrierte, zu einem Kriegshistoriker, der anhand eines privilegierten Zugriffs zur aktenmäßigen Hinterlassenschaft des Krieges auch eigene kriegshistorische Abhandlungen verfasste. Diese zunehmend anspruchsvollere Tätigkeit hing zuallererst mit einem Wechsel des Kriegstagebuchschreibers zusammen. Bis März 1943 wurde das Kriegstagebuch noch von dem fachlich bestens qualifizierten Wehrmachtsbeamten Helmuth Greiner geführt. Dieser besaß den Ehrgeiz, die militärische Lage so prägnant wie möglich darzustellen. Im Grunde befleißigte er sich in der Kunst, eine Art Regest der immer umfangreicheren militärischen Sachakten zu erstellen, auf denen im Kern das Kriegstagebuch beruhte. Hartlaub diente hierbei als bloßer Zuarbeiter, der für Greiner die Akten so aufbereitete, dass dieser seine regestartigen Zusammenfassungen einem zweiten Mitarbeiter, welcher die Kunst der Stenographie beherrschte, diktierte. Und bei diesem Diktat ließ sich Greiner von dem Anspruch leiten, „ein stilistisches

92 Kriegstagebuch des Oberkommandos der Wehrmacht (Wehrmachtführungsstab), 4 Bände, Frankfurt/Main 1961-1965.

Meisterwerk" zu schaffen, das seine Handschrift verriet: „Denn nie haben wir Formulierungen der Lageberichte, die uns vorlagen, wörtlich wiedergegeben, sondern immer verbessert und gekürzt".[93]

Im März 1943 wurde Dr. Greiner aber durch einen leibhaftigen Ordinarius ersetzt, den Göttinger Professor für Mittlere und Neuere Geschichte Percy Ernst Schramm. Schramm veränderte[94] die Schreibpraxis zugunsten Hartlaubs: Zwar fiel jenem weiterhin die Aufgabe zu, sich durch Aktenberge hindurchzuwühlen und diese nach einem bestimmten Strukturprinzip – nämlich der chronologischen Form der Abläufe des Kriegsgeschehens – zu ordnen. Doch der wissenschaftliche Ehrgeiz Schramms erschöpfte sich nicht wie bei seinem Vorgänger darin, eine quasi - regestenartigen Dokumentation zu erstellen. Schramm wollte im Rahmen der formalen Möglichkeiten eines Kriegstagebuchs den Krieg auch nach Sinngesichtspunkten organisieren und fertigte daher auch sogenannte „Ausarbeitungen" an, für welche Hartlaub ganze Entwürfe liefert bzw. Teile sogar selbst verfasste.[95] Hartlaub konzentrierte sich dabei zum einen auf einen Abriss der Gesamtkriegführung im ersten Viertel des Jahres 1944 sowie auf den südöstlichen Kriegsschauplatz im Jahre 1944; per Saldo dürfte Hartlaub für mehr als 160 Druckseiten in der späteren Publikation maßgeblich verantwortlich gewesen sein.[96]

Dies war im Kern darauf zurückzuführen, dass sich zwischen Hartlaub und Schramm immer mehr ein wissenschaftliches Schüler-Lehrer-Verhältnis entwickelte. Schramm tauschte sich mit Hartlaub fachlich über geschichtswissenschaftliche Fragen aus – wie ein Ordinarius mit seinem

93 Undatierte Aufzeichnung des zweiten Mitarbeiter Greiners, Dr. Walter Dietz, abgedruckt bei Schramm, KTB, Bd. IV, 2. Halbband, S. 1779.

94 Schramm, ebd., S. 1784.

95 Ebd., S. 1787 und S. 1805.

96 Schramm: KTB, Bd. IV, Teilband I, S. 78-120 sowie S. 601-727.

wissenschaftlichen Assistenten kommunizierte. Im Grunde fungierte Dr. Felix Hartlaub als wissenschaftlicher Assistent Prof. Schramms[97], weil er diesem eben auch bei den nicht wenigen wissenschaftlichen Publikationen half, die in dem von Lehrverpflichtungen freien Raum des Führerhauptquartiers gediehen. Etwas überspitzt formuliert kam Prof. Schramm in den Genuss vieler Forschungsfreisemester am Stück, die er mit Hilfe seiner neuen Erwerbung, der in seiner Doppelfunktion als Kriegstagebuchschreiber und wissenschaftlicher Assistent für ihn unentbehrliche Obergefreite Dr. Felix Hartlaub, bestens ausnutzte.[98] Dazu gehörte auch, dass er – wie damals nicht unüblich – die Namen seiner Mitarbeiter möglichst selten in Publikationen fallen ließ, für die er mit seinem Namen verantwortlich zeichnete.[99] Allem Anschein nach wollte sich Prof. Schramm für diese inoffizielle Assistententätigkeit in der Zeit nach Kriegsende dadurch revanchieren, dass er Hartlaub zur Habilitation an seine Heimatuniversität Göttingen führte. Schramm nahm also Hartlaub im Führerhauptquartier unter seine wissenschaftlichen Fittiche; und manches spricht dafür, dass er ihn in einer Art Privatissimum das wissenschaftliche

97 Als „Assistent" kategorisiert auch Thimme, Schramm, S. 477 die Funktion Felix Hartlaubs. Vgl. zum Verhältnis der beiden auch ebd., S. 479-480.

98 Allerdings gehörten noch weitere Historiker zu Schramms Dienststelle, so etwa der nachherige Bonner Geschichtsprofessor Walther Hubatsch und der Gymnasiallehrer Walter Diez. Vgl. Thimme, Schramm, S. 479; vgl. zum Werdegang Hubatschs auch Michael Epkenhans: Walter Görlitz und Walther Hubatsch. Zu den Anfängen und Problemen der Militärgeschichtsschreibung in der frühen Bundesrepublik, in: Hans Ehlert (Hg.): Deutsche Militärhistoriker von Hans Delbrück bis Andreas Hillgruber, Potsdam 2010, S. 53-68 und Frank-Lothar Kroll: Walther Hubatsch und die preußische Geschichte, in: Hans-Christof Kraus (Hg.): Das Thema „Preußen" in Wissenschaft und Wissenschaftspolitik vor und nach 1945, Berlin 2013, S. 435-461.

99 Hartlaubs Entwurfstätigkeit für den Überblick über die Gesamtkriegführung 1944 wird von Schramm übergangen, Schramm: KTB IV, Teilband I, S. 120. Schramm hat später durchaus freimütig eingeräumt, dass Hartlaub „in Wirklichkeit" als „wissenschaftlicher Mitarbeiter von großer Sachkenntnis [fungierte] und zudem befähigt [war], militärische Vorgänge schriftlich festzuhalten.": Ebd., Teilband II, S. 1815.

Rüstzeug an die Hand gab, um die damals für notwendig befundene Habilitationsreife zu erlangen. Denn dass er Hartlaub auf den Vorreiter der Kulturgeschichte, den im wilhelminischen Kaiserreich verkannten Leipziger Historiker Karl Lamprecht, ansetzte[100], spricht Bände. Lamprecht war für Hartlaub ein idealer Untersuchungsgegenstand, weil er methodisch und inhaltlich perfekt zu Hartlaubs Zugriff auf die Geschichte passte.

Nun sind wir an einem Punkt angelangt, an dem Hartlaubs Profil als Historiker so geschärft ist, dass wir Bilanz ziehen können: Felix Hartlaub war ein früher Exponent einer heute modern wirkenden Kulturgeschichte, der einen Zugang favorisierte, welcher die historischen Akteure ins Zentrum rückte und diese farbig ausleuchtete. Darüber hinaus war ihm durchaus das Handwerkszeug eines fleißigen Chronisten eigen, der sein eigenes Ich im Akt der historischen Dokumentation weitgehend auslöschte. Es wäre dabei von erheblichem Interesse, den Texttypus des „Kriegstagebuchs" mit Hilfe literaturwissenschaftlicher Fragestellungen auf die formalen Gestaltungsprinzipien hin zu systematisieren. Dass Hartlaub gerade in dieser Zeit der Zuarbeit für Dritte sich in literarisch gelungener Weise über das Leben im Führerhauptquartier verbreitete, mag auch dem Unbehagen geschuldet sein, dass er als Autor hinter den Dokumentenbänden verschwand, an deren Herstellung er maßgeblich beteiligt war. „Enthalte mich allen Verfassertums"[101] – diese Feststellung, die Hartlaub im Januar 1943 traf, bevor er an der Seite von Prof. Schramm aufblühte, zeugt aber nicht von der disziplinierenden und sich auf die

100 Ebd., S. 1816, vgl. auch das Schreiben Hartlaubs an seinen Vater, 5. Mai 1944, bei Ewenz, Bd. 1, S. 705-707. Vgl. zu den zeitgenössischen Debatten um Karl Lamprechts methodische Ansätze Roger Chickering: Karl Lamprecht: A German academic Life, 1856-1915, Atlantic Highlands/ New Jersey 1993; ders.: The Lamprecht Controversy, in: Hartmut Lehmann (Hg.): Historikerkontroversen, 2. Aufl. Göttingen 2001, S. 15-29.

101 Hartlaub an Melita Laenebach, 15.1.1943, Ewenz, Bd. 1, S. 577..

Textproduktion letztlich positiv auswirkenden Atmosphäre der Schreibgemeinschaft des Führerhauptquartiers. Wenn man die lange Zeit der in der Geschichtswissenschaft geltenden Karrieremuster bedenkt, wonach erst die entbehrungsvolle Arbeit an einer Dokumentation oder Edition den Historiker zur vollen Reife führe, kann man Hartlaubs Tätigkeit an der Seite seines akademischen Förderers Percy Ernst Schramm auch als Reifungsprozeß des Historikers Felix Hartlaub auffassen.

Quellen und Literatur

A. Archivalien

Deutsches Literaturarchiv, Marbach: Nachlass Felix Hartlaub

B. Gedruckte Quellen und Literatur

Biefang, Andreas: Der Streit um Treitschkes „Deutsche Geschichte" 1882/83. Zur Spaltung des Nationalliberalismus und der Etablierung eines national-konservativen Geschichtsbildes, in: Historische Zeitschrift 262 (1996), S. 391-422.

Borutta, Manuel: Braudel in Algier. Die kolonialen Wurzeln der ‚Méditerranée' und der ‚spatial turn', in: Historische Zeitschrift 303 (2016), S. 1-38.

Braudel, Fernand: Das Mittelmeer und die mediterrane Welt in der Epoche Philipps II. 3 Bde., Frankfurt a. M.1990 [zuerst frz. 1949].

vom Bruch, Rüdiger/Müller, Rainer A. (Hg.): Historikerlexikon. Von der Antike bis zur Gegenwart, 2. überarb. u. erw. Aufl. München 2002.

Brückner, Florian: Cultural turn und Erster Weltkrieg. Das Reichsarchiv und die literarische Politisierung des Kriegserlebnisses, in: Jahrbuch zur Kultur und Literatur der Weimarer Republik 16 (2013/14), S. 95-114.

Brühl, Reinhard: Militärgeschichte und Kriegspolitik. Zur Militärgeschichtsschreibung des preußisch-deutschen Generalstabes 1816-1945, Berlin (Ost) 1973.

Bushart, Magdalena: Pinder, Georg Maximilian Wilhelm, in: Neue Deutsche Biographie. Herausgegeben von der Historischen Kommission bei der Bayerischen Akademie der Wissenschaften. Bd. 20, Berlin 2001, S. 448-450.

Chickering, Roger: The Lamprecht Controversy, in: Hartmut Lehmann (Hg.): Historikerkontroversen, 2. Aufl. Göttingen 2001, S. 15-29.

Chickering, Roger: Karl Lamprecht: A German academic Life, 1856-1915, Atlantic Highlands/New Jersey 1993.

Cymorek, Hans: Schramm, Percy Ernst (1894-1970), in: vom Bruch/Müller (Hg.), Historikerlexikon, S. 299-300.

Deist, Wilhelm: Hans Delbrück – Militärhistoriker und Publizist, in: Militärgeschichtliche Zeitschrift 57 (1998), S. 371-383.

Eckel, Jan: Der Sinn der Erzählung. Die narratologische Diskussion in der Geschichtswissenschaft und das Beispiel der Weimargeschichtsschreibung, in: ders./Thomas Etzemüller (Hg.): Neue Zugänge zur Geschichte der Geschichtswissenschaft, Göttingen 2007, S. 201-229.

Ehlert, Hans (Hg.): Deutsche Militärhistoriker von Hans Delbrück bis Andreas Hillgruber, Potsdam 2010.

Epkenhans, Michael: Walter Görlitz und Walther Hubatsch. Zu den Anfängen und Problemen der Militärgeschichtsschreibung in der frühen Bundesrepublik, in: Ehlert (Hg.), Militärhistoriker, S. 53-68.

Erbe, Michael: Braudels Mittelmeerbuch als klassisches Werk der ‚Annales'-Historiographie, in: ders.: Zur Neueren Französischen Sozialgeschichtsforschung. Die Gruppe um die ‚Annales', Darmstadt 1979, S. 73-90.

Ewenz, Gabriele Lieselotte (Hg.): Felix Hartlaub: „In den eigenen Umriss gebannt". Kriegsaufzeichnungen, literarische Fragmente und Briefe aus den Jahren 1939 bis 1945, Bd. 1: Texte, dritte revidierte Auflage Frankfurt/Main 2007.

Fahrmeir, Andreas: Opfer borussischen Geschichtsmythos? Das 19. Jahrhundert in der Historiographie 1871-1995, in: Tel Aviver Jahrbuch für Geschichte XXV (1996), S. 73-95.

Faulenbach, Bernd: Ideologie des deutschen Weges. Die deutsche Geschichte in der Historiographie zwischen Kaiserreich und Nationalsozialismus, München 1980.

Faulenbach, Bernd: Andreas, Willy (1884-1967), in: vom Bruch/Müller (Hg.), Historikerlexikon, S. 6-7.

Fehrenbach, Elisabeth: Die Reichsgründung in der deutschen Ge-

schichtsschreibung, in: Reichsgründung 1870/71. Tatsachen, Kontroversen, Interpretationen. Herausgegeben von Theodor Schieder und Ernst Deuerlein, Stuttgart 1970, S. 259-290.
Feuersenger, Marianne: Im Vorzimmer der Macht, München 1999.
Fried, Johannes: Wissenschaft und Phantasie. Das Beispiel der Geschichte, in: Historische Zeitschrift 263 (1996), S. 291-316.
Fuge, Janina: Zwischen Kontroverse und Konsens: „Geschichtspolitik" als pluralistische Bewährungsprobe in der deutsche Nachkriegsgesellschaft in der Weimarer Republik, in: Harald Schmid (Hg.), Geschichtspolitik und kollektives Gedächtnis. Erinnerungskulturen in Theorie und Praxis, Göttingen 2009, S. 123-141.
Fulda, Daniel: Wissenschaft aus Kunst. Die Entstehung der modernen deutschen Geschichtsschreibung 1760-1860, Berlin/New York 1996.
Fulda, Daniel/Tschopp, Silvia Serena (Hg.): Literatur und Geschichte. Ein Kompendium zu ihrem Verhältnis von der Aufklärung bis zur Gegenwart, Berlin 2002.
Fulda, Daniel: Schiller als Denker und Schreiber der Geschichte. Historische Gründungsleistung und aktuelle Geltung, in: Hans Feger (Hg.): Friedrich Schiller. Die Realität des Idealisten, Heidelberg 2006, S. 121-150.
Gall, Lothar: 150 Jahre Historische Zeitschrift, in: Historische Zeitschrift 289 (2009), S. 1-23.
Gerwarth, Robert: Republik und Reichsgründung. Bismarcks kleindeutsche Lösung im Meinungsstreit der ersten deutschen Demokratie (1918-1933), in: Heinrich August Winkler (Hg.): Griff nach der Deutungsmacht. Zur Geschichte der Geschichtspolitik in Deutschland, Göttingen 2004, S. 115-133
Gerwarth, Robert: The past in Weimar history, in: Contemporary European History 15 (2006), S. 1-22.
Gradmann, Christoph: Historische Belletristik. Populäre historische Biographien in der Weimarer Republik, Frankfurt a. M./New York 1993.
Groppe, Carola: Die Macht der Bildung. Das deutsche Bürgertum und der George-Kreis 1890-1933, 2. Aufl. Köln 2001.

Hardtwig, Wolfgang: Von Preußens Aufgabe in Deutschland zu Deutschlands Aufgabe in der Welt. Liberalismus und borussianisches Geschichtsbild zwischen Revolution und Imperialismus, in: ders.: Geschichtskultur und Wissenschaft, München 1990, S. 103-160.

Hardtwig, Wolfgang: Die Krise des Geschichtsbewußtseins in Kaiserreich und Weimarer Republik und der Aufstieg des Nationalsozialismus, in: Jahrbuch des Historischen Kollegs 2001, München 2002, S. 47-75.

Hardtwig, Wolfgang: Geschichte für Leser. Populäre Geschichtsschreibung in Deutschland im 20. Jahrhundert, in: ders./Schütz (Hg.), Geschichte, S. 11-32.

Hardtwig, Wolfgang/Schütz, Erhard (Hg.): Geschichte für Leser. Populäre Geschichtsschreibung in Deutschland im 20. Jahrhundert, Stuttgart 2005.

Hartlaub, Felix: Don Juan d´Austria und die Schlacht bei Lepanto, phil. Diss., Berlin 1939.

Hartlaub, Felix: Don Juan d´Austria und die Schlacht bei Lepanto (Schriften der kriegsgeschichtlichen Abteilung im Historischen Seminar der Friedrich–Wilhelms-Universität Berlin), Berlin 1940.

Herrmann, Matthias: Das Reichsarchiv (1919-1945). Eine archivische Institution im Spannungsfeld der deutschen Politik, 2 Bde., phil. Diss. Berlin 1993.

Hiller von Gaertringen, Friedrich Frhr.: Militärgeschichte in Deutschland von 1918 bis 1945, in: Militärgeschichtliches Forschungsamt (Hg.): Militärgeschichte in Deutschland und Österreich vom 18. Jahrhundert bis in die Gegenwart (Vorträge zur Militärgeschichte Bd. 6), Herford 1985, S. 108-133.

Hillgruber, Andreas: Hans Delbrück, in: Hans-Ulrich Wehler (Hg.): Deutsche Historiker, Göttingen 1973, S. 416-428.

Hinrichs, Ernst: Fernand Braudel (1902-1985), in: Heinz Duchhardt/Małgorzata Morawiec/Wolfgang Schmale/Winfried Schulze (Hg.): Europa-Historiker. Ein biographisches Handbuch, Bd. 2, Göttingen 2007, S. 251-270.

Jordan, Stefan: Theorien und Methoden der Geschichtswissenschaft, 3. aktual. Aufl. Paderborn 2016.

Kaegi, Werner: Rezension, in: Historische Zeitschrift 165 (1942), S. 208.

Kolb, Eberhard: „Die Historiker sind ernstlich böse". Der Streit um die „Historische Belletristik" in Weimar-Deutschland, in: ders.: Umbrüche deutscher Geschichte 1866/71 –1918/19 – 1929/33. Ausgewählte Aufsätze. Herausgegeben von Dieter Langewiesche und Klaus Schönhoven, München 1993, S. 311-329.

Kraus, Hans-Christof: Geschichtspolitik im Kaiserreich. Wilhelm II. und der Streit um den fünften Band von Treitschkes „Deutscher Geschichte", in: Forschungen zur brandenburgischen und preußischen Geschichte 20 (2010), S. 73-91.

Kraus, Hans-Christof (Hg.): Das Thema „Preußen" in Wissenschaft und Wissenschaftspolitik vor und nach 1945, Berlin 2013.

Kroll, Frank-Lothar: Walther Hubatsch und die preußische Geschichte, in: Kraus (Hg.), Thema, S. 435-461.

Kriegstagebuch des Oberkommandos der Wehrmacht (Wehrmachtführungsstab), 4 Bände, Frankfurt/Main 1961-1965.

Lange, Sven: Hans Delbrück und der „Strategiestreit". Kriegführung und Kriegsgeschichte in der Kontroverse 1879-1914, Freiburg im Breisgau 1995.

Langewiesche, Dieter: Die Geschichtsschreibung und ihr Publikum. Zum Verhältnis von Geschichtswissenschaft und Geschichtsmarkt, in: ders.: Zeitwende. Geschichtsdenken heute. Herausgegeben von Nikolaus Buschmann und Ute Planert, Göttingen 2008, S. 85-100.

Leonhard, Jörn: Vergangenheit als Vorgeschichte des Nationalstaates? Zur retrospektiven und selektiven Teleologie der deutschen Nationalhistoriographie nach 1850, in: Hans Peter Hye/Brigitte Mazohl/Pan Paul Niederkorn (Hg.): Nationalgeschichte als Artefakt. Zum Paradigma „Nationalstaat" in den Historiographien Deutschlands, Italiens und Österreichs, Wien 2009, S. 179-200.

Marose, Monika: Unter der Tarnkappe. Felix Hartlaub. Eine Biographie, Berlin 2005.

Merriman, Roger B.: Rezension, in: The American Historical

Review (46) 1941, S. 712f.
Messerschmidt, Manfred: Karl Dietrich Erdmann, Walter Bußmann und Percy Ernst Schramm. Historiker an der Front und in den Oberkommandos der Wehrmacht und des Heeres, in: Hartmut Lehmann/Otto Gerhard Oexle (Hg.): Nationalsozialismus in den Kulturwissenschaften. Bd. 1 Fächer – Milieus – Karrieren, Göttingen 2004, S. 417-443.
Murawski, Erich: Die amtliche deutsche Kriegsgeschichtsschreibung über den Ersten Weltkrieg, in: Wehrwissenschaftliche Rundschau 9 (1959), S. 513-531, S. 584-598.
Pöhlmann, Markus: Kriegsgeschichte und Geschichtspolitik: Der Erste Weltkrieg. Die amtliche deutsche Militärgeschichtsschreibung 1914-1956, Paderborn u. a. 2002.
Pöhlmann, Markus: „Das große Erleben da draußen". Die Reihe Schlachten des Weltkrieges (1921-1930), in: Thomas F. Schneider/Hans Wagener (Hg.): Von Richthofen bis Remarque: Deutschsprachige Prosa zum I. Weltkrieg, Amsterdam/New York 2003, S. 113-131.
Pöhlmann, Markus: Republik und Reichsarchiv. Hermann Ritter Mertz von Quirnheim, Hans von Haeften und die amtliche Militärgeschichtsschreibung nach 1918, in: Ehlert (Hg.), Militärhistoriker, S. 21-31.
Pohl, Walter: Ursprungserzählungen und Gegenbilder. Das archaische Frühmittelalter, in: Rexroth (Hg.), Meistererzählungen, S. 23-41.
Pyta, Wolfram: Walter Elze und Preußen – Preußische Geschichte aus dem Geiste des George-Kreises, in: Kraus (Hg.), Thema, S. 119-132.
Pyta, Wolfram: Hitler. Der Künstler als Politiker und Feldherr. Eine Herrschaftsanalyse, München 2015.
Raschke, Martin: Der politisierende Generalstab. Die friderizianischen Kriege in der amtlichen Militärgeschichtsschreibung 1890-1914, Freiburg i. Br. 1993.
Rexroth, Frank (Hg.): Meistererzählungen vom Mittelalter. Epochenimaginationen und Verlaufsmuster in der Praxis mediävistischer Disziplinen. (Historische Zeitschrift Beiheft 46) München 2007

Rexroth, Frank: Meistererzählungen und die Praxis der Geschichtsschreibung. Eine Skizze zur Einführung, in: Ders. (Hg.), Meistererzählungen, S. 1-22.

Rojek, Sebastian: Versunkene Hoffnungen. Die Deutsche Marine im Umgang mit Erwartungen und Enttäuschungen 1871-1930, phil. Diss. München 2016.

Rumschöttel, Hermann: Kriegsgeschichtsschreibung als militärische Geschichtspolitik? Zur publizistischen Arbeit des Bayerischen Kriegsarchivs nach 1918, in: Zeitschrift für Bayerische Landesgeschichte 61 (1998), S. 233-254.

Saprgo, Tamsin (Hg.): Reading the Past. Literature and History, Basingstoke/New York 2000.

Schlieben, Barbara/Schneider, Olaf/Schulmeyer, Kerstin: Geschichtsbilder im George-Kreis. Wege zur Wissenschaft, in: dies. (Hg.): Geschichtsbilder im George-Kreis. Wege zur Wissenschaft, Göttingen 2004, S. 7-15.

Schramm, Percy Ernst: Hitler als militärischer Führer, Frankfurt/Main 1965.

Thiessenhusen, Karen: Politische Kommentare deutscher Historiker zur Revolution und Neuordnung 1918/19, in: Aus Politik und Zeitgeschichte B 45/69 (08.11.1969), S. 3-63.

Thimme, David: Percy Ernst Schramm und das Mittelalter. Wandlungen eines Geschichtsbildes, Göttingen 2006.

Ullrich, Sebastian: „Der Fesselndste unter den Biographen ist heute nicht der Historiker." Emil Ludwig und seine historischen Biographien, in: Hardtwig/Schütz (Hg.); Geschichte, S. 35-56.

Weber, Wolfgang E. J.: Geschichte und Nation. Das ‚nationale Princip' als Determinante der deutschen Historiographie 1840-1880, in: Fulda/Tschopp (Hg.), Literatur, S. 343-365.

Wehler, Hans-Ulrich: Literarische Erzählung oder kritische Analyse? Ein Duell in der gegenwärtigen Geschichtswissenschaft, in: ders., Land ohne Unterschichten? Neue Essays zur deutschen Geschichte, München 2010, S. 114-132.

White, Hayden: Auch Klio dichtet oder die Fiktion des Faktischen. Studien zur Tropologie des historischen Diskurses, Stuttgart 1986.

White, Hayden: Metahistory. Die historische Einbildungskraft im 19. Jahrhundert in Europa, Frankfurt a. M. 1991.
Winzen, Peter: Treitschke's Influence on the Rise of Imperialist and Anti-British Nationalism in Germany, in: Paul Kennedy/ Anthony Nicholls (Hg.): Nationalist and Racialist Movements in Britain and Germany before 1914, London 1981, S. 154-170.
Wirsching, Andreas: Demokratisches Denken in der Geschichtswissenschaft der Weimarer Republik, in: Christoph Gusy (Hg.): Demokratisches Denken in der Weimarer Republik, Baden-Baden 2000, S. 71-95.
Wolfrum, Edgar: Geschichte als Waffe. Vom Kaiserreich bis zur Wiedervereinigung, Göttingen 2001.

Inhalt

Aus Anlass des 50. Todestages von Ricarda Huch am 17. November 1997 erschien dieses Buch im Leipziger Universitätsverlag. Es ist immer noch lieferbar. Lesen Sie, was die große Dichterin uns Deutschen in den unmittelbaren Nachkriegsjahren zu sagen hatte!

GegenSatz Buchreihe der Edition Mnemosyne hg. von Wolfgang M. Schwiedrzik

Justus Möser
Harlekin
oder Verteidigung des Groteske-Komischen
Hg. und mit einem Nachwort versehen von Dieter Borchmeyer
ISBN 3-934012-05-1 164 S.

Konservativ und rebellisch
Die Zeitschrift ‚labyrinth'
Gespräche mit Heinrich Böll und Walter Warnach
Hg. und eingeleitet von Wolfgang M. Schwiedrzik
ISBN 3-934012-07-8 146 S.

Carl Leonhard Reinhold
Die Hebräischen Mysterien
oder die älteste religiöse Freymaurerey
Hg. und mit einem Nachwort versehen von Jan Assmann
ISBN 3-934012-10-8 204 S.

Das Judentum im Spiegel seiner kulturellen Umwelten
mit Beiträgen von Jan Assmann, Klaus Berger, Dieter Borchmeyer, Saul Friedländer, Helmuth Kiesel, Hans R. Vaget u.a.
Hg. von Dieter Borchmeyer und Helmuth Kiesel
ISBN 3-934012-11-6 226 S.

Dieter Borchmeyer
Macht und Melancholie
Schillers Wallenstein
mit einem Geleitwort von Raymond Klibansky
ISBN 3-934012-18-3 406 S.

Felix Hartlaub · Don Juan d'Austria und die Schlacht bei Lepanto

Don Juan d'Austria. Gemälde von einem unbekannten Künstler. Museum von Versailles.

Felix Hartlaub

Don Juan d'Austria und die Schlacht bei Lepanto

Herausgegeben
von Wolfram Pyta und Wolfgang M. Schwiedrzik

EDITION MNEMOSYNE

Reihe ‚GegenSatz', Band 8

Nachdruck der im Jahr 1940 im Junker und Dünnhaupt Verlag, Berlin, von Walter Elze als Heft 28 der ‚Schriften der Kriegsgeschichtlichen Abteilung im Historischen Seminar der Friedrich-Wilhelm-Universität Berlin' herausgegebenen Dissertation Felix Hartlaubs.

Der Text wurde - bis auf die Korrektur einiger weniger Satzfehler - unverändert gelassen. An drei Stellen wurden fehlende Wörter ergänzt und die Ergänzungen durch eckige Klammern kenntlich gemacht. Kommata wurden an einigen Stellen entsprechend den damals geltenden Regeln ergänzt.

Mit freundlicher Unterstützung des Deutschen Literaturarchivs Marbach, bei dem der Nachlass von Felix Hartlaub betreut wird.

Gesetzt in OGaramond und Berling Nova Sans Pro
Satz: wms, D-69151 Neckargemünd
Druck: CPI BuchBücher.de GmbH, D-96158 Birkach
Printed in Germany

ISBN 978-3-934012-30-1

Inhalt

Felix Hartlaub in der Kriegsgeschichtlichen Abteilung im Oberkommando der Wehrmacht (OKW) © DLA Marbach

Vorwort

Man hat es bei der Hartlaub-Rezeption einfach nicht wahrhaben wollen (oder hat es allenfalls wie eine Tapete im Hintergrund zur Kenntnis genommen): Felix Hartlaub war ein gut ausgebildeter und anerkannter Militärhistoriker.

Er ging im Herbst 1934 von Heidelberg nach Berlin, wechselte das Studienfach (von Romanischer Philologie zu Geschichte) und studierte bei Prof. Walter Elze[1], einem Mitglied des George-Kreises, an der Kriegsgeschichtlichen Abteilung im Historischen Seminar der Friedrich-Wilhelm-Universität Berlin. Anfang 1939 schloss er seine Dissertation über „Don Juan d'Austria und die Schlacht bei Lepanto" ab und wurde am 16. Januar 1940 zum Dr. phil. promoviert.

Jeder noch so periphere Brief, den Felix Hartlaub nach 1938 verfasste, wurde inzwischen veröffentlicht, nicht aber seine glänzende Dissertation, die hier nun erstmalig seit 1940 zugänglich gemacht wird.

Als Militärhistoriker wurde Felix Hartlaub (wie auch andere Schüler Elzes) von der Wehrmacht zur besonderen Verwendung eingezogen: 1940 wurde er nach Paris geschickt, um dort nach der Besetzung Frankreichs die beschlagnahmten Akten des Außenministeriums sichten zu helfen.

1 Wolfgang Graf Vitzthum, Preuße im George-Kreis: Walter Elze, in: Theorie und Geschichte der Wirtschaft. Festschrift für Bertram Schefold, hg. v. Volker Caspari, Marburg 2009, S. 333–357; sowie Wolfram Pyta: Walter Elze und Preußen – Preußische Geschichte aus dem Geiste des George-Kreises, in: Hans-Christof Kraus (Hg.): Das Thema „Preußen" in Wissenschaft und Wissenschaftspolitik vor und nach 1945, Berlin 2013, S. 119-132.

Und von November 1941 bis November 1944 diente er als wissenschaftlicher Mitarbeiter in der Kriegsgeschichtlichen Abteilung des Oberkommandos der Wehrmacht (OKW). Im "Sperrkreis 2" des "Führerhauptquartiers" verfasste er ab April 1942 nicht nur ganze Abschnitte des Kriegstagebuches des OKW[2], sondern hier entstanden auch jene aufregenden Prosatexte[3], die er heimlich auf Blättern des im OKW verwendeten Papiers niederschrieb und stückweise nach Berlin und Heidelberg mitnahm, um sie dort bei Verwandten und Freunden zu deponieren.

Felix Hartlaub kam in den letzten Kriegstagen in Berlin unter ungeklärten Umständen ums Leben. Niemand weiß, ob er auf dem Weg nach Spandau von einer Streife der SS erschossen oder von russischen Soldaten verhaftet wurde. Oder ob er von einer einstürzenden Häuserwand erschlagen und verschüttet wurde. Bis in die Mitte der fünfziger Jahre hoffte seine Familie und hofften seine Freunde, dass er aus russischer Kriegsgefangenschaft zurückkehren würde. Vergeblich! Im Oktober 1955 ließen ihn seine Eltern für tot erklären.

Es ist zweifellos das Verdienst der Schwester Felix Hartlaubs, Geno Hartlaub, dass sein literarisches Werk, das während des Krieges entstand, gerettet und der Öffentlichkeit zugänglich gemacht wurde. In einer Vielzahl Editionen wurde 1950 zunächst ein von Geno Hartlaub zusammengestelltes Potpourri seiner Aufzeichnungen[4] herausgegeben, 1955 als

2 Kriegstagebuch des Oberkommandos der Wehrmacht (Wehrmachtführungsstab), 4 Bände, Frankfurt/Main 1961-1965.

3 Felix Hartlaub: Aufzeichnungen aus dem Führerhauptquartier, in: Felix Hartlaub: „In den eigenen Umriss gebannt". Kriegsaufzeichnungen, literarische Fragmente und Briefe aus den Jahren 1939 bis 1945, hg. von Gabriele Lieselotte Ewenz, 3., revidierte Auflage, Frankfurt/Main 2007, Bd.1, S. 149-239.

4 Geno Hartlaub(Hg.): Von unten gesehen. Impressionen und Aufzeichnungen des Obergefreiten Felix Hartlaub, Stuttgart 1950.

rororo-Taschenbuch eine erweiterte Auswahl seiner Schriften aus dem „Sperrkreis“[5] sowie das angebliche „Gesamtwerk“[6], 1958 schließlich von seinem Vater Gustav Friedrich Hartlaub eine Sammlung von Briefen[7]. Aber es erging Felix Hartlaub damit nicht viel besser als Friedrich Nietzsche und anderen Autoren, deren Werk nach ihrem Tod von liebenden Schwestern und Verwandten ediert wurde. Man traf eine willkürliche Auswahl, fügte ungeordnet überlieferte Texte nach eigenem Gusto, d.h. ohne philologischen Sachverstand, zusammen, kürzte die veröffentlichten Briefe an Stellen, die nicht „ins Bild“ passten usw. Und dieses Bild war das eines sensiblen Künstlers, der schon als Schüler mit seinen Zeichnungen und frühen dramatischen Versuchen zu großen Hoffnungen Anlass gegeben hatte, der aber durch seine eigene Skrupelhaftigkeit, dann die politischen Umstände und schließlich durch seinen frühen Tod gehindert war, sein Torso gebliebenes Werk zu vollenden.

Das tat dem wachsenden Ruhm des Verstorbenen keinen Abbruch. Im Gegenteil! Nachdem einmal Hans Egon Holthusen[8] und einige andere führenden Köpfe in der literarischen Szene der Bundesrepublik der fünfziger Jahre den „neuen Ton“, den Felix Hartlaub in seinen während des 2. Weltkrieges entstandenen Schriften angeschlagen hatte, gerühmt, ihn als „das vielleicht stärkste Prosa-Talent der jüngeren deutschen Generation“ bezeichnet und seinen frühen Tod öffentlich beklagt hatten, galt Felix Hartlaub – wie Eugen Gottlob Winkler und Friedo Lampe – als einer jener jungen Autoren,

5 Felix Hartlaub: Im Sperrkreis. Aufzeichnungen aus dem zweiten Weltkrieg, Hamburg 1955.
6 Felix Hartlaub: Das Gesamtwerk. Frankfurt/Main 1955.
7 Erna Krauss und G.F. Hartlaub (Hg.): Felix Hartlaub in seinen Briefen, Tübingen 1958.
8 Hans Egon Holthusen: Der unbehauste Mensch, München 1951, S. 301 ff.; ders.: Der negative Held, in: Merkur, 5. Jg., 12. Heft. Stuttgart Dez. 1951, S. 1180 ff.

die – wenn sie weiter hätten schreiben können – der literarischen Szene in Deutschland nach dem Zweiten Weltkrieg ein anderes Gepräge hätten geben können. Die Germanistik trug nichts zur Überprüfung oder Vertiefung dieses Bildes bei. Das von Holthusen formulierte Urteil galt unbesehen. Ein Autor einer Literaturgeschichte der Bundesrepublik Deutschland reichte es an den nächsten weiter. Erst der 1962 in der DDR geborene Lyriker Durs Grünbein[9] zeichnete im Mai 1995, kurz nach dem 50. Todestag von Felix Hartlaub, in seinem Artikel „Unser Verwandter unter der Tarnkappe" ein differenzierteres Bild des Autors, das dessen Torso gebliebenes Werk in Beziehung zu seinen Erfahrungen als Besatzungssoldat und Militärhistoriker setzte.

Problematisch an Grünbeins Hymne auf Felix Hartlaub ist allerdings das in der Überschrift seines FAZ-Artikels benutzte Bild (oder den Begriff) der „Tarnkappe", das zwar schon Mitte der fünfziger Jahre bei Holthusen auftaucht, nun aber von Grünbein ganz zentral gesetzt wird. In der Folgezeit wird es von zahlreichen Autoren (darunter auch der Hartlaub-Biographin Monika Marose) begierig aufgegriffen, bei Marose sogar im Titel[10]. Das Bild der „Tarnkappe", das in der deutschen Märchen- und Sagenwelt positiv besetzt ist, gibt dem Akteur, der sie trägt, die Möglichkeit, unsichtbar für den Gegner in einen Kampf einzugreifen, ermöglicht ihm, seinen Auftrag – z.B. die Erledigung eines Drachens oder die Überwältigung einer starken Frau – zu erfüllen. Es mag sein (und erscheint mir plausibel), dass Durs Grünbein als junger Autor in der späten DDR zu seinem Schutz eine Tarnkappe

9 Durs Grünbein: Unser Verwandter unter der Tarnkappe, in: Frankfurter Allgemeine Zeitung, 09.05.1995, Nr. 107, S. 35; in überarbeiteter und erweiterter Form unter dem Titel „Der Verschollene" neu aufgelegt als Nachwort zur Einzelausgabe „Felix Hartlaub: Kriegsaufzeichnungen aus Paris, Berlin 2011, S. 147-163.

10 Monika Marose: Unter der Tarnkappe. Felix Hartlaub. Eine Biographie, Berlin 2005.

getragen hat, so dass die Stasi seine Haltung zum Regime und seine künstlerische Zielsetzung nicht zu erkennen vermochte. Wenn er von dieser Erfahrung her nun Felix Hartlaub als „unseren Verwandten unter der Tarnkappe" bezeichnet und feiert, dann projiziert er seine spezifische DDR-Erfahrung auf einen Autor, der in einer zwar nicht gänzlich verschiedenen (weil auch totalitär beherrschten) Zeit gelebt hat, der sich in seinem Leben und Wirken (im Gegensatz zu Durs Grünbein in der DDR) den Verstrickungen, in die alle Deutschen – ob sie wollten oder nicht – durch das Hitler-Regime hineingezogen wurden, nicht entzogen hat oder nicht entziehen konnte. Im Grunde feiert Grünbein den Menschen und Autor Felix Hartlaub als ein (im Zentrum der deutschen Militärmaschine) in besonderer Weise verpupptes Mitglied der „inneren Emigration" und sieht darüber hinweg, welche Selbst-Exkulpierung à priori mit der Benutzung dieses Begriffes in der unmittelbaren Nachkriegszeit verbunden war und zu welch heftigen Auseinandersetzungen diese Exkulpierungs-Versuche führten. Der Begriff der „Tarnkappe" ist noch viel griffiger und einleuchtender als der der „inneren Emigration". Darum ist die gesamte Hartlaub-Rezeption auch seit dem Erscheinen von Grünbeins Artikel im Jahr 1995 auch so stark auf diesen Begriff abgefahren. Der Verstorbene aber ist nicht mehr in der Lage, sich gegen die Verleihung dieses poetisch verkleideten Persilscheins zur Wehr zu setzen.

Ebenfalls in den Neunziger Jahren des vergangenen Jahrhunderts muss es einigen klugen Köpfen im Hause Suhrkamp – vielleicht angeregt durch den Artikel von Durs Grünbein – aufgefallen sein, dass die editorische Situation in Bezug auf das Werk Felix Hartlaubs unbefriedigend war und nach einer „großen Lösung", die den Maßstäben des Verlages entsprach, verlangte. Auf jeden Fall galt es, die Editionsarbeit fachkundigen Wissenschaftlern zu übertragen. Auf die

Germanisten, von denen sich niemand bei der Erforschung des Werkes von Felix Hartlaub hervorgetan hatte, konnte man nicht zurückgreifen. Also beauftragte man eine Frau, Gabriele Lieselotte Ewenz, die sich bei der Erschließung des Erbes eines berühmten Suhrkamp-Autors, nämlich Theodor W. Adorno, Verdienste erworben hatte, mit der Herausgabe einer großen Hartlaub-Edition[11].

Das Merkwürdige, das dann geschah, lässt sich schwer erklären. Es wurde festgelegt, die Aufzeichnungen aus dem II. Weltkrieg, sowie die literarischen Fragmente und Briefe aus den Jahren 1939 bis 1945 in zwei Bänden herauszugeben. Die erste Auflage dieser 1172 Seiten umfassenden, kritischen Edition erschien im Jahr 2002, eingeleitet mit einer klugen und differenziert argumentierenden „Einführung in Leben und Werk" und einem umfangreichen Anmerkungs-Apparat von Gabriele Lieselotte Ewenz. Kaum erschienen wurde diese Ausgabe in der Presse einerseits gefeiert, andererseits wegen etlicher falscher Datierungen, fehlerhafter Transkriptionen von Handschriften und anderer Details heftig kritisiert. Der „Skandal", der hier von einigen Medien hochgespielt wurde, gestützt auf die Argumente eines Mannes[12], der sich in den sechziger Jahren große Verdienste um die Ausmerzung von Fehlern der ersten von Geno Hartlaub veranstalteten Editionen erworben hatte, der aber nun bei der neuen Suhrkamp-Ausgabe nicht zum Zuge kam, war – mit heutigem Abstand betrachtet – ziemlich übertrieben. In einer späteren, dritten Auflage aus dem Jahr 2007 wurden die Mängel der Ausgabe, ohne deren Struktur und Charakter groß zu berühren, durch die Hinzuziehung dreier wissenschaftlicher Fachleute behoben.

11 Felix Hartlaub: „In den eigenen Umriss gebannt". Kriegsaufzeichnungen, literarische Fragmente und Briefe aus den Jahren 1939 bis 1945, 2 Bde, hg. von Gabriele Lieselotte Ewenz, Frankfurt/Main 2002 (3., revidierte Auflage 2007).

12 Christian-Hartwig Wilke: Die letzten Aufzeichnungen Felix Hartlaubs, Bad Homburg 1967.

Meine Kritik an der Ewenz'schen Ausgabe ist eine ganz andere. Sie richtet sich nicht gegen die editorische Arbeit von Frau Ewenz im Einzelnen. Sie betrifft die Entscheidung des Suhrkamp Verlages, zwar alle „Kriegsaufzeichnungen", literarischen Werke und Briefe aus den Jahren 1939 bis 1945 in zwei Bänden zusammen zu fassen, mit dieser Auswahl aber weiterhin im Rahmen des bestehenden Bildes von Felix Hartlaub und im Rahmen des Kanons seiner Schriften zu verharren, der in den von der Familie Hartlaub verantworteten Editionen vorgegeben war. Man begriff nicht, dass man den ganzen Felix Hartlaub in seiner Widersprüchlichkeit und Zerrissenheit nur erfassen konnte, wenn man die Gesamtheit der von ihm – als Schriftsteller und als Historiker – verfassten Schriften zur Kenntnis nahm und wenigstens einen Teil seiner Texte, die er als Militärhistoriker verfasst hatte, in die Edition aufnahm. So blieb – obwohl sie zeitlich genau in den gesetzten Rahmen passte – nicht nur die 1939 vollendete Dissertation „Don Juan d'Austria und die Schlacht bei Lepanto"[13] unberücksichtigt, sondern auch alle militärhistorischen Beiträge Hartlaubs, die er im Rahmen seiner Arbeit beim OKW verfasste[14].

Wer sich etwas eingehender mit Leben und Werk von Felix Hartlaub befasst hat, weiß, dass dieser in der Frage, ob er eher Wissenschaftler (und das heißt: Historiker) werden wolle (und könne) oder ob seine künstlerische Begabung für eine Existenz als Schriftsteller hinreiche, tief gespalten war.[15] Viele

13 Felix Hartlaub: Don Juan d'Austria und die Schlacht bei Lepanto, phil. Diss., Berlin 1939.

14 Percy E. Schramm nennt Dr. Felix Hartlaub z.B. als den Verfasser des 1. und 6.Abschnitts der das Jahr 1944 betreffenden Ausarbeitungen: 1.Abschnitt: Die OKW-Kriegsschauplätze im Rahmen der Gesamtkriegsführung (1.1.-31.3.1944) und 6.Abschnitt: Der Südosten (1.1.-31.12.1944), in: Kriegstagebuch des OKW, Bd.IV, S.1831.

15 Auf das komplizierte Verhältnis zu seinem Vater, der seinen Sohn mit seinem Genie-Kult eher schadete als förderte, will ich hier nicht eingehen. Andere Autoren wie G.L. Ewenz, Monika Marose und Durs Grünbein haben hierfür treffende Formulierungen gefunden

der Briefe, die Felix an seinen Vater und andere geschrieben hat, kreisen um diese Frage. Nach der Entlassung als Direktor der Mannheimer Kunsthalle durch die Nationalsozialisten im Jahr 1933 konnte ihm sein Vater, Gustav Friedrich Hartlaub, der bloß eine kleine Rente erhielt, nur wenig Geld für das Studium in Berlin zur Verfügung stellen. Sehr anrührend sind die Briefe, in denen der Sohn sich gezwungen sieht, seine Eltern um ein paar Reichsmark anzubetteln, weil er nach dem Kauf eines neuen Füllers das Geld für neue Schuhe „nicht mehr ganz disponibel" habe[16] oder er mit den Ausgaben für die Fahrt nach Potsdam zu einem „ziemlich kostspieligen Seminarfest" bei Prof. Elze alle seine Reserven erschöpft habe.[17] Es gelang ihm nicht, wie in der Schulzeit mit leichter Hand literarische Manuskripte zu erstellen, die er in Geld hätte ummünzen können. An eine Existenz als freischaffender Schriftsteller war angesichts der Schreibhemmungen, die er in den dreißiger Jahren durchmachte, nicht zu denken. Das, was er schrieb, taugte angesichts des Wechsels, der nach der Machtergreifung durch die Nationalsozialisten in der literarischen Welt eingetreten war, nur für die Schublade. Blieb also die Geschichtswissenschaft, die er seit seinem Umzug nach Berlin intensiv betrieb. Aber auch hier wagte er es kaum, auf eine Laufbahn als Wissenschaftler zu hoffen, und quälte sich mit dem Gedanken, zur Not irgendwo Lehrer im Schuldienst zu werden und sich zum Abschluss seines Studiums den Anforderungen eines Staatsexamens zu unterwerfen.

Fast drei Jahre arbeitete Felix Hartlaub an seiner Dissertation. Diese Arbeit ist nicht nur ein exzellentes, am Beispiel Rankes orientiertes Stück wissenschaftlicher Prosa, sondern wurde zu Recht auch von den „Berichterstattern", d.h. Gut-

16 Brief an Gustav Friedrich Hartlaub vom 22.4.1939, in: Ewenz, a.a.O., Bd.1., S. 348.

17 Brief an Gustav Friedrich und Erika Hartlaub vom 17.2.1939, in: Ewenz, a.a.O., Bd.1., S. 316.

achtern der Dissertation, Prof. Walter Elze und Prof. Wilhelm Schüßler, sehr positiv bewertet. Wenn man lediglich die Briefe kennt, die Hartlaub über diese Arbeit an seinen Vater und andere Leute richtete, nicht aber die Dissertation selber gelesen hat (und ich behaupte, dass die meisten „Kenner" des Werkes von Felix Hartlaub weder seine Dissertation gelesen haben noch die Abschnitte aus dem Kriegstagebuch des OKW, die ausdrücklich Hartlaub zugeschrieben werden), dann muss man zwingend den Eindruck gewinnen, dass diese Arbeit völlig unzulänglich, schon im Ansatz zweifelhaft und im Ganzen missraten sei. Felix Hartlaub hat im Laufe seiner Berliner Jahre einen solchen Zug zum Selbstzweifel, zur Selbst-Herabsetzung und zum Selbstquälerischen entwickelt, dass jeder heutige Leser sich hüten sollte, die Selbstbeschreibungen Hartlaubs in seinen Briefen allzu wörtlich zu nehmen und sie gar zur Richtschnur für die Einschätzung von Leben und Werk des Autors zu nehmen.

In ihrer 2005 veröffentlichten Hartlaub-Biographie „Unter der Tarnkappe"[18] hat Monika Marose als erste einen Versuch der Gesamtwürdigung von Leben und Werk des Autors unternommen. Das gründlich recherchierte Buch besticht beim ersten Lesen durch die einfühlsame Art und Weise, in der die Autorin sich mit der Entwicklung Felix Hartlaubs auseinandersetzt: von den ersten Lebensjahren eines Wunderkindes über die Zerrissenheit der Jugendjahre und die Zeit beim Militär bis zum frühen Tod des Dichters. Dabei bilden die Selbstzeugnisse Hartlaubs, d.h. die unzähligen Briefe, die er an seine Familie und seine Freunde schrieb, die wichtigste Materialgrundlage. In ihrer Interpretation folgt Frau Marose konsequent dem von Durs Grünbein vorgegebenen Pfad: sie beschreibt schon den Knaben als eine hochsensible, gefährdete Gestalt, die zu ihrem Schutz den

18 Monika Marose: Unter der Tarnkappe., Berlin 2005

Wunsch nach Unsichtbarkeit entwickelt, d.h. schon in früher Kindheit unter die Tarnkappe schlüpft. Diese Linie hält sie bis zum Schluss des Buches durch, nennt eines ihrer Kapitel konsequent „Über dem Stahlhelm die Tarnkappe: Überleben in der Wehrmacht“[19] und lässt ihren sensiblen Helden auf S. 183 mit einem Zitat von Jaroslav Hašek auf den Lippen in der S-Bahn nach Spandau verschwinden.

Monika Maroses psychologisierende Betrachtungsweise, verwoben mit der Skizzierung der objektiven Zeitläufte, d.h. der Schilderung der veränderten Situation in Deutschland nach der Machtergreifung der Nationalsozialisten, lässt ein Bild von einem Menschen entstehen, der sich – um mit Durs Grünbein zu sprechen – immer weiter verpuppen musste, um in einer barbarischen Welt sein Innerstes zu bewahren. Es ist das Bild eines „inneren Emigranten“, dem à priori zugute gehalten wird, dass er einer der wenigen Gerechten gewesen sei, die in der Zeit des III. Reiches in Deutschland gelebt haben. Der Begriff der „Verstrickung“ kommt in dem ganzen Buch, soweit ich sehe, nicht vor.

Monika Marose geht aber einen entscheidenden Schritt über den von Durs Grünbein gesetzten Rahmen hinaus. Und das hat mit der Wahl der Gesprächspartner zu tun, die sie in den vielen Jahren der Recherche für ihre Doktorarbeit aufgesucht und interviewt hat. Es sind vor allen Mitglieder der Familie Gysi, die sie über ihre Begegnung und Freundschaft mit Felix Hartlaub befragt hat: nämlich Klaus Gysi[20], der in

19 Marose, a.a.O., S. 99

20 Klaus Gysi (geb. am 3.3.1912, gest. am 6.3.1999. Seit 1928 Mitglied des KJVD, seit 1931 der KPD; seit 1946 Mitglied der SED, 1990 Mitglied der PDS. 1945-48 Chefredakteur der Zeitschrift ‚Aufbau‘; Präsidiumsmitglied des Kulturbundes; ab 1952 im Verlag Volk und Welt. Von 1954-64 als IM unter dem Decknamen ‚Kurt‘ für das Ministerium für Staatssicherheit tätig, bespitzelte Gysi u.a. Walter Janka und wurde nach dessen Verurteilung (als Teilnehmer einer ‚konterrevolutionären Verschwörung‘ zu fünf

der DDR hohe Ämter bekleidete, dessen zweite Frau Irene Gysi, geborene Lessing, und deren beider Tochter Gabriele Gysi. Der Schluss, den die Autorin aus den Gesprächen zog, die sie Anfang der neunziger Jahre vor allem mit Klaus und Irene Gysi führte, war, dass Felix Hartlaub Kontakte zur „Roten Kapelle", d.h. dem Widerstandskreis um Arvid Harnack und Harro Schulze-Boysen, hatte und diesen über Klaus Gysi Informationen aus dem „Sperrkreis 2" zugänglich machte.[21] Das ist eine kühne These, für die – außer den Hinweisen auf die geführten Gespräche – Monika Marose keinerlei Beweise vorlegt.

In keiner der vielen Publikationen über die „Rote Kapelle" wird Klaus Gysi oder wird Irene Lessing namentlich erwähnt, weder in der DDR noch in der westlichen Forschung. Monika Marose selber räumt ein, dass sie keinen schriftlichen Quellen als Beleg anführen kann.[22] Ja, sie legt noch nicht einmal schriftliche Zitate aus den geführten Interviews vor. Gleichwohl unternimmt sie den fragwürdigen Versuch, den Narrativ über das Leben Felix Hartlaubs, den sich die Familie Gysi zurechtgelegt hat, in der Öffentlichkeit zum Besten zu geben. Und das – man mag es gar nicht glauben – mit Erfolg! Karl Corino unterstreicht in seiner „Vorbemerkung" zu Monika Maroses Biographie, dass die Autorin habe zeigen können, „dass via Hartlaub-Gysi durchaus Informationen aus der

Jahren Zuchthaus) dessen Nachfolger als Leiter des Aufbau-Verlages. Von 1966 bis 1973 Minister für Kultur der DDR, 1979 bis zum Ruhestand 1988 Staatssekretär für Kirchenfragen.) Vgl. Clemens Vollnhals: Die Kirchenpolitik von SED und Staatssicherheit: eine Zwischenbilanz, Berlin 1996 und Michael Wolffsohn: Die Deutschlandakte. Juden und Deutsche in Ost und West. Tatsachen und Legenden, München 1995.

21 Marose, a.a.O., S. 86-87

22 Klaus Gysi hatte angeblich vor, ihr in einem dritten Gespräch genauere Auskünfte über seine Tätigkeit im Widerstand zu geben und ihr bislang unveröffentlichte Briefe zugänglich zu machen. Dazu ist es wegen eines schweren Schlaganfalls, den Klaus Gysi erlitt, nicht mehr gekommen. Vgl. Marose, a.a.O., S. 17.

Dienststelle des Kriegstagebuches an die antinazistische Linke flossen." [23] Auch der für die Rezension des Marose-Buches von der FAZ im Jahr 2006 bemühte Germanist Walter Hinck attestierte Frau Marose, sie habe „Licht in die Frage bringen" (können), „wie weit Hartlaub Vermittler geheimer Informationen an innere Widerstandsgruppen sein konnte, wenngleich sie letzte konkrete Schlüsse nicht zulassen. Undenkbar aber, daß Hartlaub, der den größten Teil seiner Urlaubstage in der Villa Lessing in Berlin-Schlachtensee verbrachte, keine Andeutungen über die in der Kriegstagebuch-Abteilung einlaufenden Meldungen und die zunehmende Verdüsterung der Kriegslage gemacht haben sollte."[24] Beide aber sind vorsichtig genug, nur von der „antinazistischen Linken" bzw. „inneren Widerstandsgruppen" zu sprechen, an die Hartlaubs Informationen aus dem „Führerhauptquartier" über Klaus und Irene Gysi gelangt seien. Den Namen der „Roten Kapelle" bzw. der Widerstandsgruppe um Arvid Harnack und Harro Schulze-Boysen erwähnen sie nicht. — Die Widerstandsgruppe um Harnack und Schulze-Boysen hat ihren Widerstand gegen das Hitler-Regime auch in der Form ausgeübt, dass sie Informationen an die Sowjetunion lieferte und sich damit bewusst dem Vorwurf des „Landesverrates" aussetzte. Ähnlich wie etwa Claus von Stauffenberg und Adam von Trott sich bewusst dem Vorwurf des „Verrates" aussetzten, als sie die Ermordung des Tyrannen planten. Das waren Grenzen, die von anderen Teilen des Widerstands nicht überschritten wurden bzw. deren Überschreitung (z.B. von Helmuth von Moltke) grundsätzlich abgelehnt wurde und die noch heute zu Kontroversen in der Diskussion über den deutschen Widerstand gegen Hitler führen.

Unbestreitbar ist die Tatsache, dass Felix Hartlaub mit Klaus und Irene Gysi eng befreundet war, sich oft in deren

23 Marose, a.a.O., S. 9.
24 FAZ, 03.05.2006, Nr. 102, S. 40.

Haus in Berlin-Schlachtensee aufhielt und mit ihnen ausführliche Gespräche führte. Unbestreitbar ist auch die Tatsache, dass zumindest Klaus Gysi seit Beginn der dreißiger Jahre als Kommunist organisiert war. Aber für eine Mitarbeit an der „Roten Kapelle" gibt es keine Beweise, nicht einmal Hinweise. Viel wahrscheinlicher ist, dass Klaus Gysi ein „Schläfer" der Moskauer Gruppe um Walter Ulbricht war, der ausdrücklich den Auftrag hatte, ein unauffälliges Leben zu führen, um zu gegebener Zeit „geweckt" zu werden. Sollte Klaus Gysi in den Gesprächen mit Monika Marose die Andeutung gemacht haben, dass seine Tätigkeit im Zusammenhang mit der „Roten Kapelle" gestanden habe, dann läge das genau auf der Linie, die in der Geschichtsschreibung der DDR in Bezug auf die „Rote Kapelle" praktiziert wurde: sie wurde für den kommunistischen Widerstand vereinnahmt oder – besser ausgedrückt: ihr wurde in dem Phantombild eines von der KPD geführten, breiten Widerstandes eine progressive Rolle zugeteilt. Alle neueren Forschungen[25] über die „Rote Kapelle" aber zeigen, dass dieses Bild ein Konstrukt der SED ist, zu deren führenden Exponenten Klaus Gysi nach 1949 ja gehörte.

Monika Marose hat den (wohlgemeinten) Versuch unternommen, Felix Hartlaub mit dem Widerstand gegen das Hitler-Regime in Verbindung zu bringen. Damit hat sie das von Durs Grünbein kreierte Bild des in den Betonbunkern und Tunneln der Barbarei verpuppten Schmetterlings, d.h. das poetisch überhöhte Bild des „inneren Emigranten", verlassen und hat ihn in gewisser Weise für die politische Linke zu „retten" versucht. Dieser Versuch muss zurückgewiesen werden, weil er – indem er eine der in der DDR gesponnenen Legenden über den Widerstand gegen Hitler weiterreicht – ein kleines, aber entscheidendes Stück zu weit geht. – Um es

25 Vgl. Hans Coppi, Jürgen Danyel, Johannes Tuchel: Die Rote Kapelle im Widerstand gegen den Nationalsozialimus, Berlin 1994.

noch einmal deutlich zu sagen: Auch Felix Hartlaub gehörte zu einer Generation von Deutschen, die in die Verbrechen des Hitler-Regimes – willentlich oder gegen ihren Willen – verstrickt wurden. Man kann die komplizierte Situation, in die Felix Hartlaub geriet, weder dadurch aufschlüsseln oder entschärfen, dass man ihn à priori als einen der wenigen Aufrechten darstellt, die nur Opfer waren oder „unter der Tarnkappe" heimlich Widerstand gegen das Regime leisteten, noch dadurch, dass man sie den Tätern zurechnet und aburteilt. Jede binäre, nur schwarz-weiß zeichnende Form der Analyse und Darstellung ist unangebracht. Die besondere Verstrickung, in die er geriet, ist nur darstellbar in Form von „Broken Narratives".[26]

Felix Hartlaub war nicht nur ein sensibler Schriftsteller, sondern er war auch ein erfolgreicher Militärhistoriker. Als solcher hat er nicht nur eine glänzende Dissertation über „Don Juan d'Austria und die Schlacht bei Lepanto" verfasst, sondern auch mehrere Jahre lang als unentbehrlicher, weil kompetenter und eifriger wissenschaftlicher Mitarbeiter in der Kriegsgeschichtlichen Abteilung des OKW gedient: also als Rädchen im zentralen Getriebe einer skrupellosen Mordmaschinerie. Dass ihm das Monströse und der verbrecherische Charakter dieser Mordmaschinerie im Laufe des Krieges immer deutlicher vor Augen trat, kann man an den unterschiedlichen Prosatexten ablesen, die er zwischen 1939 und 1944/45 schrieb: von den noch verhaltenen, von Scham erfüllten Skizzen und Beobachtungen aus dem besetzten Paris

26 Susanne Weigelin-Schwiedrzik: Introduction. Writing History into Broken Narratives, in: Susanne Weigelin-Schwiedrzik (Hg.): Broken Narratives. Post-Cold War History and Identity in Europe and East Asia, Leiden 2014, S. 2-14; dies.: Ostasien und Europa 25 Jahre nach Ende des Kalten Kriegs: Zur Entwicklung von akademischer und außer-akademischer Geschichtsschreibung in veränderter geopolitischer Konstellation. In: Katja Levy (ed.): Geschichte und Gesellschaft des modernen China. Kritik – Empirie – Theorie, Frankfurt/Main 2015, S. 81-103.

bis zu den apokalyptischen Szenen aus dem „Sperrkreis 2" des „Führerhauptquartiers" aus dem Jahr 1944. Der künstlerische Rang und die Klarsicht des „späten" Felix Hartlaub soll hier gar nicht in Frage gestellt werden. Es geht nur darum, die ganze Widersprüchlichkeit im Leben und Werk dieses Autors endlich einmal ins Auge zu fassen.

Geno Hartlaub stellte die abenteuerliche These auf, ihr Bruder habe „keinerlei Kenntnis von den kriegswichtigen Informationen gehabt"[27] Dem widerspricht Monika Marose mit Recht – unter Hinweis auf die Berichte von Walter Dietz[28] und auch von Hartlaub selber. Man muss sich aber auch nur das Kriegstagebuch des OKW, an dem Hartlaub jahrelang mitarbeitete und das seit den sechziger Jahren in gedruckter (und kommentierter) Form vorliegt, ansehen, um das Ungereimte dieser Auffassung zu erkennen. „Er müsse .. zugeben, dass ihn dieser ganze Apparat, dieses Befehlszentrum, fasziniere", habe Felix Hartlaub ihr gestanden, berichtet Marianne Feuersenger[29], die als Sekretärin im OKW arbeitete, dort heimlich ihre Beobachtungen und Erlebnisse in ihrem Tagebuch aufschrieb und nach dem Krieg in dem Buch „Im Vorzimmer der Macht" veröffentlichte. Marianne Feuersenger und Felix Hartlaub saßen und arbeiteten jahrelang Tür an Tür in der Zentrale einer der aggressivsten Militärmaschinen, die es im 20. Jahrhundert gegeben hat. Und da soll die Sekretärin Feuersenger alles Entscheidende mitbekommen haben, der ausgebildete Militärhistoriker Hartlaub aber nicht?

Mit dem Entschluss, in Berlin ausgerechnet bei Prof. Walter Elze zu promovieren (und sich auch das Thema der

27 M.Marose, a.a.O., S. 135.

28 Walter Dietz: Als Schreiber in Hitlers ‚Wolfsschanze', in: Rundschau am Sonntag, 31.01.1971, DLA 95.76.3; ders.: Felix Hartlaub. Unveröffentlichtes Ms., DLA 95.76.3.

29 Marianne Feuersenger: Im Vorzimmer der Macht, 2., durchgesehene Aufl., München 1999, S. 207.

Doktorarbeit von diesem – wie das damals üblich war – vorgeben zu lassen), hat Felix Hartlaub den Schritt in eine Welt getan, die mit der seines Elternhauses und seines zuvor durchlaufenen Bildungsweges (z.B. in der Odenwaldschule) wenig zu tun hatte. Es ist erstaunlich, dass der Vater, der sich sonst in alle Belange seines Sohnes einmischte, zu diesem Schritt keinen schriftlich überlieferten Kommentar abgegeben hat. (Zumindest ist mir keiner bekannt.) Auf Seiten Gustav Friedrich Hartlaubs gab es starke Vorbehalte gegenüber der „ganzen George-Ideologie“[30] Der Sohn war da anfangs wohl eher gespalten. Am 8. Februar 1935, also kurz nach seiner Ankunft in Berlin, schrieb er noch ganz naiv an seinen Vater: „Am frühen Vormittag besuchte ich Prof. Elze in seiner friderizianisch-georgianischen Offizierswohnung in P[otsdam], begleitete ihn recht nett auf seinem Morgenspaziergang im Park von Sanssouci, den ich mir anschließend allein noch genauer besah...“.[31] Im Dezember desselben Jahres meinte er dagegen, sich in einem Brief an Werner Meyer von der „georgianische Geschichtsauffassung“ eher abgrenzen zu müssen, die er „an vielen Punkten nicht mitmachen“ könne..[32] Die Familie Hartlaub tilgte später bei der Veröffentlichung der Briefe alle Stellen, in denen ein Bezug auf den George-Kreis enthalten war. Doch es lässt sich nicht leugnen: Felix Hartlaub war 1935 – ob man das nun billigt oder nicht – bewusst in den Dunstkreis der Welt Stefan Georges getreten. Und damit auch, was die Haltung der Wissenschaftler und Künstler zum neuen Regime betrifft, in einen Bereich, in dem von einer

30 Der Vater sah Felix in Berlin zwei gegensätzlichen Einflüssen ausgesetzt: „Felix steht die nächsten Jahre durchaus im Zeichen der schier unerträglichen Spannung der Gegensätze: hier die Ideale seines Lehrers Elze und die ganze George-Ideologie, dazu seine eigene Romantik, sein „mystisches“ Innenleben, sein Künstlertum dort der liberal-sozialistisch-internationale (heute würde man sagen „jüdische“, „zersetzende“) Realismus der in ihrer Weise starken und unbestechlichen Frau G[ysi].“ G.F. Hartlaub: Notiz in ‚Kleines Eselsbuch‘, Bd.VII, Jan.1938, DLA 93.17.170.

31 Felix Hartlaub in seinen Briefen, S.140; DLA 93.17.84.

32 Felix Hartlaub, Brief an Werner Meyer vom 18.12.1935, DLA 93.17.97.

offenen Abgrenzung keine Rede sein konnte, sondern eher von einer Kooperation – bei Aufrechterhaltung bestimmter, dem eigenen elitären Anspruch genügender Vorbehalte.

Im Archiv der Friedrich-Wilhelm-Universität (heute Humboldt-Universität) Berlin habe ich in der Akten der zuständigen Philosophischen Fakultät wie auch in den erhaltenen Unterlagen des NS-Dozentenbundes mehrere Dokumente gefunden, die belegen, wie eng Walter Elze einerseits mit der neuen Leitung der Universität nach 1933 zusammenarbeitete, und wie er andererseits verdeckten Angriffen aus den Reihen der NSDAP ausgesetzt war, weil er Mitglied des Georgekreises und ein verkappter Homosexueller sei.[33] Walter Elze

33 Als im Jahr 1937 erwogen wurde, Prof. Elze auf den Lehrstuhl für neuere Geschichte an die Universität Tübingen zu berufen, schaltete sich die Zentrale des Reichsdozentenbundes bei der Reichsleitung der NSDAP ein und forderte bei dem Berliner NS-Dozentenbund-Führer PG Dr. Erhardt Landt einen Bericht über Elze an. In dem Schreiben vom 23.10.1937 heißt es: „Ich bitte aus diesem Grunde, mir ein ausführliches Gutachten in fachlicher, charakterlicher und politischer Hinsicht über den Genannten zuzuleiten. Elze ist mir als ein außerordentlich weibisch aussehender Mensch geschildert worden, dem der Ruf eines Homosexuellen vorausgeht. Von besonderer Wichtigkeit ist unter diesen Umständen die charakterliche Begutachtung."
Der Rektor der FWU Berlin hielt Rücksprache mit der Universität Tübingen, wo die Phil.Fak es demonstrativ ablehnte, sich mit dieser Angelegenheit überhaupt zu befassen. Der Dekan der Phil.Fak in Tübingen erklärte: „1. Die Gerüchte, deren genauer Inhalt der Fakultät nicht bekannt sind, stammen nicht aus Kreisen der Tübinger Phil.Fak. 2. Die Fak lehnt es entschieden ab, sich mit solchen Gerüchten überhaupt zu befassen. 3. Für die Entscheidung der Fak anlässlich ihrer Berufungsverhandlungen zur Wiederbesetzung der Prof. für neuere Geschichte sind Gerüchte solcher Art in keiner Weise maßgebend gewesen." Der Rektor der FWU Berlin erklärte die Angelegenheit ... hiermit als erledigt." (Brief des Rektors der FWU vom 21.4.1938, HU-Archiv, Akte NS-Dozentenbund, 5).
Mit Datum vom 15.4.1937 findet sich im HU-Archiv außerdem ein in Berlin (wahrscheinlich im Auftrag des Rektors der FWU erstelltes) Gutachten, dessen Autor nicht genannt wird. Darin heißt es: „Prof. Walter Elze gehört dem Lehrkörper der Berliner Universität seit 1928 an und bekleidet seit Ende 1933 die Stelle eines persönlichen Ordinarius für neuere Geschichte, insbesondere Kriegsgeschichte. Als solcher hat er durch

hat sich gegenüber diesen Anfeindungen und Intrigen zu behaupten gewusst, weil er über gute Verbindungen zu führenden Kreisen der Wehrmacht verfügte. Er selber war für die Arbeit am Kriegstagebuch des OKW vorgesehen[34] , aber er zog es vor, seine Schüler für diese Arbeit zu empfehlen – was die „Kriegsgeschichtliche Abteilung" im OKW beinahe zu einem Ableger des Berliner Elze-Lehrstuhls werden ließ.

In welche andere Welt Felix Hartlaub mit seinem militärgeschichtlichen Studium bei Prof. Elze eingetreten war, kann man auch treffend an der Wahl des Verlages ablesen, in der Elze Hartlaubs Dissertation 1940 veröffentlichen ließ. Es

---

sein gewinnendes Wesen und die Eleganz seines Vortrages sich manche Freunde und Anhänger unter der studentischen Jugend erworben. - Elze betrachtet es von Anfang an als seine wissenschaftliche Aufgabe, die neuere Kriegsgeschichte durch die allgemeine Geschichte zu unterbauen und dies Ziel in Forschung und Lehrtätigkeit zu erreichen. Seine Veröffentlichungen über „Tannenberg" (1928) und den „Strategischen Aufbau des Weltkrieges" (1933) begegneten einer starken und - soweit es von hier zu beurteilen ist - gerechtfertigten Kritik. Sein letztes Buch „Friedrich der Große" (1936) gibt eine lebendige Darstellung des grossen Königs und zeigt in charakteristischer Weise die geistreiche Beschwingtheit und vielseitige Bildung des Verfassers. - Elze gehört der NSDAP seit 1933 an. Vielfach persönliche Bindungen aus früherer Zeit, die betont geistige Herkunft aus dem Stefan-George-Kreis und auch eine gewisse Neigung, persönliche Beziehungen zum Anlass zu nehmen, eine gewichtigere Rolle zu spielen, haben seine Stellung auf dem schwierigen Berliner Boden erschwert. Grundsätzliche Bedenken gegen Elze sind hieraus aber nicht abzuleiten. Seine Berufung nach auswärts würde eine Bereicherung einer anderen Universität bedeuten und für Elze selbst wahrscheinlich den Auftrieb zu weitere Forschung bilden." (HU-Archiv, Akte NS-Dozentenbund, 15).

34 Vgl. den hs. Brief Elzes vom 2.1.1941 an der ‚Docentenführer' der FWU: „Ich teile mit, dass ich in den Führungsstab des O.K.W. versetzt worden bin. Ich sehe es als eine Auszeichnung an, in dieser obersten Dienststelle der Wehrmacht im Krieg eine Aufgabe erhalten zu haben. Ich bitte, diese Mitteilung meinen dortigen Personalakten einzufügen. Da zeitweise von gewissen Persönlichkeiten der Universität ein versteckter Verleumdungskampf gegen mich geführt wurde, lege ich Wert auf die Kenntnisnahme." (HU-Archiv, Akte NS-Dozentenbund, 3).

war der Verlag Junker und Dünnhaupt[35], der 1927 in Berlin mit einem konservativen Programm gegründet worden war. Um 1933 diente er der Sammlung konservativer Kräfte im Umfeld, die sich ansprechbar für die Ziele der neuen Machthaber zeigten, wurde aber im Laufe der Dreißiger und Vierziger Jahre immer deutlicher von strikt völkischen und rassistischen Autoren beherrscht, bis er schließlich 1945 von den Alliierten verboten wurde. Vor 1933 wurden hier noch Arbeiten von Viktor von Weizsäcker[36], Hans Freyer[37], Ernst Jünger[38], Helmuth Plessner[39], Benno von Wiese[40], Ernst Forsthoff[41] und Käte Hamburger[42] verlegt. Aber nach der Machtergreifung der NSADP traten immer mehr solche Autoren hervor und prägten das Gesicht des Verlages, die sich deutlich auf die Seite der neuen Machthaber schlugen. So der Pädagoge und Philosoph Alfred Bäumler mit seinen Büchern „Männerbund und Wissenschaft" (1934), „Politik und Erziehung" (1937) und „Bildung und Gemeinschaft" (1942), der Theaterwissenschaftler Heinz Kindermann mit seinem Buch „Dichtung und Volkheit" (1940) und der extrem rassistische Philosoph Max Wundt[43]. Ihr Profil als dem Nationalsozialismus nahestehende Verleger schärften die Herren Junker und Dünnhaupt aber

35 Ich habe keine neueren wissenschaftlichen Arbeiten über diesen Verlag finden können; nur einen anonymen Wikipedia-Artikel (Link: https://de.wikipedia.org/wiki/Junker_und_D%C3%BCnnhaupt) So weit ich sehe, hat kein Zeithistoriker oder mit der Geschichte des deutschen Verlagswesen befasster Wissenschaftler bisher eine Untersuchung über diesen Verlag durchgeführt. In der Datenbank (und den Regalen) der Deutschen Bibliothek in Frankfurt a.M. und Leipzig finden sich über 800 Titel, die in den Jahren 1929 bis 1944 bei Junker und Dünnhaupt verlegt wurden.

36 Viktor von Weizsäcker: Kranker und Arzt, Berlin 1929.

37 Hans Freyer: Gemeinschaft und Volk, Berlin 1929.

38 Ernst Jünger: Krieg und Krieger, Berlin 1930.

39 Helmuth Plessner: Macht und menschliche Natur, Berlin 1931.

40 Benno von Wiese: Politische Dichtung Deutschlands, Berlin 1931.

41 Ernst Forsthoff: Die Krise der Gemeindeverwaltung im heutigen Staat, Berlin 1932.

42 Käte Hamburger: Thomas Mann und die Romantik, Berlin 1932.

43 Max Wundt: Die Wurzeln der deutschen Philosophie in Stamm und Rasse, Berlin 1944.

auch dadurch, dass sie Schriftenreihen z.Bsp. der „Deutschen Hochschule für Politik“, Berlin, und des „Deutschen Instituts für Außenpolitische Forschung“ verlegten, in der Exponenten des neuen Regimes selber mit den Texten ihrer auf diesen Foren gehaltenen Reden zum Abdruck kamen. So wiederholt Joseph Goebbels, Alfred Rosenberg und Joachim von Ribbentrop. Aber auch Männer wie Carl Schmitt, Eugen Gerstenmaier, Wilhelm Grewe und Martin Dibelius kamen hier nach wie vor zu Wort.

Zu den Reihen, die im Junker und Dünnhaupt Verlag verlegt wurden, gehörte auch die „Schriften der kriegsgeschichtlichen Abteilung im Historischen Seminar der Friedrich-Wilhelm-Universität Berlin“. Hier erschienen neben Ausarbeitungen von Walter Elze die Doktorarbeiten seiner Schüler Wilhelm Scheidt[44], Heinrich Wiegand Petzet[45], Gerhard Meißner[46] und Gerhard Fischer[47]. Und im Jahr 1940 eben auch die Dissertation von Felix Hartlaub. Hätte er sich dagegen wehren sollen, in einem solchen Verlag verlegt zu werden? In einem Brief vom 22. März 1939 an seinen Vater gesteht Felix Hartlaub, dass „der Verlag .. keinen guten Eindruck“ mache[48] Man hatte ihm nahegelegt, ein dort erschienenes rassistisch und völkisch orientiertes Buch über „Die Gegenwartsdichtung der europäischen Völker“[49] zu rezensieren. Das Buch würde er „sehr ungern besprechen“, schreibt er. Er fühle sich auch wenig kompetent. Im Nachlass ist der unvollständig gebliebene Entwurf einer Rezension erhalten, an der man ablesen

44 Wilhelm Scheidt, Von der Weisheit Goethes für die Geschichte, Berlin 1937.
45 Heinrich Wiegand Petzet: Tanger und die Britische Reichsbildung, Berlin 1938.
46 Gerhard Meißner: Das Kriegswesen der Reichsstadt Nordhausen : 1290 – 1803, Berlin 1939.
47 Gerhard Fischer: Der junge Napoleon, Berlin 1939.
43 Ewenz, a.a.O., Bd.1, S. 337.
49 Kurt Wais (Hg.): Die Gegenwartsdichtung der europäischen Völker, Berlin 1939.

kann, wie sehr Hartlaub sich quälte, diesem Buch eine positive Seite abzugewinnen und sich auf das völkische Vokabular der Autoren überhaupt einzulassen. Die Frage, ob Junker und Dünnhaupt der richtige Verlag für Hartlaubs Dissertation sei, wurde zwischen Vater und Sohn besser nicht erörtert. Man war froh, das Werk überhaupt gedruckt zu sehen und konzentrierte sich auf die Frage, wie viel Geld die Familie für die Veröffentlichung würde zuschießen müssen, nachdem es Prof. Elze gelungen war, aus Mitteln seines Lehrstuhls 400 Reichsmark zur Verfügung zu stellen.[50]

Seit nunmehr einem Dreiviertel Jahrhundert hat die Dissertation Felix Hartlaubs unbeachtet in den Universitätsbibliotheken der deutschsprachigen Länder gelegen. Wie konnte das geschehen? Es gibt viele Gründe. Erstens traut man Dissertationen in der Regel nicht viel zu, obwohl sich gerade an dieser Nahtstelle akademischer Laufbahnen erweist, ob jemand einen wissenschaftlichen Beitrag von Relevanz zu leisten vermag. Zweitens haben – wir wiesen schon darauf hin – die Fachleute, die sich mit dem Leben und Werk Felix Hartlaubs befassten, seinen Selbstaussagen und Zweifeln zu viel Glauben geschenkt. Drittens erschien das Thema der Arbeit exotisch. Wer interessiert sich schon für die Auseinandersetzung katholischer europäischer Mächte mit dem Osmanischen Reich? Viertens hat die Neigung der Deutschen, von einem Extrem ins andere zu verfallen, nach der grotesken Übersteigerung des Militärischen, dem Anzetteln eines Weltkrieges und der daraus folgenden Niederlage zu einem extremen Pazifismus geführt, der sich nicht nur in der radikalen Abschaffung aller militärgeschichtlichen Lehrstühle an deutschen Universitäten und der Schließung fast aller Museumsabteilungen, die deutsche Siege (auch die in den Anti-Napoleonischen Kriegen) verherrlichten, niederschlug, sondern auch in der Gering-

50 Vgl. den hs. Brief Elzes an FH vom 2.3.1939; DLA 93.17.109/4.

schätzung und bewussten Herabsetzung alles Soldatischen. Die von Alliierten durchgeführte "Reeducation"-Politik hat ihr Übriges dazu getan. Wie soll unter solchen Bedingungen eine Arbeit aus dem Jahr 1939, also dem Jahr, in dem das Hitler-Regime den Zweiten Weltkrieg in Europa entfesselte, ein größeres Interesse erwecken, wenn es darin einerseits um die Mühen bei der Herstellung einer Koalition europäischer Mächte gegen die immer aggressiver auftretenden Türken geht und andererseits um die Frage, welche Rolle ein deutsch-spanischer Bastard, Don Juan d'Austria, der uneheliche Sohn Kaiser Karls V., mit einer Regensburger Bürgertochter[51], in einer Seeschlacht im östlichen Mittelmeer spielte?

Manchmal kommt einem Autor bei der Rezeption seines Werkes (oder auch nur eines seiner Werke) der Zufall zu Hilfe. Einen solchen "glücklichen Zufall" stelle ich mir vor, dass er im Hause Suhrkamp hätte geschehen können. Etwa fünf Jahre, ehe bei Suhrkamp der Plan gefasst wurde, eine große Ausgabe der Schriften und Briefe Felix Hartlaubs herauszubringen, war in demselben Verlag 1990 – also einundvierzig Jahre nach der französischen Erstauflage – die Übersetzung eines großen Werkes des namhaften französischen Historikers Fernand Braudel in drei Bänden erschienen: "Das Mittelmeer und die mediterrane Welt in der Epoche Philipps II"[52], ein Meisterwerk aus der Schule der "Annales", das beispielgebend für die sich entwickelnden Kulturwissenschaften wie auch für die Regionalgeschichtsschreibung wurde, die die bornierten Grenzen nationaler Geschichtsschreibung zu überwinden hofft. Ich stelle mir vor, dass die bei Suhrkamp mit der Herausgabe von Felix Hartlaubs Werken betrauten

51 Vgl. Paul Herre: Barbara Blomberg, die Geliebte Kaiser Karls V. und Mutter Don Juans de Austria. Ein Kulturbild des 16. Jahrhunderts, Leipzig1909.

52 Fernand Braudel: Das Mittelmeer und die mediterrane Welt in der Epoche Philipps II., 3 Bde., Frankfurt/M. 1990.

Lektoren (oder auch der Verleger selbst) bemerkt hätte(n), dass nicht nur Felix Hartlaub in seiner Dissertation sich auf einen frühen Beitrag von Fernand Braudel aus dem Jahr 1928[53] bezieht, sondern – was noch viel wichtiger ist – dass Fernand Braudel im dritten Band seines epochalen Werkes, in dem er die Schlacht bei Lepanto behandelt, die Arbeit von Felix Hartlaub nicht nur zur Kenntnis nimmt (und im Literaturverzeichnis aufführt), sondern bei der Analyse des Schlachtverlaufes von Lepanto geradezu in eine Diskussion mit Felix Hartlaub über die Frage eintritt, ob es wirklich so gewesen sei, wie der Deutsche dies in seiner Dissertation herausarbeitete: dass Don Juan d'Austria als oberster Befehls-haber der christlichen Flotte in der Schlacht bei Lepanto die entscheidende Rolle gespielt habe[54]. Die Lektoren und auch der Verleger selber haben diese enge Verbindung zwischen den beiden Autoren nicht bemerkt, weder in einer Arbeitssitzung noch bei einem Gespräch in der Kantine (wo der "Zufall" vielleicht eher seinen Ort hat.) Sie haben die Möglichkeit, die Dissertation (mit den Augen Braudels) neu zu sehen (und evtl. in das Editionsprojekt Hartlaub zu integrieren) nicht erkannt. Wie heißt es doch so treffend bei Janosch? "Zu spät! Flaschenpost ist vorbeigeschwommen!"

Felix Hartlaubs Dissertation sollte bereits im Jahr 2008 in der Edition Mnemosyne erscheinen. Die Zustimmung des Deutschen Literaturarchivs Marbach, dem Rechtehalter am Nachlass Felix Hartlaubs, war bereits eingeholt; der Satz so gut wie fertig. Nur ein gescheites Nachwort fehlte noch. Aber dann verhinderte eine schwere Erkrankung des Verlegers die Fertigstellung des Projektes; der Einmann-Betrieb fiel notgedrungen für einige Zeit in den "stand-by"-Modus zurück.

53 Fernand Braudel: Les Espagnols et l'Afrique du Nord de 1492 à 1577. Revue Africaine 1928, im Lit.Verzeichnis von Hartlaubs Dissertation auf S. 185, in unserer Ausgabe auf S. 247.

54 Fernand Braudel: Das Mittelmeer, Bd. III, S. 257, 272 und 288.

Doch die Verzögerung hatte und hat vielleicht auch positive Aspekte. Durch einige historische und kulturwissenschaftliche Arbeiten, die in der Zwischenzeit erschienen sind, vor allem die Bücher von Thomas Karlauf[55] und Ulrich Raulff[56] über Stefan George und seinen Kreis, sowie die Bücher und Schriften von Wolfram Pyta über Paul von Hindenburg[57], Adolf Hitler[58] und Walter Elze[59] scheint mir das ganze Feld, in dem sich Felix Hartlaub seit seinem Wechsel nach Berlin bewegte, besser erschlossen. Die Übergänge zwischen den elitären Konzepten konservativer Eliten und dem Nationalsozialismus, die Überschneidungen und Gegensätze unterschiedlicher Reichs-Konzepte, die komplizierten Beziehungen zwischen künstlerischer Sphäre und Politik erscheinen in neuem Licht, die Methodik der Analyse und Darstellung von Übergangsformen zwischen den Lagern scheint mir weiter entwickelt. Es wird nicht mehr nur Schwarz-Weiß gemalt, sondern in gebrochenen Grau-Tönen. Vor diesem Hintergrund ist es heute vielleicht eher als noch vor neun Jahren möglich, die Gegensätzlichkeit und die Ungereimtheiten in Felix Hartlaubs Leben und Werk zu begreifen, seine Entwicklung nicht nur psychologisierend, sondern in Bezug auf den historischen Gesamtrahmen zu beschreiben, ohne die Singularität seiner Position in Frage zu stellen. Daher schätzt sich der Verlag überaus glücklich, für diese Edition der Dissertation Felix Hartlaubs Herrn Prof. Dr. Wolfram Pyta als Mitherausgeber und Autor des Nachwortes gewonnen zu haben.

---

55 Thomas Karlauf: Stefan George. Die Entdeckung des Charisma, München 2007.

56 Ulrich Raulff: Kreis ohne Meister. Stefan Georges Nachleben, München 2009.

57 Wolfram Pyta: Hindenburg. Herrschaft zwischen Hohenzollern und Hitler, München 2007.

58 Wolfram Pyta: Hitler: Der Künstler als Politiker und Feldherr. Eine Herrschaftsanalyse, München 2015.

59 Wolfram Pyta: Walter Elze und Preußen – Preußische Geschichte aus dem Geiste des George-Kreises, a.a.O., s. Anm. 1.

Aber noch ein weiterer - politischer - Faktor kommt der Rezeption der Arbeit Felix Hartlaubs über "Don Juan d'Austria und die Schlacht bei Lepanto" entgegen, lässt den Inhalt dieser Arbeit, die Schlacht bei Lepanto, vielleicht auf größeres Interesse stoßen als noch vor 9 Jahren. Das ist der bedrohliche, militante Vorstoß des (politischen) Islam nach Europa: in Form von gezieltem Terror, in Form von massenhaften Flüchtlingsströmen aus muslimischen Ländern, aber auch in Form des bewussten Ausbaus von Parallelstrukturen (mit dem Primat der Scharia) und den Aufbau 5. Kolonnen durch die Regimes in Saudi Arabien, der Türkei und anderen Ländern. Europa ist heute in einer Weise von außen (und inzwischen auch von innen) bedroht wie schon seit den Türkenkriegen von 1526-1532 und der Belagerung Wiens im Jahr 1683 nicht mehr. – Man kann natürlich versuchen, sich mit dem Gedanken zu beruhigen, dass es nur der "politische Islam" sei, von dem die Bedrohung ausgehe, und nicht der Islam selbst. Ja, natürlich: wenn man das durch die Aufklärung gezähmte, heute zahnlose Christentum als Modell auf den Islam projiziert, dann nährt man die Hoffnung, dass auch der Islam durch Aufklärung gezähmt werden könne. Dieser Versuch muss unter den Millionen von Muslimen, die in den letzten Jahrzehnten nach Europa eingewandert sind, auch unbedingt unternommen werden. Und vielleicht auch darüber hinaus. Aber man sollte sich nicht täuschen: der Islam ist eine im Ganzen ungebändigte, monotheistische Religion mit einem Ausschließlichkeitsanspruch, der alle Andersgläubigen, auch die Christen, zu Ungläubigen und Feinden erklärt, die man um der Herrschaft des Islam willen aus der Welt schaffen darf.

Als Bragadino, der Kommandant der letzten von den Venezianern auf Zypern noch gehaltenen Festung Famagusta sich nach langer Belagerung am 1. August 1571 (also ca. 2 Monate vor der Schlacht bei Lepanto) mit seinen restlichen

Truppen – gegen die Zusicherung des türkischen Befehlshabers Mustafa Pascha, ihnen freies Geleit zu gewähren, – ergab, brach Mustafa Pascha das gegebene Wort, ließ die gesamte Besatzung (und auch Teile der Einwohnerschaft Famagustas) niedermetzeln und den Kommandanten Bragadino auf das Grausamste misshandeln, ihn bei lebendigen Leibe häuten und seine Haut, mit Heu ausgestopft, zusammen mit der Siegesnachricht nach Konstantinopel schicken.[60] Als diese Schreckensnachricht sich in Europa verbreitete, erfasste die Bevölkerung eine Mischung aus Empörung, Mitleid, Wut und Entsetzen. Man sah ein, dass es so nicht weitergehen könne. Viele junge Adlige erklärten ihre Bereitschaft, gegen die (ihrerseits als „Ungläubige" bezeichneten) Türken in den Krieg zu ziehen. Das Übermaß an Grausamkeit, das die Türken auf Zypern demonstrativ exerziert hatten, brachte ungezügelte Rachegedanken und extreme Kampfbereitschaft auf christlicher Seite hervor, die – wie Zeitzeugen berichten – sich in der Entschlossenheit der auf christlicher Seite an der Schlacht bei Lepanto beteiligten Offiziere und Soldaten niederschlug. Die öffentliche, über die modernen Medien verbreiteten Hinrichtungen christlicher Männer und Schändung christlicher Frauen durch die IS-Terroristen gibt einen Vorgeschmack auf das, was die Islamisten anzustellen bereit sind, sollten sie irgendwo in Europa auch nur vorübergehend die Oberhand gewinnen.

Doch es gibt noch einen zweiten Faktor, der die Aggressivität (und den Zulauf) der islamistischen Terrorgruppen grundlegend befördert: nämlich den Hass auf den westlichen Imperialismus, der seit langem die arabischen Völker unterdrückt, spaltet, ausbeutet und erniedrigt. Mit welchem Recht haben die USA Saddam Hussein im Irak gestürzt? Nachdem mit der Niederschlagung des Hitler-Regimes und der Neuord-

60 Vgl. die drastische Schilderung bei Hartlaub, Don Juan, S. 126; in unserer Ausgabe auf S. 179-180.

nung Deutschlands angeblich ein positives Beispiel für einen "regime change" geschaffen wurde, meinen die Yankees, sie könnten und dürften überall in der Welt einen "regime change" erzwingen: sei es mit Bomberflotten, sei es mit Drohnen, sei es mit Killer-Kommandos. Jedes verknöcherte sozialistische Baath-Regime war noch tausendmal stabiler und erträglicher als das Chaos, das die Amerikaner und ihre europäischen Trabanten im Irak, in Syrien und zuletzt in Libyen angerichtet haben. Warum musste Muammar al-Gaddafi, der die Einheit Libyens zu sichern wusste, gestürzt werden? Begreife das, wer kann! Der Terror der Islamisten ist – wenn man so will – auch eine Antwort auf eine ebenso kopflose wie verbrecherische westliche Politik.

Es gibt eine große Unruhe und eine noch größere Ratlosigkeit unter den Völkern Europas. Wie soll man dem militant vordringenden Islam begegnen? Wie den unaufhaltsamen Flüchtlingsströmen? Wie der Gefahr, die von den 5. Kolonnen Erdogans und den unberechenbaren IS-Selbstmordkommandos ausgeht?

Wenn man Felix Hartlaubs Analyse der Situation in Europa im Vorfeld der Schlacht bei Lepanto vom 7. Oktober 1571 liest, dann kommt einem die Situation irgendwie bekannt vor. Europa war in einer Weise zerstritten bzw. in Lager aufgespalten, dass es zu einer gemeinsamen Abwehr des militanten Osmanischen Dranges nach Westen kaum in der Lage war. Um 1570 beherrschten die Türken bereits das östliche Mittelmeer, waren gerade dabei, Zypern zu erobern, und bereiteten sich auf weitere Vorstöße in das westliche Mittelmeer vor. Bedroht war die spanische Herrschaft, bedroht war aber auch die Rolle Venedigs als dominante Handelsmacht im Austausch zwischen Orient und Okzident. Die italienischen Küsten waren permanenten Angriffen seitens der

Türken, aber auch ihrer Verbündeten in den nordafrikanischen Piraten-Nestern wie Tripolis und Algier ausgesetzt. Nicht nur Mitteleuropa, sondern auch der ganze Mittelmeerraum drohte unter osmanische Hegemonie zu geraten. Felix Hartlaub stellt sehr plastisch und detailliert dar, auf welche Hindernisse der Plan stieß, eine Allianz aller christlichen europäischen Mächte gegen die osmanische Aggression zustande zu bringen. Einige Mächte schieden von vornherein aus: Während Frankreich und zeitweise auch England offen mit den Türken verbündet war, standen alle Protestanten in Nord- und Westeuropa mit verschränkten Armen da und betrachteten aus der Ferne mit einer Mischung aus Selbstgerechtigkeit und Häme den Kampf, der sich zwischen den katholischen Mächten Süd- und Mitteleuropas und dem Osmanischen Reich zuspitzte. Philipp II. in Spanien und die Habsburger in Wien waren für sie alle der „Hauptfeind". Je mehr diese von den Türken unter Druck gesetzt wurden, desto großer erschien den herrschenden Kreisen in Paris, London, Kopenhagen und anderswo der Vorteil, den sie aus dem türkischen Vordringen im Mittelmeer (wie auch in Mitteleuropa in Richtung Budapest und Wien) zogen. Und selbst die Venezianer sahen sich ständig gezwungen, um der Erhaltung ihrer Handelswege Kompromisse mit dem Osmanischen Reich zu schließen. – Allein schon die Tatsache, dass es Papst Pius V. trotz der Zerrissenheit Europas schließlich doch gelang, eine Koalition der wichtigsten Mächte im Mittelmeerraum, nämlich von Spanien, Venedig, Genua, in Form einer Liga herzustellen, erschien wie ein Wunder. Und dass es dieser (kurzlebigen) Liga gelang, einen vernichtenden Sieg über die mächtige, als unbesiegbar geltende Flotte des Osmanischen Reiches in der Schlacht bei Lepanto zu erringen, löste bei einem Teil der europäischen Christenheit unbeschreiblichen Jubel und Erleichterung aus, bei einem anderen Teil ungläubiges Staunen und bizarre Interpretationen.

Die Schlacht bei Lepanto gehört zu den großen, epochalen Ereignissen in der Auseinandersetzung zwischen den christlichen, und das heißt in diesem Falle: den katholischen Mächten Europas und dem Osmanischen Reich, nur vergleichbar mit der Abwehr der Belagerung Wiens im Jahr 1683 durch ein europäisches Heer unter Führung des polnischen Königs Jan Sobieski und des österreichischen Herzogs Karl V. von Lothringen. Felix Hartlaub beschreibt sehr detailliert die Vorbereitung und den Verlauf dieser großen Seeschlacht im Ägäischen Meer, souverän beschreibt er aber auch alle Hindernisse, alle Fehler, Eigenmächtigkeiten und Reibereien, die den Erfolg der Unternehmung bis zur letzten Minute gefährdeten. Und er arbeitet in diesem Zusammenhang und vor diesem Hintergrund die entscheidende Rolle heraus, die Don Juan d'Austria, der Halbbruder Philipps II., ein junger Mann von 24 Jahren vor und während dieser großen Schlacht spielte. Die katholische Welt feierte (und feiert zum Teil noch heute) diesen 1547 in Regensburg geborenen unehelichen Sohn Kaiser Karls V. als den Helden dieser Schlacht. Noch heute werden in Venedig und anderen Städten Italiens wie auch in Spanien volkstümlich Lieder zu Ehren von Don Juan d'Austria gesungen. In Deutschland wie auch in Österreich ist er – sieht man einmal von seiner Bronzestatue in Regensburg ab – jedoch so gut wie vergessen. Im wunderbar altmodischen, keiner durchgreifenden „Reeducation"-Kur unterzogenen Heeresgeschichtlichen Museum in Wien kann man wenigstens einige Radierungen von der Schlachtaufstellung bei Lepanto finden. Aber kein Schüler in Berlin oder Wien wüsste heute etwas auf die Frage zu antworten, wann und gegen wen die Schlacht bei Lepanto geschlagen wurde und welcher Oberbefehlshaber sich dort unsterbliche Verdienste erworben hat.

Felix Hartlaub hat, obwohl aus linksliberalem protestantischem Milieu stammend, mit großer Akribie nicht nur die

Sache der katholischen Mächte, die sich der Aggression des Osmanischen Reiches entgegenstellten, beschrieben, sondern er hat auch mit wachsender Empathie die herausragende Rolle dargestellt, die Don Juan d'Austria trotz aller Fesseln ausfüllte, die die Anweisungen Philipps II. seinem Kommando anlegten. Er zeigt und feiert ihn als den Helden dieser großen Seeschlacht. Dies tut er aber nicht nur in militärischer bzw. militärgeschichtlicher Hinsicht, sondern er wirft in dem Kapitel über „Die Soldaten der Ligaflotte" auch die geistes- und kulturgeschichtlich weiterführende Frage auf, welche Stellung Don Juan d'Austria „in der geistigen Geschichte seiner Zeit" gehabt, welche Anerkennung er unter den zeitgenössischen Dichtern und Künstlern gefunden habe, welche Entsspre-chung es in der europäischen Literatur zu dem kurzen Leben seines strahlenden Helden gegeben habe. Don Juan habe, „obwohl sein Leben vor den Augen Cervantes' und Tassos verlief,… keinen Dichter gefunden." Die italienische und spanische Spätrenaissance habe sich zu viele Gedanken über den vollkommenen Edelmann und Helden gemacht, um ihn in der Wirklichkeit erkennen zu können. „Epos und Tragödie der Gegenreformation waren nicht imstande, die geschichtliche Tatsache mit dem Bild des idealen Tugendhelden, um das sie sich bemühten, zu vereinigen".[61] Neben dem unwirklichen Helden Tassos habe es nur noch den „picaro" der realistischen Erzählkunst gegeben. An dieser Stelle der Dissertation greift der Historiker Hartlaub auf das breite Fundament seiner Kenntnisse der spanischen, italienischen und französischen Literatur zurück, wird auf der Suche nach einer Antwort auf seine Frage aber erst fündig, als ihm Gestalten aus den Dramen William Shakespeares vor Augen treten: „Will man etwas vom eigentlichen Leben Don Juans in der Dichtung wiederfinden, muss man sich an die jungen Adligen und Prinzen Shakespeares erinnern. Ohne allen Zwang findet

61 Felix Hartlaub, Don Juan, S. 112; in unserer Ausgabe S. 163-164..

man dort den Klang der vertrauten Briefe Don Juans wieder, besonders, wenn von der Freundschaft die Rede ist. In „König Heinrich IV." wird einmal geschildert, wie der tote Percy das Vorbild der jungen englischen Ritter war, die ihn in Sprache, Gang, in der ganzen Lebensart, in Geschmack und Laune nachahmten: die Stelle scheint förmlich im Hinblick auf Don Juan d'Austria geschrieben".[62]

Diese Formulierungen sollten einmal diejenigen zur Kenntnis nehmen, die aus ihrem engen Pazifismus heraus Felix Hartlaub jede Beziehung zum Soldatischen und Heldischen absprechen. Gewiss, Felix Hartlaub hatte, das bezeugt Marianne Feuersenger, in seiner körperlichen Haltung nichts Soldatisches. „Hartlaub ist ein Mensch, zu dem die Uniform einfach nicht passt", schreibt sie.[63] Felix Hartlaub bekundete auch selbst (in Briefen und seinen Schriften, die als Angehöriger einer Flak-Einheit verfasste), dass er nicht zum Soldat geboren war. Aber aus dieser Tatsache die These abzuleiten, Hartlaub habe keinerlei Zugang (auch keinen geistigen) zum Soldatischen und kein Verständnis für kriegerische Geschehnisse und darin vollbrachte Heldentaten gehabt, wird nicht nur durch die zitierte Stelle über die den „toten Percy", sondern durch die ganze Dissertation widerlegt. Gerade der am „toten Percy" und dem strahlenden Beispiel des jungen Don Juan d'Austria geschulte Blick des poeta doctus auf das Heroische dürfte Felix Hartlaub umso mehr befähigt haben, als Historiker das Verbrecherische, Monströse und in seiner aktenmäßig-pedantischen Exekution zugleich unendlich Banale der deutschen Kriegsmaschinerie (incl. der „Sondereinheiten", die für die Vernichtung der Juden zuständig waren) zu erkennen. Dieser durchdringende Blick hat ihn wohl befähigt, neben den Hunderten von Seiten OKW-Tagebuch jene Prosatexte aus dem „Sperrkreis 2" zu verfassen, die –

62 Ebd..
63 Marianne Feuersenger: Im Vorzimmer der Macht, S. 207.

obwohl Torso geblieben (oder vielleicht auch gerade deshalb) – zu den erschütterndsten Zeugnissen aus der Feder eines der Beteiligten (und Verstrickten) gehören, die man finden kann.

Angeregt und ermutigt, das Hartlaub-Projekt zu Ende zu führen, wurde ich durch Felix Droese, der sich seit Jahren mit dem Thema Lepanto befasst. Im Jahr 2007 schuf er das Gemälde „Schlacht von Lepanto“[64] , das 2013 in Paderborn auf der großen Ausstellung „CREDO – Christianisierung Europas im Mittelalter“ im Abschnitt „Ausblick“ ausgestellt wurde. Der Künstler hat uns erlaubt, das Bild als Miniatur auf dem Umschlag dieser Edition der Dissertation von Felix Hartlaub abzubilden. Im Katalog zur CREDO-Ausstellung schrieb Josef Meyer zu Schlochtern, Professor an der Theologischen Fakultät Paderborn: „Drei Symbole dominieren die Bildfläche: ein rotes Kreuz, eine grüne Mondsichel und ein Kreis von zwölf gelben Farbflecken... Das Bild löst die Symbole aus ihrem gewohnten Zusammenhang und fragt damit nach ihrer Bedeutung in Kirche, Politik und Gesellschaft.... Der Sternenkranz schließlich findet sich heute auf der Europaflagge: zwölf Sterne auf blauem Grund. Allerdings scheinen die Sterne hier zu zerfließen, als sei die Frage nach der Identität Europas nicht mehr mit seiner christlichen Geschichte zu beantworten....“[65]

Man muss wohl – wie Felix Droese – der Sohn eines widerborstigen altkatholischen Priester sein, der die Anbiederung des altkatholischen deutschen Klerus an das Hitler-Regime verurteilte und daraufhin auf die Halbinsel Nordstrand in Nordfriesland versetzt wurde, oder ein historisch umfas-

64 Felix Droese: Die Schlacht von Lepanto (Oel, Acryl auf Leinwand: H. 210 cm, B. 195 cm; Kunstsammlung Dr. Axel Ciesielski, Hillscheid).

65 Josef Meyer zu Schlochtern, Text zum Gemälde von F. Droese, in: Katalog zur Ausstellung CREDO – Christianisierung Europas im Mittelalter, Paderborn 2013, S. 778.

send gebildeter römisch-katholischer Theologe – wie Joseph Ratzinger, der sich in seiner „Regensburger Vorlesung" zum Verhältnis Christentum - Islam wegweisend äußerte –, um ein tieferes Verständnis der historischen Bedeutung der Schlacht bei Lepanto zu bewahren und hochzuhalten. Ich danke dem Künstler für die Zustimmung zur Abbildung seines Gemäldes und empfehle die abermalige Lektüre der „Regensburger Vorlesung" Papst Benedikts XVI. in der Aula der Universität Regensburg am 12. September 2006.[66]

Wolfgang Matthias Schwiedrzik

Purbach, im Februar 2017

66 Ansprache von Benedikt XVI in der Aula Magna der Universität Regensburg am 12.09.206, in: Christoph Domen (Hg): Die „Regensburger Vorlesung" Papst Benedikts XVI. Im Dialog der Wissenschaften, Regensburg 2007.

DON JUAN d'AUSTRIA
UND DIE SCHLACHT BEI LEPANTO

VON

FELIX HARTLAUB

1940
JUNKER UND DÜNNHAUPT VERLAG / BERLIN

DIE AUFGABE

Wenige große Ereignisse des 16. Jahrhunderts haben eine solche Anziehungskraft auf die historische Forschung ausgeübt wie die Schlacht bei Lepanto. Abgesehen von den Biographien des Don Juan d'Austria und seiner Mitfeldherren liegen ausführliche, zum Teil seekriegsgeschichtliche, Einzeldarstellungen vor, besonders das Werk des französischen Vizeadmirals Jurien de la Gravière[1]. Außerdem nimmt die Darstellung der Schlacht bei den Historikern Philipps II. und in der Geschichte der beteiligten Mächte, also vor allem Spaniens, Venedigs, des Papsttums und des Osmanischen Reiches von jeher einen breiten Raum ein. Auch die diplomatische Geschichte der heiligen Liga von 1571-73, des Bündnisses der bei Lepanto siegreichen europäischen Mächte, ist seit der leider vorzeitig abbrechenden Arbeit Herres[2] und der „Liga de Lepanto" des Abtes von Silos, P. Luciano Serrano[3], der auch den diplomatischen Schriftwechsel zwischen Spanien und der Kurie während des Pontifikates Pius V. herausgegeben hat[4], sehr weitgehend geklärt. Es möchte kaum gerechtfertigt erscheinen, einen so vielfältig durchforschten und zur Darstel-

1 Jurien de la Gravière, La guerre de Chypre et la bataille de Lépanto. Paris 1888. 2 Bd.

2 Paul Herre, Europäische Politik im zyprischen Krieg 1570-1573. Bd. I. Leipzig 1902.

3 P. Luciano Serrano, La Liga de Lepanto. Bd. 1 Madrid 1918, Bd. 2 1919.

4 Ders., Correspondencia diplomática entre España y la Santa Sede durante el pontificado de San Pio V. Madrid 1914. 4 Bd.

lung gebrachten Stoff noch einmal auszubreiten und sich dabei im Wesentlichen nur auf die schon lange bekannten Quellen zu stützen. Wenn dies hier doch unternommen wurde, so gab den Anlaß dazu der sich bei der Lektüre der vorliegenden Lepanto-Literatur immer mehr <8> verstärkende Eindruck, daß darin, die Biographien Don Juans nicht ausgenommen, die Weise, in der Don Juan d'Austria das Geschehen jener Tage bestimmt hat, im Grunde undeutlich geblieben ist. Der jugendliche Generalissimus der Ligaflotte steht überall im Mittelpunkt der Betrachtung, man schreibt ihm den Hauptteil am Siege zu und versucht doch nur selten, sein eigenes Verhalten durch alle die beständig wechselnden Situationen der Kriegsfahrt und ihrer Vorbereitung zu verfolgen und zu zeigen, wo und auf welche Weise er den Gang der Ereignisse leitet. Diese Undeutlichkeit tritt schon bei den zeitgenössischen Erzählern hervor. Es versteht sich für sie von selbst, in Don Juan die Hauptperson, das eigentliche Bewegungsprinzip der Unternehmung zu sehen; ihn allein lassen sie, indem sie eine Fülle persönlicher Züge wiedergeben, als Einzelgestalt aus dem Bericht über die Kriegsaktion hervortreten, während sie sich bei der Schilderung der mit ihm zusammenwirkenden Heerführer meistens mit Formeln, wie sie die Zeit zur Kennzeichnung kriegerischer und feldherrlicher Tüchtigkeit anwandte, begnügen. Dennoch ist zu beobachten, daß sich ihnen, wenn sie über ein einzelnes, für den Verlauf des Unternehmens wirklich entscheidendes Ereignis, also etwa einen Beschluß des Kriegsrates der Ligaflotte, berichten, die Umrisse Don Juans verwischen. Wer dann die Statute und Instruktionen studiert und daraus sieht, wie die Selbständigkeit Don Juans als Oberbefehlshaber eingeschränkt war, wie viele Rücksichten er nehmen mußte, könnte den Eindruck gewinnen, als habe Don Juan, dessen Bedeutung in einzelnen Augenblicken klar hervortrat und der im Mittelpunkt der allgemeinen Erwartung stand, keinen entscheidenden Einfluß auf den Gang des Unternehmens ausgeübt, als sei sein Oberbefehl nur eine Scheinwürde gewesen, während die eigentlichen Entscheidungen in den Verhandlungen zwischen den verschiedenen Offiziersgruppen zustande kamen. Hier setzt nun die vorliegende Untersuchung ein; indem sie in der Erzählung der Ereignisse an jedem wichtigen Abschnitt inne hält, um die Lage Don Juans in ihrer vielfältigen und stets wechselnden Bedingtheit ganz unmittelbar zu veranschaulichen, hofft sie, die Frage nach seinem persönlichen Anteil an der militärisch-politischen <9> Entwicklung, die zur Schlacht von Lepanto führte, befriedigender als es bisher geschah, beantworten zu können. Es empfahl sich, möglichst viele und verschiedene Ansichten von Don Juans Verhalten zu gewinnen. Der rein militärische Gesichtspunkt trat dabei im allgemeinen etwas in den Hintergrund, so wenig sich eine ausführliche Wiedergabe des Kriegsverlaufs vermeiden ließ, – wobei sich manche Einzelheit in einem neuen Lichte zeigte. Größere Bedeutung gewannen andere Seiten von Don Juans Wirken: Seine Art, mit Menschen umzugehen, die Wirkung, die der gemeine Soldat, der Edelmann, der Militär und der greise kirchliche Würdenträger von ihm ausgehen fühlten; seine Stellung zum spanischen König und Hof und der Wandel, der darin durch seinen Oberbefehl eintrat; seine Bedeutung für den spanischen Staat, wie sie sich entwickelte in seinem Zusammenwirken mit den spanischen Vizekönigen, in seiner Auffassung der durch die spanische Vorherrschaft in Italien entstandenen Fragen; sein Verhältnis zum spanischen Heere und dessen Tradition, die Form, die er seiner Gleichstellung mit ihren bewährten Feldherren zu geben wußte; seine Einsicht in die Verhältnisse der europäischen Staaten und in die Voraussetzungen, auf denen die heilige Liga beruhte. Ermaß er von Anfang an die einmalige Bedeutung der Liga für den Kampf gegen die Türken im Mittelmeer und versuchte er, unmittelbar auf die Diplomatie der verbündeten Mächte einzuwirken? Besaß er ein eigenes Bild von der Lage Venedigs, dessen Haltung über den Bestand der Liga entschied, und kommt in seinem Verkehr mit den Flottenführern der Markusrepublik etwas davon zum Ausdruck? Lassen sich in seinem Verhältnis zum Papsttum, zur Person Pius' V. und zu den hohen kirchlichen Würdenträgern, die diesen vertraten, eigene Absichten und Auffassungen erkennen und wirkten die geistigen Vorgänge des Zeitalters der Gegenreformation auf ihn ein? Indem der Verfasser diese Fragen formulierte und zu beantworten suchte, färbte sich das Bild des Lepantosiegers immer reicher, traten mancherlei neue Linien und Zusammenhänge hervor: vielfache Spuren eigener Gedanken und Pläne, zuerst lange verborgen, langsam und stückweise enthüllt; Fähigkeiten der Selbstbeherrschung und Verstellung, in einer für <10 > das Alter Don Juans unheimlichen Vollkommenheit ausgebildet; erstaunliche Möglichkeiten der Einwirkung auf andere Menschen jedes Standes und Alters und, um nur noch eines zu nennen, der feinste Sinn für die geistigen Realitäten des Zeitalters. – Es wurde versucht, trotz dieser differenzierenden Betrachtungsweise nicht den Blick für die jugendliche Unmittelbarkeit und Unbefangenheit Don Juans zu verlieren, die für alle seine Biographen und alle Beschreiber des Lepantofeldzuges mit Recht sein Wirken kennzeichnet.

Für die Wahl eines so häufig behandelten Gegenstandes, wie es die Schlacht von Lepanto ist, bestand noch ein anderer Grund. Ihr ging eine Beschäftigung mit dem ganzen Leben Don Juans voraus und die Frage nach seinen noch weniger erfaßten Abschnitten; gedacht wurde an das Unternehmen gegen Tunis von 1573, an die genuesischen Händel oder an eine Untersuchung der Stellung Don Juans zu den Italienern als Beitrag zur Geschichte der spanischen Fremdherrschaft. Doch kam der Verfasser – abgesehen von anderen Schwierigkeiten, zum Beispiel der Tatsache, daß die gesamte Korrespondenz bis heute noch nicht herausgegeben ist – zu der Erkenntnis, daß eine Beschäftigung mit dem späteren Leben des Don Juan d'Austria, ausgenommen vielleicht seine niederländische Mission, nur dem erlaubt ist, der vorher versucht hat, ein eigenes Bild von Don Juan als dem Sieger von Lepanto zu gewinnen. Don Juans Wesen erfährt durch den Tag von Lepanto seine endgültige Prägung. Seine Tätigkeit von da an bis zur Berufung in die Niederlande besteht, im Ganzen gesehen, nur in Versuchen, den großen Sieg zu erweitern und in allen seinen Folgen auszuschöpfen, nicht nur auf dem Gebiet der Politik und Kriegsführung, sondern auch in bezug auf seine eigene Stellung und Lebensweise. Derartige Überlegungen verursachten eine zunehmende Beschränkung auf die Schlacht als auf das zentrale Ereignis in der Laufbahn des Mannes. Doch ließ sich die vorausgegangene Befassung mit dem ganzen Leben des Lepantosiegers nicht verleugnen; die traurigen, aber auch klärenden und bestätigenden Jahre, die auf den Sieg folgen, waren dem Verf. immer gegenwärtig. In einzelnen <11> Exkursen wurde versucht, Anregungen zu sammeln für einen künftigen Biographen.

Von den neueren Biographien Don Juans d'Austria bleiben die wenigen Seiten, die ihm in „Die Osmanen und die spanische Monarchie" gewidmet sind, maßgebend; Ranke lag nur ein Bruchteil der heute bekannten Quellen vor, doch wird es nie wieder gelingen, die Linie dieses Lebens so rein und fließend nachzuzeichnen. Am ausführlichsten hat Stirling-Maxwell[5] das Leben Don Juans beschrieben. Die Tätigkeit in Italien nach dem Ende der heiligen Liga und die Zeit seiner niederländischen Mission sind durch die Forschungen Törnes[6] in ein ganz neues Licht gerückt worden. Sehr wichtig wurde, um nur noch ein neues Werk zu nennen, der erste Band von van der Essens Farnese-Biographie.[7] Ein Teil von Don Juans

5 William Stirling-Maxwell, Don John of Austria etc. London 1883, 2 Bd.

6 P. O. de Törne, Don Juan d'Autriche et les projets de conquete de l'Angleterre, 1568-78. Bd. 1 Helsingfors 1915, Bd. 2 1928.

7 Léon van der Essen, Alexandre Farnese. Bd. I. 1545-1578, Brüssel 1933.

Briefwechsel ist in der Colecciõn de documentos ineditos[8] abgedruckt, anderes von Stirling-Maxwell, Rodriguez-Villa[9], der Herzogin von Berwick-Alba[10], Morel Fatio[11], dem Fürsten Doria-Pamphilj[12] veröffentlicht worden. Serrano hat in seiner „Liga de Lepanto" als Erster die Korrespondenzen aller an den Ereignissen entscheidend beteiligten Personen verwertet. – Von den zahlreichen zeitgenössischen Darstellungen des Lepantofeldzuges waren uns <12> der Bericht des Augenzeugen Sereno[13] und die Historien von Fernando de Herrera[14] und Torres y Aguilera[15] besonders ergiebig, doch mußten auch andere Berichte herangezogen werden. (Über das gesamte Quellenmaterial vgl. Serrano 1.5 ff.). Dazu traten die offiziellen Chronisten Philipps II., Cabrera de Cordoba und Antonio de Herrera, und die ganz von ihnen abhängigen alten Biographen. Auf die weitere benutzte Literatur wird im Text verwiesen.

Der Verfasser dankt seinem verehrten Lehrer, Herrn Prof. Dr. Walter Elze, für die Anregung und Unterstütung der Arbeit.

Seemännischen Rat fand der Verfasser bei Korvettenkapitän a. D. Walther Dörpinghaus in Heidelberg.

8 Colección de documentos inéditos para la historia de España. Bd. 3 Madrid 1843, Bd. 28 Madrid 1856.

9 Antonio Rodriguez-Villa ed. Baltasar Porreño, Historia del Serenissimo Señor Don Juan de Austria. Madrid 1899.

10 Duquesa de Berwick y Alba, Colección de documentos escogidos del archivo de la casa de Alba. Madrid 1891.

11 Alfred Morel Fatio: Lettres de Don Juan d'Autriche écrites des Pays-bas à D. Rodrigo de Mendoza et au comte d'Orgaz, de 1576-1578. In: L'Espagne au XVI et au XVII siècle. Heilbronn 1878.

12 Principe D. Alfonso Doria Pamphilj, Lettere di Don Giovanni d'Austria a D. Giovanni Andrea Doria I. Rom 1896.

13 Bartolomeo Sereno, Commentari della Guerra di Cipro etc. Monte Cassino 1845.

14 Fernando de Herrera, Relación de la Guerra de Cipre i suceso de la batalla naval de Lepanto. Sevilla 1572. Abgedr. in: Colección etc. Bd. 21. Madrid 1852.

15 Jerónimo de Torres y Aguilera, Chronica y recopilacion de varios sucessos de guerra etc. Saragossa 1579.

DON JUAN d'AUSTRIA
BIS ZUR SCHLACHT VON LEPANTO

Die Geschichte Don Juans bis zum Jahre der Lepantoschlacht ist bekannt und kann hier nur einleitend mit wenigen Worten in Erinnerung gebracht werden. Über dieKindheit des Sohnes Karls V. und der Regensburger Gürtlerstochter Barbara Blomberg[16] liegt das Dämmerlicht des Märchens. Große Reisen stehen am Anfang: der Knabe wurde der Mutter bald genommen und in die Obhut eines kaiserlichen Hofmusikanten gegeben, der den Dienst verließ und in seine spanische Heimat zurückkehrte. In einem entlegenen kastilianischen Dorf wuchs Don Juan unter den Bauernkindern auf, man weiß nicht, ob von seinem Vater vergessen, verleugnet oder absichtlich der tiefsten Verborgenheit anheimgegeben. Seine alten Biographen malen liebevoll diese ländliche Kindheit aus, <13> das Leben unter den Hirten, mit dem die Geschichten von David und Cyrus und noch manche andere Heldensage beginnen; auch die Ankunft der Kutsche – die erste, die das Dorf Lleganes sah –, die Don Juan auf den Landsitz des Edelmannes Don Luis Mendez de Quijada und seiner kinderlosen Gattin Doña Madalena de Ulloa inVillagarcia nahe bei Valladolid brachte.[17] Diese beiden echt altspanischen Adelsgestalten wurden die Erzieher des Kaisersohnes: Quijada, im Dienste des Kaisers ergraut, mit eigensinnigem Stolze über

16 Paul Herre, Barbara Blomberg, die Geliebte Kaiser Karls V. und Mutter Don Juan's de Austria. Leipzig 1909.

17 Vgl. die dichterische, aber auf genauer Kenntnis der historischen Vorgänge aufbauende Schilderung in dem hist. Roman des Jesuitenpaters Luis Coloma: Jeromin. Bilbao 1921. Deutsch von Luis Villavicencio, München o.J.

das ihm anvertraute Pfand wachend; er wird an Don Juans Seite im Getümmel vor der Moriskenfeste Seron fallen. Doña Madalena, wohl der einzige Mensch, dessen unbestechliche Strenge einen bestimmenden Einfluß auf das bei aller Fülle der Freundschaft schwer faßbare Wesen Don Juans auszuüben vermochte. Nachdem er Villagarcia verlassen und in das für ihn so anziehende und gefährliche Hofleben eingetreten war, wurde ihm die meist in Klöstern und auf dem Land in der Zurückgezogenheit lebende Erzieherin und Freundin erst wirklich bedeutungsvoll; er wandte sich ihr mit immer größerer Innigkeit zu, unterichtete sie aufs Genaueste über sein Leben bei Hofe und im Feld. Wie der einzige Brief, der aus dieser Korrespondenz bekannt ist, zeigt, überwachte sie sorgsam die Wandlungen der Hofstimmung in bezug auf Don Juan und erkannte die Gefahren seiner Stellung mit großem Scharfblick.[18] Über die Persönlichkeit dieser zweifellos sehr bedeutenden Frau ist sonst wenig bekannt. Nur über ihren Glaubenseifer, ihre Nähe zu den großen Gestalten der spanischen Mystik und Gegenreformation, wird berichtet.

Die Zeit in Villagarcia wurde unterbrochen, als Karl V. Quijada und seine Gattin zu sich nach Yuste berief. Man beschäftigte den kleinen Don Juan zuweilen mit Pagenaufträgen in der Nähe seines kaiserlichen Vaters. Die Freude Karls V. an dem Diensteifer und an der anmutigen Keckheit des Knaben, dem er sich, so sehr es ihn drängte, nicht zu erkennen gab, wird von den alten Biographen Don Juans und auch in der Comedia des spanischen <14> Dramatikers Enciso[19] mit viel Behagen und dichterischem Schmuck geschildert. –

Nach dem Tode des Kaisers kehrte Don Juan mit Quijada wieder nach Villagarcia zurück, aber seine Abkunft, bisher streng geheimgehalten, begann nun rasch bekannt zu werden, die Neugier der Dynastie und des Hofes war geweckt

18 Stirling-Maxwell, Don John of Austria. Bd. 2. S. 320-22.
19 Diego Ximenz de Enciso, La mayor hazaña del Emperador Carlos Quinto. Madrid 1748.

und forderte Don Juan seinen Erziehern ab. In Valladolid wurde der Knabe der Hofgesellschaft, die der Urteilsverlesung bei dem ersten großen, die bevorstehende Rückkehr König Philipps nach Spanien und die beginnende Verfolgung der einheimischen Ketzer ankündigenden Autodafé beiwohnte, zum ersten Male gezeigt. Bald darauf holte König Philipp II. selbst seinen jungen Halbbruder an den Hof, der sich damals noch in Valladolid aufhielt (Herbst 1559). In einem Kodizill zu seinem Testament von 1554 hatte der Kaiser Don Juan als Sohn anerkannt und die geistliche Laufbahn, zu der man ihn aber nicht drängen sollte, für ihn empfohlen.[20] Philipp II. entschloß sich auf Grund der Berichte Quijadas über Don Juans Abneigung gegen das Studieren und nach wiederholter Befragung des Staatsrates, diesem Wunsch seines Vaters zunächst nicht nachzukommen. Doch liegen die eigentlichen Ursachen dieser für Philipp II. sehr ungewöhnlichen Eigenmächtigkeit und aller weiteren sich daraus ergebenden Entscheidungen wahrscheinlich tiefer, in der offenbaren Unzulänglichkeit des Don Carlos, in Gefühlen der Ohnmacht und Einsamkeit, die Philipp II. gegenüber der großen Tradition des Kaiserreiches erfüllten, und vor allem in dem mächtigen Eindruck, den der zwölfjährige Don Juan hervorrief. Der König schuf seinem Bruder, der jetzt erst den Namen Don Juan d'Austria erhielt, eine glänzende Stellung; nur ganz leichte Einschränkungen erinnerten an die uneheliche Geburt. Diese und alle später folgenden Auszeichnungen Don Juans wurden von den Zeitgenossen als außerordentlich und beispiellos empfunden[21] und waren es auch; bei den bisherigen Biographen Don Juans erscheinen sie viel zu sehr als Selbstverständlichkeit. <15>

Über das Aufwachsen Don Juans am spanischen Hofe ist wenig überliefert. Neben Zügen jugendlicher Unbändigkeit, wie sein Entweichen aus Segovia, um an der Verteidigung

20 Ch. Weiß, Papiers d'état du cardinal de Granvelle. Paris 1843. Bd. IV, S. 494 ff.

21 Herre, Barbara Blomberg S. 132.

Maltas teilnehmen zu können, stehen Nachrichten, die von einer überraschenden höfischen Geschmeidigkeit und Kaltblütigkeit zeugen: das gilt vor allem von seinem Verhalten bei der Katastrophe des Don Carlos, der ihn zum Vertrauten seiner hochverräterischen Pläne machen wollte. – Dreierlei scheint für diesen Teil von Don Juans Jugend entscheidend zu sein: die strenge spanische Erziehung, die der König selbst aufs Genaueste überwachte; die bewundernde Liebe, die dieser für seinen Bruder empfand, aber mehr und mehr zu verbergen bemüht war; die große menschliche Wirkung, die von Don Juan, der der Kindheit unheimlich rasch entwuchs, ausging.

1568 wurde der Einundzwanzigjährige zum Generalkapitän der spanischen Flotte ernannt und nahm im Sommer dieses Jahres an bedeutungslosen Operationen des in Cartagena stationierten Geschwaders teil. Als Ende des Jahres der große Aufstand der Morisken in den Alpujarras, einem der Sierra Nevada vorgelagerten Gebirgsland an der andalusischen Mittelmeerküste, ausbrach, bat Don Juan seinen Bruder, ihn zum Oberbefehlshaber des gegen die Rebellen zu entsendenden Heeres zu machen, ein Wunsch, dem Philipp II. nur mit Zögern nachgab, die Befehlsgewalt Don Juans bis zur Nichtigkeit einschränkend. Die militärisch unglückliche, langwierige und grausame Unterwerfung der tapferen Moriscos, die von Algier und der Berberei aus unterstützt wurden, bildet eines der dunkelsten Kapitel der spanischen Geschichte. Don Juans Wirksamkeit, die erst zuletzt den Kriegsverlauf entscheidend bestimmte, gliedert sich in zwei Abschnitte: zuerst ist er als machtloser Vorsitender eines hoffnungslos uneinigen Kriegsrates in Granada, das er nicht verlassen darf, Zeuge der zunehmenden Ausbreitung des Aufstandes und der Mißerfolge der königlichen Truppen. Dann, nachdem er die Erlaubnis zur persönlichen Beteiligung an den Operationen erhalten hat, marschiert er an der Spitze eines überlegen starken Heeres in das Zentrum des Aufstandsgebietes. Die

Unternehmung gestaltete sich äußerst schwierig, es fehlte nicht an Rückschlägen und <16> Stockungen; Don Juans persönlicher Einfluß wird vor allem in den Friedensverhandlungen mit einem der Moriskenführer, el Habaqui, spürbar, deren ritterlicher Geist sehr vom Gesamtcharakter dieses Krieges absticht.

Die persönlichen Erfahrungen dieser Zeit sind für Don Juan von entscheidender Bedeutung. Die Nachteile und Gefahren seiner Stellung vor allem mußte er in ihrer ganzen Mannigfaltigkeit durchkosten, in dieser Richtung hat es in seinem Leben kaum noch eine Steigerung gegeben. Er lernte die Selbstherrlichkeit der spanischen Großen, mit denen er zusammen wirken mußte, kennen und fürchten; die bedeutendsten seiner Feinde, die Marquéses von Mondejar und los Velez, wurden es damals, wie auch die lebenslange Freundschaft mit dem Herzog von Sessa auf jene Zeit zurückgeht. Er erfuhr, was es für ein fürchterliches Ding ist, zum ersten Male viele Monate lang der neidgeschärften Beobachtung eines fernen Hofes ausgesetzt zu sein, an dem man mächtige Feinde und noch wenige zuverlässige Fürsprecher hat. – Vor allem offenbarte sich Don Juan die Natur seines königlichen Bruders in ihrer ganzen Undurchdringlichkeit: Die beängstigend genaue Phantasie Philipps II., die seinem Bruder in die geringfügigsten Lebensumstände hinein nachdrang, und innig damit verbunden die Lust an pedantischen Vorschriften; die Unfähigkeit, eine vorübergehende Verstimmung, einen Fehler Don Juans – Tollkühnheiten, Überschreitungen der Befehlsgewalt, die sich der junge Heerführer oft zu Schulden kommen ließ – wirklich zu vergessen; die Taubheit gegenüber dessen Rechtfertigungsversuchen, die plötzliche Nachgiebigkeit nicht ausschloß. Dazu wußte Don Juan nie, wie er mit dem König daran war: von der Höhe des vollkommensten Einverständnisses konnte er im Nu in die tiefste Ungnade stürzen. Aus seinen ergreifenden Briefen aus Granada und den Bergnestern des Aufstandsgebietes, in denen er auf die im einzelnen oft sehr berechtigten Vorwürfe Philipps antwortet, spricht die Fassungslosigkeit gegenüber dem rätselhaften und völlig unzugänglichen Wesen seines Bruders.

I. DIE HEILIGE LIGA VON 1571 - 1573

1. DIE TÜRKISCHE SEEMACHT IM MITTELMEER

Die Bedrohung der abendländischen Christenheit durch die Osmanen hatte in den letzten Regierungsjahren Karls V. und seit dem Regierungsantritt Philipps II. beständig zugenommen. In Ungarn hatte der Feldzug von 1566, der mit einer außergewöhnlich großen Kriegsmacht geführt wurde, den Türken keine ihrer neuen Eroberungen entreißen können, Kaiser Maximilian II. mußte 1568 einen schmachvollen Frieden unterzeichnen. Seit einem Jahrhundert ging das Kolonialreich Venedigs in Griechenland und der Aegaeis Stück für Stück verloren. (1470 Negroponte-Euboea, 1499 Lepanto, 1500 Modon, Koron, Navarino, 1537-38 die letzten teilweise halb selbständigen griechischen Inselfürstentümer.[1]) Trotzdem stand die Markusrepublik nur selten gegen den Sultan, von dessen Willen ihr Levantehandel und damit ihre ganze wirtschaftliche Existenz abhing, in Waffen. Seit den unglücklichen Erfahrungen, die sie nach ihrem Beitritt zu der kaiserlich-päpstlichen Liga von 1538 gemacht hatte, tat sie ihrem Stolz den härtesten Zwang an, um den Frieden von 1541, den die Türken nur sehr nachlässig beobachteten, aufrecht zu erhalten. Seit der berüchtigten „Strage d'Otranto" von 1480 waren die Küsten der italienischen Halbinsel den türkischen

1 Heinr. Kretschmayr, Geschichte von Venedig. Bd. 3 Der Niedergang. Stuttgart 1934.

Schiffen preisgegeben. Während das übrige Abendland sich im ausgehenden 15. Jahrhundert angesichts der osmanischen Gefahr enger zusammenschloß und in neuem Kreuzzugseifer entbrannte, gibt es, wie Jakob Burckhardt bemerkt, wohl keinen einzigen italienischen Renaissanceherrscher, einzelne Päpste nicht ausgenommen, der nicht einmal vorübergehend mit den Türken <18> gegen einen anderen italienischen Staat im Bunde gestanden hätte, sodaß das berüchtigte Bündnis König Franz I. mit Soleiman dem Prächtigen nichts grundsätzliches Neues bedeutete. „Angesichts der damals schon begonnenen Unterjochung Italiens durch die Spanier" fährt Burckhardt fort, „ist es ein leidiger, aber doch gar nicht grundloser Trost, daß nunmehr das Land wenigstens vor der Barbarisierung durch die Türkenherrschaft geschützt war."[2] Die spanischen Vizekönige in Neapel und Sizilien konnten einen Abwehr- und Warnungsdienst einrichten und längs der Küsten Wachtürme bauen, in die sich die Bevölkerung beim Auftauchen der türkischen Segel flüchtete. Doch scheint dies nur von geringem Nutzen gewesen zu sein, vor allem, was die Überfälle der einzelnen meist nordafrikanischen Korsaren betrifft, von denen die Küsten Italiens und Siziliens ebenso wie Sardinien, Corsica, die Balearen und die spanische Mittelmeerküste immer wieder auf das Entsetzlichste heimgesucht wurden. Die Einwohnerschaft ganzer Dörfer wurde in die Sklaverei verschleppt, die geängsteten Menschen räumten die Küsten und verlegten ihre Wohnsitze meilenweit ins Innere, wohin ihnen die Korsaren oft genug in nächtlichen Eilmärschen folgten. In manchen entlegenen, schlecht verwalteten Gebieten begann sich das niedere Volk an den Gedanken einer regelrechten türkischen Herrschaft zu gewöhnen, sie fast herbeizuwünschen: dann wäre man die Korsaren los, gegen die die christlichen Fürsten, die habsüchtigen Handelsrepubliken

2 Jakob Burckhardt: Die Kultur der Renaissance in Italien. J. B. Gesamtausgabe, Bd. 5. 1930. S. 69.

keinerlei Schutz boten. Unternehmende und unerschrocken überlegende Söhne dieser armen Fischer und Tagelöhner zauderten, einmal in türkische Gefangenschaft geraten, nicht lange, „den Turban zu nehmen", ihr Christentum zu verleugnen. Im Dienste eines Chaireddin und Dragut rasch emporgekommen, ankern sie eines Morgens als selbständige „Rais" mit eigenen Schiffen vor ihrer Heimatküste und suchen ihre zitternden Verwandten auf, reiche Geschenke hinterlassend oder sich grausam für früher erlittene Unbill rächend.[3] „Alle Korsaren sind Renegaten!" klagt der Benediktiner <19> Haedo, der sich am Ende des Jahrhunderts in Algier, dem Zentrum des Piratenwesens, aufhielt.[4]

Man kann sich diese Bedrohung der christlichen Mittelmeerwelt nicht unheimlich und unmittelbar genug vorstellen. Die Menschen der Früh- und Hochrenaissance mit ihren beständig wechselnden Kriegsverhältnissen mochten die türkische Gefahr als eine von vielen gar nicht so übermächtig empfunden haben. Aber mit der Befriedung Italiens durch die Spanier und der fortschreitenden katholischen Erneuerung wurden die immer häufigeren Angriffe der mohammedanischen Türken gerade auch in religiöser Hinsicht völlig unerträglich. Als Pius IV. seit 1560 nicht nur die Küsten und Häfen des Kirchenstaates, sondern auch die Leostadt und die Engelsburg unter gewaltigem Kostenaufwand neu befestigen ließ (wobei der Militäringenieur Gabrio Serbelloni, Don Juans späterer Kampfgefährte, Ratschläge des greisen Michelangelo befolgte), hatte er die Möglichkeit, eines türkischen Überfalles vor Augen.[5] Vor allem Spanien, für das eine ungestörte Seeverbindung mit den italienischen Kronländern lebenswichtig war, erfuhr durch die türkischen Seefahrer endlose Verluste,

3 Defontin-Maxange, Eudj'Ali. Paris 1930. S. 48.

4 Fernand Braudel, Les Espagnols et l'Afrique du Nord de 1492 à 1577. Revue Africaine 1928, S. 356.

5 Ludwig v. Pastor, Geschichte der Päpste. Bd. 8: Geschichte der P. im Zeital ter der katholischen Reformation und Restauration: Pius V. (1566 bis 1572). Freiburg 1920

nicht zuletzt in seinem Ansehen als katholische Vormacht Europas. Und in Spanien wußte man bald nach dem Beginn des 16. Jahrhunderts, daß man es nicht mit einzelnen kühnen Korsaren, sondern mit der Tatsache der nun auch im westlichen Mittelmeerbecken, also im Herzen des spanischen Herrschaftsbereiches, errichteten türkischen Vorherrschaft zu tun hatte. – Das Vordringen der Osmanen im westlichen Mittelmeer, einer der gewaltigsten und letzten Ausdehnungsversuche ihres Weltreiches, muß etwas ausführlicher geschildert werden, weil es hier nach starken anfänglichen Erfolgen den Widerstand und die Gegenwirkungen hervorrief, die den Tag von Lepanto möglich machten. Es läßt sich eine Beschleunigung der Entwicklung, eine Häufung der Zusammenstöße und immer <20> gewaltigere Ballung der Kräfte feststellen, die die Entladung von Lepanto vorbereiteten.

Als die Spanier nach der Eroberung Granadas ihre „Presidios" an der nordafrikanischen Küste errichteten, die Reconquista in siegreichem Schwung über die Meerenge von Gibraltar tragend, waren sie gleichsam ins Leere gestoßen; die verworrene Welt der einander bekämpfenden nordafrikanischen Staaten vermochte ihnen keinen geschlossenen Widerstand entgegenzusetzen.[6] Doch in dem Augenblick, als sich der berühmte Korsar Chaireddin-Barbarossa mit seinem algerischen Staat in Abhängigkeit vom Sultan in Konstantinopel begab (1519), trat der Umschwung ein. Seit damals zielten alle Unternehmungen der Spanier in Nordafrika – Gewinnung neuer Presidios, Unterstützung türkenfeindlicher einheimischer Strömungen und Dynastien – nur auf eine Unterbrechung der Verbindung Nordafrikas mit Konstantinopel, auf eine Sperrung des westlichen Mittelmeers für die osmanische Seemacht. Trotz dreimaligen Versuches gelang es nicht, die Türken aus Algier, das die Spanier ursprünglich durch die 1529 verlorene vorgelagerte Insel im Schach gehalten hatten,

6 Braudel, Les Espagnols etc. S. 212.

herauszuschlagen. Zuletzt, 1541, befand sich Kaiser Karl V. bei der mächtigen Flotte, von der ein großer Teil im Sturm an der algerischen Küste scheiterte. Auch Tunis geriet trotz des ruhmreichen Zuges von 1535 immer wieder in Abhängigkeit von Algier oder Tripolis und unter türkische Vorherrschaft. Die Spanier mußten froh sein, wenn sie sich in der Küstenfeste La Goletta, die schon früher öfters vorübergehend in christlichem Besitz gewesen war, halten konnten. 1551 setzte sich der zweite große türkische Seeführer nach Barbarossa, Dragut, in Tripolis fest. Wer die heutigen Auseinandersetzungen im Mittelmeerraum verfolgt, kann leicht ermessen, was die nordafrikanische Machtstellung der Osmanen, denen ja auch Ägypten untertan war, für die spanisch-italienische Monarchie bedeutete. Bald begann der osmanische Vormarsch nach dem äußersten Westen, 1554 verloren die Spanier den Penon de Velez, 1555 Bugia, das der neapolitanische Vizekönig, der Herzog von Alba, nicht rechtzeitig hatte entsetzen können. Das belagerte Oran <21> wurde 1556 nur durch den Tod des türkischen Führers Salah Rais gerettet, und der Vergeltungszug des Grafen von Alcaudete endete 1558 mit dem Désastre von Mostagenem. Eine neue, von König Philipp zwar kaum geförderte, hauptsächlich mit italienischen Truppen durchgeführte Unternehmung der Johanniter von Malta und des Vizekönigs von Sizilien, des Herzogs von Medina-Celi, die sich, viel zu weit östlich ansetzend, gegen Dragut in Tripolis richtete, führte im Frühjahr 1560 zu einer weiteren Katastrophe, die lähmenden Schrecken in der mittelmeerischen Christenheit verbreitete und noch zehn Jahre später den Männern, die die Schiffe der Lepantoflotte bestiegen, als das große Beispiel einer vernichtenden christlichen Niederlage vor Augen stand. Der Glaube an die nie zu überwindende Überlegenheit des unerschöpflichen Osmanenreiches an Schiffen, Menschen und Mitteln, die Überzeugung, daß die christlichen Führer beim Anblick dieser stets mit unentrinnbarer Pünktlichkeit und Sicherheit operierenden Kriegsmacht tiefe Ratlosigkeit überkommen müsse, dieser Glaube, wie ihn die alten Biographen Don Juans noch in den Reden an die Feldherren und Soldaten der Ligaflotte bekämpfen lassen, datiert hauptsächlich von jenem Désastre von Dscherba.[7] – 1561 überfielen türkische Schiffe Mallorca, im Oktober 1562 wurde eine spanische Flotte vom Sturm vernichtet, worauf Hassan, der Sohn Barbarossas und sein Nachfolger in der Regentschaft von Algier, im nächsten Jahre die spanischen Festungen Oran und Mers el Kebir belagerte. Beide Orte wurden von einer in allerletzter Stunde eintreffenden Flotte, die König Philipp unter gewaltigen Anstrengungen zusammengebracht hatte, entsetzt.[8] Um diesen Erfolg zu nützen, versuchte man noch im selben Jahre die Wiedereroberung des Penon de Velez, die, zunächst abgebrochen, im Herbst des nächsten Jahres gelang. Hierbei werden nun die Namen der beiden großen spanischen Seehelden laut, als deren Schüler, Freund und Vollender Don Juan den Sieg von Lepanto erlangen wird. Der Eine, Garcia de Toledo, <22> Vetter Albas, wird von König Philipp im Hinblick auf die bevorstehende Unternehmung gegen den Penon zum Generalkapitän des Mittelmeeres – der Titel Andrea Dorias – ernannt;[9] er hatte schon unter Karl V., fast noch ein Jüngling, mit großer Auszeichnung das neapolitanische Geschwader kommandiert, sich dann aber zum Verdruß des Kaisers von der Flotte zurückgezogen. Der Andere ist Alvaro de Bazán, späterer Marqués von Santa Cruz, der damals das besondere Vertrauen Philipps II. besaß.[10] Aber dies war nur ein leichtes Zittern der Waage gewesen, die sich weiter unaufhaltsam auf die Seite der Osmanen neigte. Die

7 Roger B. Merriman, The rise of the Spanish empire etc. Bd. 4: Philipp the Prudent. New York 1934. S. 102 ff. – Cesáreo Fernández-Duro, Armada española desde la union de los reinos de Castilla y de Aragón. Bd. 2 Madrid 1896. S. 17 f.

8 Merriman, Philip the Prudent. S. 109.

9 Fernández-Duro, Armada 2. S. 61 f.

10 Enciclopedia universal ilustrada 7. S. 1325 f.

bangen Gerüchte über die neuen gewaltigen Kriegsrüstungen in Konstantinopel fanden mehr Gehör als die Kunde von der Wiedereroberung des Penon de Velez; man fühlte, daß eine viel größere Entscheidung bevorstand. Die Türken übersprangen die letzten spanischen Presidios in Nordafrika und lenkten ihren Angriff auf einen Ort, der, abgesehen von seiner militärischen Wichtigkeit, als ein Inbegriff ruhmreichen Glaubenskampfes gegen den Halbmond der gesamten Christenheit teuer war. Im Mai 1565 erschien eine türkische Riesenflotte, wie seit unvordenklichen Zeiten keine mehr das Mittelmeer befahren hatte (200 Schiffe, davon 130 Schlachtgaleeren mit den erlesensten Truppen und den berühmtesten türkischen Führern, Piali Pascha, Mustafa, Dragut, Hassan und Uluch Ali an Bord) vor Malta. Die Verteidigung durch den Großmeister La Valette und der Entsatz durch die Spanier bildet einen der spannendsten Augenblicke in der Geschichte des 16. Jahrhunderts. Das Zeitalter der werdenden Staatsraison, der Glaubensspaltung, der Scheiterhaufen und Königsmorde fand in den Ordensrittern die Erneuerer mittelalterlichen Kreuzfahrergeistes. Der protestantische Norden mußte lernen, daß die stolzen Spanier und die falschen Italiener nicht nur Ketzerprozesse zu führen und papistische Verschwörungen anzuzetteln, sondern in der Stunde der Not auch die Sache des gesamten christlichen Abendlandes heldenmütig und einträchtig zu verteidigen verstanden.

Seit dem Entsatz Maltas bereitete sich die Stimmung vor, <23> die die christliche Mittelmeerwelt 6 Jahre später so empfänglich für das Erscheinen Don Juans machte. Man wußte jetzt, daß nur die Kraft der spanischen „tercios" die Christenheit vor den Türken bewahren konnte, – die nur nach Hunderten zählenden Ritter mit ihren wenigen Söldnern wären alleine gewiß erlegen. Frankreich, dem der größte Teil von ihnen entstammte, tat in jenen Tagen nichts zu ihrer Unterstützung und war und blieb mit den Türken verbunden.

Auch empfand man damals zum ersten Male, daß König Philipp, der in unbegreiflicher Weise zögerte, bevor er Garcia de Toledo die Erlaubnis gab, mit der Entsatzflotte in See zu gehen, nicht dazu bestimmt war, gleich seinem kaiserlichen Vater persönlich zum Führer gegen die Türken zu werden, daß seine Art des Sich-Entschließens und Handelns, stark durch die innereuropäischen Probleme bestimmt, der großen Aufgabe des Türkenkrieges vielleicht nicht gemäß war, so sehr er ihre Schwere auch empfinden mochte. Malta wurde nur gerettet, weil Garcia, der damals den Oberbefehl über die Flotte und auch das Vizekönigtum von Sizilien inne hatte, in klarer Erkenntnis der Lage alle Vorbereitungen so getroffen hatte, daß die Flotte, als endlich die Erlaubnis Philipps II. zur Ausfahrt eintraf, sofort segelfertig war.

Auch in der Geschichte des osmanischen Reiches bezeichnete der gescheiterte Angriff auf Malta einen Gipfel- und Wendepunkt. Er stellt die letzte große Unternehmung der an Triumphen über den christlichen Gegner so reichen Regierungszeit des großen Sultans Soleiman des Prächtigen dar. Als der Fünfundsiebzigjährige im nächsten Jahr noch einmal selbst nach Ungarn ins Feld zog, starb er im Zelt vor der Festung Sziget (4. September 1566).[11] Nie wieder ist der türkische Islam so weit in den europäischen Westen vorgedrungen als mit der Landung auf Malta. Mit dem Nachfolger Soleimans, Selim II., lassen die Historiker des türkischen Reiches dessen Niedergang beginnen. Er war der erste wirklich Unbedeutende in der großartigen Reihe der Osmanenherrscher[12], im Gegensatz zu der Strenge seines Vaters <24> und dem ritterlichen Mut seiner hingerichteten Brüder Bayesid und Mustafa ein verweichlichter, träger, den Freuden des Serails und des Weines maßlos ergebener Despot, ganz wie sich die abendländische Phantasie einen wüsten und grausamen Sultan ausmalte. Er

11 Victor Bibl, Max II., der rätselhafte Kaiser. Hellerau 1929.

12 A. de la Jonquière, Histoire de l'empire ottoman. Nouv. ed. Paris 1914. Bd.1. S. 204.

ließ die großartigen Mittelmeerpläne seines Vaters, die der Vezir Mehmet Sokolli weiter vertrat, indem er entschlossene Unterstützung der aufständischen spanischen Morisken vorschlug[13], lustlos fallen, als ihm andere frisch heraufgekommene Günstlinge auf die inmitten türkischen Meeres noch in venezianischem Besitz befindliche Insel Zypern hinlenkten, an deren Eroberung allerdings auch schon Soleiman vorübergehend gedacht hatte.[14] Die abendländischen Chronisten wissen viel von dem „großen Juden" Jussuf Nassi zu berichten, dessen Wünschen der Sultan blind gefügig war und der den Trunkenbold auf den altberühmten Weinreichtum der Insel hinwies.[15] Durch den plumpen Vorsatz, die Herrschaftsverhältnisse in den heimischen Meeren endgültig zu bereinigen – Soleiman hatte Venedig in den letzten Jahrzehnten ziemlich geschont und es der friedenswilligen Republik nicht unmöglich gemacht, in ihrer Neutralität zu verharren – wurde der Schauplatz des christlich-türkischen Mittelmeerkrieges wieder in den Osten verlegt.

Als die türkischen Gesandten in höhnisch roher Weise vom venezianischen Senat die Abtretung der Insel Zypern verlangten (27. März. 1570), war es den leitenden Männern Venedigs, die durch den der Republik freundlich gesinnten Vesir Sokolli und ihren Konsul in Konstantinopel schon seit längerer Zeit über die Absichten des Sultans unterrichtet waren, klar, daß man diesmal Krieg führen müsse. Man antwortete dem Türken mit einer kurzen, würdigen Absage, die ganze Senatssitzung dauerte kaum eine Viertelstunde. Die Mehrzahl der stets friedfertigen und verhandlungsbereiten Nobili zögerte angesichts dieser unerträglichen Beleidigung und Bedrohung ihrer Republik keinen Augenblick und wandte sich mit einer Art von todbereiter Feierlichkeit <25> ihren

13 Herre, Zyprischer Krieg, S. 14.
14 Herre a.a.O. 9, Serrano, Liga de Lepanto, Bd. 1, S. 42, A. 1.
15 Moritz Brosch, Geschichten aus dem Leben dreier Großvezire. Gotha 1899. S. 6.

Werften, Arsenalen, Befestigungen, ihrer gewaltigen, aber in den langen Friedenszeiten in Verfall geratenen Kriegsmacht zu. Doch zweifelte niemand daran, daß der Freistaat die Last eines Türkenkrieges nicht alleine tragen konnte und daß als Bundesgenosse nur das verhaßte und gefürchtete Spanien in. Frage kam, der alte Feind aller italienischen Freiheiten und Sonderbildungen und der Republik im Grunde unheimlicher als der altbekannte Bedränger und Handelspartner am Bosporus. Es war ein großer, schmerzlicher Augenblick, als sich die Serenissima, die lange Jahrzehnte den Kämpfen der Christen und Türken unbeteiligt, wie ein weder dem Orient noch dem Occident ganz zugehöriges schläfriges Mischwesen, zugesehen hatte, an den Papst wandte, der, seit er den Stuhl Petri bestiegen, um die Gründung eines Bundes der christlichen Staaten gegen den Glaubensfeind bemüht war[16], und von dessen unabhängiger, eigenwilliger Haltung sich erwarten ließ, daß er die Rechte der schwächeren Republik vor der Herrschsucht der spanischen Universalmonarchie würde zu schützen wissen. Doch trotz der dringenden Not traten die venezianischen Beauftragten mit einer sehr zurückhaltenden, gar nicht verzweiflungsvollen Miene in die Verhandlungen mit Papst Pius V. ein (schon vor dem Eintreffen des türkischen Ultimatums). Man gab sich den Anschein, als sei [ihnen] zunächst hauptsächlich an der finanziellen, später der militärischen Unterstützung des Papstes gelegen, die doch in Wirklichkeit nicht entscheidend ins Gewicht fallen konnte. Der Vorschlag zur Bildung einer Liga mit Spanien sollte vom Papst selbst ausgehen. Doch Pius V., der „Bruder Holzschuh", war ein schlechter Partner für die Feinheiten der venezianischen Diplomaten; diesen mag leicht geschauert haben angesichts der lange aufgestauten wilden Kraft, die ihr vorsichtiges Anklopfen in Rom ausgelöst hatte. Der Papst, in beständiger Furcht, daß sich die Republik am Ende noch zur kampflosen Abtretung Zyperns entschließen könnte,

16 Herre S. 35 ff., Serrano a.a.O. 1, S. 33 ff.

war äußerst schnell zu der erbetenen finanziellen Unterstützung, der Überlassung des kirchlichen Zehnten[17], bereit – Großzügigkeit und Nachgiebigkeit lagen sonst nicht in seiner Art. <26> Und schon im März verließ der päpstliche Gesandte Luis de Torres Rom, um den Spanierkönig, zu dem der Papst bisher wenig offene Freundschaft gefunden und dem er selbst nur geringen Beistand gewährt hatte, für die Liga zu gewinnen.

Torres hatte zwei Aufgaben zu erfüllen.[18] Zuerst sollte er einen Befehl an die spanische Flotte erwirken, sich mit der venezianischen zu einer sofortigen Aktion gegen die Türken, die in jedem Fall, auch wenn die Liga nicht zustande käme, unternommen werden sollte, zu vereinigen.[19] Die Zusage, die er hier gleich bei der ersten Audienz erhielt, war trügerisch[20]; die spanischen Galeeren erhielten zwar Befehl zur Fahrt nach Sizilien, aber nicht zur Vereinigung mit den venezianischen Schiffen. Auch über die Frage des Oberbefehls empfing der spanische Admiral Giovanni Andrea Doria keinerlei Instruktionen. Erst im Juli erfuhr der Doria ungeduldig zur Flottenvereinigung antreibende Papst[21] den Sachverhalt. Die König Philipp beunruhigende Entwicklung in Frankreich und der Vorsatz, die immer bangeren Venezianer durch das Hinauszögern der versprochenen Hilfeleistung bei den inzwischen eröffneten Ligaverhandlungen nachgiebiger zu stimmen[22], mögen ihn und seine gegen die Republik sehr mißtrauisch und gewalttätig gesinnten Räte zu dieser Zweideutigkeit veranlaßt haben. Erst

17 Correspondencia diplomática, Bd. 3, S. 243.

18 Seine Instruktionen vom 12.-15. 3. 1570 in der Correspondeneia diplomática 3, 269, 271; die zweite enthält die eigentlichen Argumente. Herre hat in seinem Kapitel „Luis de Torres in Spanien" (S. 84 ff.) die Schwierigkeit der Verhandlungen, bei denen im Grunde sehr wenig erreicht wurde, die Eigenmächtigkeit Torres, die Unaufrichtigkeit der Spanier hauptsächlich auf Grund der von Serrano nicht benützten Berichte des venezianischen Gesandten Cavalli ausführlich dargestellt.

19 Vgl. auch: A. Dragonetti de Torres, La Lega di Lepanto nel carteggio diplomatico inedito di Luys de Torres. Turin 1931.

20 Torres an Pius V. Cordoba 24.4.70 co. di. 3. S. 297.

21 Co. di. 3. S. 413.

22 Herre S. 114 f.

als Gerüchte über venezianisch-türkische Friedensverhandlungen nach Spanien drangen, glaubte man in Madrid, den Bogen überspannt zu haben, und befahl Doria, sich unverzüglich mit den Venezianern zu vereinigen. Denn Philipp II. wußte sehr gut, was ein Bündnis mit der venezianischen Flottenmacht, die die spanische an Stärke übertraf, für die spanische Mittelmeerherrschaft <27> bedeuten konnte; seine Vertreter in Rom hatten ihn immer wieder darauf hingewiesen.[23] Doch wollte er erst den Abschluß der Liga abwarten, bevor er seine Flotte in einem wirklich entscheidenden Feldzug aufs Spiel setzte. Ein schon in diesem Jahre errungener Erfolg würde Venedig vielleicht in die Lage setzen, einen Sonderfrieden mit den Türken abzuschließen, so daß es den Eintritt in die Liga nicht mehr nötig hätte. Und da man zu dem Zeitpunkt, als der Befehl an Doria erging, in Rom noch weit von einer Einigung entfernt war, faßte Philipp einen Entschluß, der die bevorstehende Unternehmung von vornherein zur Ergebnislosigkeit verurteilte: er ermächtigte seinen Admiral, sich Marcantonio Colonna, der die päpstlichen Galeeren befehligte und der auf Wunsch der Venezianer zum Generalissimus der gesamten Streitkräfte ernannt worden war, nur soweit unterzuordnen, als er es für gut befinde.

Torres zweite Aufgabe war, den spanischen König zum Eintritt in Unterhandlungen über eine Liga mit dem Kirchenstaat und Venedig und zur Entsendung von Bevollmächtigten nach Rom zu bewegen. Am 16.5.1570, nach zahlreichen Sitzungen des Staatsrates, erklärte sich Philipp II. hierzu bereit; er ernannte und instruierte seine Bevollmächtigten, von denen zwei, der ständige Gesandte Juan de Zuniga und der Kardinal Granvella, der nach seiner Abberufung aus den Niederlanden in Rom lebte, sich schon dort befanden, während der dritte, der Kardinal Pacheco, noch erwartet werden mußte.[24] Ob die Liga zustandekommen würde, war damit noch keines-

23 Zuñiga an Philipp II. Rom 28.2.1570 Co. di. 3. S. 443.
24 Sevilla 16.5.1570. Co. di. 3. S. 330, 339 f., 346 f.

wegs entschieden, die spanischen Vertreter waren nicht zum Abschluß ermächtigt.[25] Anfang Juli begannen in Rom die Verhandlungen, die sich bald äußerst schwierig gestalteten.

Ende August vereinigten sich die päpstlichen, venezianischen und spanischen Galeeren zu einer kurzen, verworrenen und ruhmlosen Kriegsfahrt, die auf Wunsch der Venezianer der Entsetzung Zyperns, mit dessen Eroberung die Türken schon begonnen hatten, <28> gelten sollte.[26] Es war viel zu spät im Jahr, in den Meeren der Levante herrschten die gefürchteten Herbststürme; nach dem langen Zögern Dorias, der den Venezianern als Sohn der alten Rivalin Genua, als Träger eines Namens, der ihnen seit la Prevesa unheilbringend erschien und als hinterhältiger, unverträglicher Spanienfreund sehr unwillkommen war, nachdem auch Colonna und der venezianische Befehlshaber Girolamo Zanne bei ihrer Flottenrüstung mancherlei Unglück gehabt hatten, mißtraute man sich gegenseitig aufs tiefste. Marcantonio Colonna war nur ernannt, ein päpstliches Geschwader nach anfänglichem Widerstreben Pius V. nur geschaffen worden, weil die Venezianer dadurch die Möglichkeit eines spanischen Oberbefehls ausschalten zu können glaubten.[27] Als römischer Baron war Colonna päpstlicher, als neapolitanischer Lehensträger Untertan König Philipps, dessen Vertrauen er auch besaß; diese Doppelstellung ließ ihn für den Oberbefehl besonders geeignet erscheinen. Aber jung, ohne See-Erfahrung, ohne den Rückhalt einer eigenen militärischen Macht, allzu geschmeidig, als Italiener zu den Venezianern neigend, als spanischer Untertan vor Tadel und Strafe König Philipps bangend, konnte er sich gegenüber Doria, den seine merkwürdigen Instruktionen zu jeder Eigenmächtigkeit berechtigten und der Ende Septem-

25 Herre S. 108.

26 Jurien de la Gravière, La guerre de Chypre et la bataille de Lepante. Bd. 1. S. 138 ff. – Paolo Molmenti, Sebastiano Veniero e la battaglia di Lepanto. Florenz 1899. S. 48 ff.

27 Zuñiga an Philipp II., Rom 10.4.1570. Co. di. 3. S. 289.

ber schon wieder in Messina sein sollte[28], nicht durchsetzen. Doria war gegen eine Landung auf Zypern und nur mit Mühe zu einer Diversion gegen Kleinasien oder die Dardanellen zu bewegen. Zwischen Rhodos und der kleinasiatischen Küste erfuhr man den Fall der zyprischen Hauptstadt Nicosia, und steuerte, da eine Vertreibung der Türken von der Insel nun nicht mehr möglich schien, durch das stürmische Meer, das 15 venezianische Galeeren verschlang, nach Candia zurück, wo sich die Flotten in Unfrieden von einander trennten.

Es hatte sich gezeigt, daß die allgemeine Erwartung, das Drängen des Papstes nicht imstande waren, Einigkeit unter den Flottenführern zu erzeugen. Im östlichen Inselmeer, beim Überlesen <29> ihrer unglaublich engen Instruktionen, fühlten sie die Spannung der italienischen Plätze und Märkte und das Hoffen des Greises im Vatikan weniger stark. Beides war in Colonna, dem vornehmen jungen Weltmann, nicht als weitertreibende Kraft gegenwärtig. Das Einigende, alle gleichmäßig Verpflichtende, mußte noch aus einem ganz anderen Bereich kommen und die Führer der verbündeten Mächte für einen Augenblick verwandeln, auf eine andere Ebene versetzen; denn wenn sie nur den Staatswillen ihrer Heimatländer vertraten, war, das hatte sich schon gezeigt, ein gemeinsames Handeln unmöglich.

Die Wirkung dieser sinnlosen Flottenunternehmung auf die römischen Verhandlungen waren niederdrückend. Die in ihrer Nachlässigkeit fast grausame Art, mit der der spanische Admiral die Interessen ihrer Republik behandelt hatte, schien den Venezianern die schlimmsten Befürchtungen zu übertreffen. Doch fürs erste blieb man bei dem Schritt, den man zum Kriege und an die Seite der fremdgewordenen abendländischen Nachbarstaaten getan hatte. Bei allen Anklagen gegen Doria erkannten und ahndeten die Venezianer in der alten Strenge gegen sich selbst die eigenen Fehler; der

28 Serrano 1. S. 78.

Admiral Zanne wurde abgesetzt und starb bald darauf im Kerker. Daneben war es der Papst, der die auch sonst oft wochen- und monatelang stockende Verhandlung voran stieß. König Philipp hatte wohl einen ähnlichen Ausgang erwartet und war unempfindlich für die stimmungsmäßige Wirkung des Mißlingens; ein glänzender Erfolg wäre ihm zu diesem Zeitpunkt wahrscheinlich viel unangenehmer gewesen.

Das erste positive Ergebnis der Verhandlungen in Rom war die Zustimmung der Venezianer zu der spanischen Forderung, daß auch Algier, Tunis und Tripolis, also neben der venezianischen Interessensphäre im adriatischen, jonischen und ägaeischen Meere auch die spanische in Nordafrika in das Aktionsgebiet der Ligastreitkräfte mit einbezogen werden sollten.[29] Daß Don Juan d'Austria den Oberbefehl, den die spanischen Vertreter für ihn forderten, erhalten solle, war bald festgesetzt.[30] Don Juan sollte in seinen Entschlüssen an die Zustimmung des päpstlichen und <30> des venezianischen Generals gebunden sein. Große Schwierigkeiten bereitete die Frage, welche der Bundesmächte den Stellvertreter Don Juans stellen und ob der Oberbefehl in Abwesenheit Don Juans an ihn übergehen sollte. Schließlich, erst im März des Jahres 1571, einigte man sich auch in dieser Frage. Am 20. Mai erfolgte die Unterzeichnung der Liga, am 25. die feierliche Verkündigung in der Peterskirche.[31]

29 Serrano 1. 89.

30 Am 8. 4. 1570 hatte Zuñiga dem Papst zum ersten Male diesen Vorschlag gemacht (Co. di. 3. 289), am 19. Nov. desselben Jahres bewarb Don Juan sich in eigener Person bei seinem Bruder darum. (Collección de documentos ineditos Bd. 28. S. 143, 146.) Die Bewerbung des Herzogs von Savoyen wurde rasch und in vollem Einverständnis mit den Venezianern abgewiesen.

31 Der Text der Ligakapitulation Co. di. 4. S. 299.

2. DIE MÄCHTE UND DIE LIGA

Um die volle Bedeutung der Liga würdigen zu können, muß man sie vor dem Hintergrund der politischen Gesamtlage des damaligen Europa betrachten und sich die Sonderart und die Stellung der drei verbündeten Mächte vergegenwärtigen. Herrschergestalten von überragendem, unheimlichem Wuchse – Philipp II. und Papst Pius V. –, Staaten von verschiedenartigster Prägung und im Zustand höchster Reife, das spanische Weltreich, noch eben im Besitz des Kaisertums, riesenhaft ausgeweitet durch die Eroberungen in der neuen Welt, die gefürchtete bis jetzt fast immer siegreiche Vormacht des katholischen Europa, das Papsttum, in Pius V. auf dem Gipfel nachtridentinischer Erneuerung, Venedig, schon an der Schwelle des Verfalls, aber in der reichsten Farbenpracht, das Venedig des alten Tizian, der Veronese und Tintoretto: sie alle treten zu einem einzigartigen Bündnis zusammen. – Mit Rom und Pius V., dem eigentlichen Urheber der Liga, soll die kurze Vergegenwärtigung der damaligen Situation der teilnehmenden Staaten beginnen.

a) Das Papsttum Pius V.

„Zuweilen, aber geschieht es nun auch in dem Wechsel der Zeiten" – so schildert Ranke[1] die neue Weltstellung des nachtridentinischen <31> Papsttums – „daß eine oder die andere Macht die Weltbewegung anregt, ein Prinzip derselben vorzugsweise in sich darstellt. An der Gesamthandlung des Jahrhunderts nimmt sie dann einen so tätigen Anteil, sie

1 Leopold v. Ranke, Die römischen Päpste in den letzten vier Jahrhunderten. 6. Aufl. Leipzig 1874. 2., S. 2.

setzt sich in eine so lebendige Beziehung zu allen Kräften der Welt, daß ihre Geschichte sich in gewissem Sinne zur Universalgeschichte erweitert. – In einem solchen Moment trat das Papsttum nach dem tridentinischen Concilium ein ... Rom ward noch einmal eine erobernde Macht: es machte Entwürfe, es fing Unternehmungen an, wie sie von diesen sieben Hügeln in der alten Zeit, in den mittleren Jahrhunderten ausgegangen war." – Abgesehen von Sixtus V. lassen sich diese Worte auf niemanden besser als auf Pius V. anwenden. Er war ganz der Mann, den die Zeiten forderten[2], das Gegenteil der Renaissancepäpste. Er blieb auch auf dem Stuhl Petri, was er von je gewesen war: der Bettelmönch, der Inquisitor, der Mann von ärmlicher Herkunft. Ohne Protektion, Reichtum und Fürstengunst war er emporgekommen, als Knabe hatte er die Schafe gehütet; im Dominikanerorden widmete er sich bald vor allem der Inquisition. Als Inquisitor von Como sehen wir ihn im Kampf gegen den vordringenden graubündischen Protestantismus, auf seinen langen Wanderungen durchs Gebirge geriet er oft in persönliche Gefahr. Von Anfang an verband er sich mit den Männern der strengen Richtung, wie Borromeo und Caraffa, der ihn als Papst 1557 zum Kardinal und im folgenden Jahr zum Großinquisitor der römischen Kirche machte; mit milder gesinnten Kirchenfürsten, wie dem Kardinal Morone, hatte er keine Gemeinschaft. Unter seinem Vorgänger, dem lebensfrohen und weichherzigen Pius IV., war er in Ungnade. Die Porträts zeigen einen scharf geschnittenen knochigen Greisenkopf, eine kräftig vorspringende Adlernase, kleine, scharfblickende Augen; er war ganz kahl und trug einen langen weißen Bart.[3] Sein Gesicht, arm an wechselnden Mienen, kannte nur einen Ausdruck, in dem sich ausschließende Strenge und seherische Glut vereinigten; oft mag sich darin ein Zug hilfloser Verlassenheit, wie er einsamen

2 Pastor, Päpste. Bd. 8, S. 34.
3 Pastor a.a.O. 8. S. 39.

Schwärmern eigen ist, gezeigt haben, wenn sein Feuer nicht auf die <32> Maske des fremden Fürsten oder Gesandten, mit dem er verhandelte, übergriff.

Seit Menschengedenken hatte das römische Volk keinen Papst von so strengem und prunklosem Lebenswandel gesehen. Oft konnte man ihn selbst predigen hören, ihm auf der anstrengenden Wallfahrt zu den sieben Kirchen begegnen. Seit 300 Jahren, äußerte der spanische Gesandte Requesens 1566, habe die Kirche kein besseres Oberhaupt gehabt.[4] Es ist der letzte Papst, der heilig gesprochen wurde: Das Renaissancerom, den Karneval, die Kurtisanen, Bravi und Ehebrecher verfolgte er mit Verboten und Strafen von unglaublicher, überspannter Strenge; die internationale Vergnügungsstadt wurde zum „Weltkloster". Den noch eben in hoher Verehrung gehaltenen Resten des heidnischen Altertums war er gram. Er wollte die berühmten Statuen des Belvedere aus dem Vatikan herausschaffen, ja man fürchtete, er werde das Kolosseum und die Triumphbögen niederreißen lassen. –

An der inneren Erneuerung der Kirche hat er entscheidenden Anteil.[5] In der strengen Ausführung der Bestimmungen des Tridentinums, das das Geschick seines Vorgängers zum Abschluß gebracht hatte, sah er seine Hauptaufgabe. Seinem alten Arbeitsgebiet, der Inquisition, widmete er sich auch als Papst mit besonderem Eifer. Merkwürdig ist es, zu sehen, wie der in der peinlichen Prüfung des einzelnen Buches, des einzelnen Gewissens ergraute Großinquisitor mit dem Siege von Lepanto wie ein Cäsar oder ein mittelalterlicher Weltherrscherpapst in Völkern und Erdteilen denken lernt, Verbindungen mit Perserschah und Russenzar anknüpfen möchte. Mit der gleichen unbeugsamen Kraft arbeitete er an der Organisation des politischen und militärischen Kampfes gegen die protestantischen Mächte, der unauflöslich mit der Reinigung und Neubefestigung der Kirche verbunden war.

4 Pastor 8. S. 47.
5 Pastor 8. S. 141 f.

Erst unter seinem Pontifikat formte sich in der Phantasie der Protestanten das Schreckbild einer Liga aller katholischen Mächte, die unter dem Befehl dieses unerbittlichen Greises die abgefallenen Länder für das Papsttum zurückerobern sollte. Es sei nur an die Exkommunikation der Königin Elisabeth von England <33> erinnert, die, schon lange vorbereitet, aus Rücksicht auf die wechselnde englische Politik der katholischen Staaten immer wieder zurückgestellt worden war; erst Pius schleuderte den Bannstrahl gegen das Haupt der protestantischen Vormacht[6], so daß alle die späteren Versuche, die abgefallene Insel wieder an den Mittelpunkt des katholischen Europa zu ketten, auf ihn zurückgehen. Der Papst träumte zuweilen davon, sich persönlich an Bord der Eroberungsflotte zu begeben. Er begnügte sich nicht damit, die katholischen Fürsten zum Kampf gegen die Ketzer anzuspornen. Rom, der Kirchenstaat selbst stellten wieder Truppen ins Feld, das päpstliche Geschwader der Lepantoflotte unter dem römischen Baron Colonna hatte sein Gegenstück in dem Kontingent, das der Papst gegen die Hugenotten schickte und das den Sieg von Moncontour erringen half.

Aber während der Papst im Kampf gegen die Reformation keine wirkliche Wendung herbeiführen konnte, fiel ihm da, wo er vielleicht ursprünglich nur eine glückliche Verteidigung erhofft hatte, im Seekrieg gegen die Türken, an der fernen griechischen Küste, ein Erfolg von riesenhaftem Ausmaß zu. In der Gründung und Aufrechterhaltung der heiligen Liga hatte er immer eine der größten Aufgaben seiner Regierung gesehen.[7] Aber der Sieg von Lepanto bedeutete ihm viel mehr als eine bestätigende Vergütung dieser jahrelangen Verhandlungen und Anstrengungen: er sah darin einen Triumph der alten Kirche und der ihr treu gebliebenen Völker, eine himmlische Billigung der katholischen Reform, deren

6 Ranke, Die römischen Päpste 2. S. 44.

7 Die Tätigkeit der päpstlichen Diplomatie im Dienste dieses Gedankens wird noch ausführlicher geschildert werden. [S. 63 ff.]

sinnfällige Gewalt dem verstocktesten Ketzer die Augen öffnen mußte[8], und gleichzeitig die Krönung seines Pontifikates, das persönlichste Gnadengeschenk. Es ist sehr bezeichnend, daß Papst Pius V. ein halbes Jahr nach der Schlacht von Lepanto starb und den raschen Zerfall der Liga nicht mehr zu erleben brauchte.

Die Bedeutung der Schlacht von Lepanto für diesen Papst tritt noch stärker hervor, wenn man mehr über seine Wesensart <34> erfährt. Gewohnt, seinem Partner mit dem unbedingten Autoritätsanspruch des Anklägers und Richters gegenüberzutreten, war Pius V. nicht gemacht für die Verhandlung von Gleich zu Gleich, zu der er sich bequemen mußte, wenn er die katholischen Mächte für seine großen Pläne gewinnen wollte. Trotzdem das Geschick hervorragender kirchlicher Diplomaten, wie der Kardinäle Morone, Commendone u. a., diesen Mangel ausglich, lag hier eine entscheidende Schwierigkeit. Die Höfe priesen Pius' V. reinen Eifer, die mönchische Strenge seiner Lebensführung, verwunderten sich aber über die kindliche Einfalt seiner politischen Vorstellungen, die, da sich der Papst ihrer bewußt war und sie verbergen und überwinden wollte, oft, wenn er Widerstand spürte, in ebenso unangebrachte Starrheit umschlug. „Demütig, hingegeben, kindlich sind Naturen dieser Art" – sagt Ranke[9] von Pius V. – „sowie sie aber gereizt und beleidigt werden, erheben sie sich zu heftigem Eifer, unerbittlichem Zorn. Ihre Gesinnung sehen sie als eine Pflicht, eine höchste Pflicht an, deren Nichterfüllung sie entrüstet und empört. – Pius V. war sich bewußt, daß er immer die gerade Straße gewandelt. Daß ihn diese zum Papsttum geführt hatte, erfüllte ihn mit einem Selbstvertrauen, welches ihn vollends über jede Rücksicht erhob. – In seinen Meinungen war er äußerst hartnäckig." So lernte er es nur langsam, den Regierungen, deren Hilfe er brauchte und die dies mindestens so genau wußten wie er, mit

8 Ranke 1, S. 243.
9 Ranke, Päpste 1. S. 232.

finanziellen Unterstützungen, der Gewährung von Steuern aus dem Kirchengut, entgegenzukommen. Das Zusammenwirken mit Spanien wurde durch die Unnachgiebigkeit des Papstes, den die Vertreter Philipps II. immer wieder auf die Notwendigkeit finanzieller Konzessionen hinwiesen, sehr erschwert.[10] Auch in seiner italienischen Politik nahm er keine Rücksicht auf die Interessen Spaniens und Österreichs, mit denen er doch wie kaum ein Papst zusammenwirken wollte, da ihm ein engerer Bund mit dem den Hugenotten immer wieder verzeihenden Frankreich unmöglich erschien. Als er auf der Erhebung Toscanas zum Großherzogtum, gegen die man von Wien und Madrid schärfsten Einspruch erhob, bestand, nur um die Berechtigung des Papstes zu <35> derartigen Akten zu beweisen, staunte man über die Engstirnigkeit, mit der er das für ihn doch unbedingt notwendige Einverständnis mit diesen beiden katholischen Höfen zerstörte. In Wien, wo sich die meisten überhaupt nicht zur Ehrfurcht gegenüber dem Papsttum verpflichtet fühlten, fand man schon früher bittere Worte über die mönchische Beschränktheit Pius' V., während sein Vorgänger, Pius IV., der Kaiser Ferdinand den Laienkelch gewährt hatte, dort sehr beliebt gewesen war. „Uns wäre lieber," schrieb 1567 der protestantische kaiserliche Rat Zasius an Herzog Albrecht V. von Bayern,[11] „der heilige jetzige Papst wäre gestorben, wenn seine überschwengliche, unaussprechliche und übermäßige, unerhörte Heiligkeit auch noch so groß."

Es bestand die Gefahr, daß Pius V. mit seinem mittelalterlich unbedingten Herrscheranspruch an den politischen Realitäten seiner Zeit vorbeiregierte, daß sich ihm der Stoff für seine großen Pläne entzog. Wenn man sich dies vergegenwärtigt, scheint der Umstand, daß dem heiligen Asketen der jugendlich weltfrohe Don Juan d'Austria als Helfer zur Seite trat, einen tieferen Sinn zu gewinnen. Eine Biographie

10 Herre 42, S. 59, Serrano 1, S. 58.
11 Bibl, Kaiser Max II. S. 303.

Don Juans müßte untersuchen, ob dem Verhältnis beider Männer, deren Altersunterschied fast ein halbes Jahrhundert betrug, die sich nie begegnet sind und nur ein Jahr lang miteinander in Verbindung standen, nicht eine Eigenbedeutung innewohnt. Die Frage ist wohl zu bejahen. Der Papst und der Kaisersohn müssen ganz unmittelbar auf einander bezogen werden, wenn die Betrachtung der Lepantozeit sich nicht mit der Vergegenwärtigung von diplomatischen Verhandlungen und Kriegsereignissen begnügen will. Doch können hier nur einige Hinweise gegeben werden.

Pius V. war, wie die Bände der Correspondencia diplomática zeigen, von Anfang an bemüht, Don Juan persönlich zu gewinnen. Hierin liegt nichts Besonderes: Man neigte in Rom stets dazu, junge ehrgeizige und beliebte Vertreter der katholischen Herrscherhäuser und Höfe auszuzeichnen, um sie dem Papsttum zu verpflichten. Außerdem forderte die Lage ein gutes Verhältnis zwischen dem Gründer der Liga und dem jungen Oberbefehlshaber ihrer Flotte. Aber die Dringlichkeit, mit der sich der Papst <36> von einem bestimmten Zeitpunkt ab an Don Juan wendet, bedeutet wohl mehr. Zuerst brauchte er eine gewisse Zeit, um sich mit dem Gedanken an Don Juans Oberbefehl vertraut zu machen; doch dann hat niemand diese Tatsache ernster genommen und tiefer auszuschöpfen versucht. Schon im Herbst 1570 läßt Philipp II. dem Papst für die hohe Meinung, die er von seinem Bruder habe, danken.[12] Im Oktober dieses Jahres wurde Don Juan das erste päpstliche Breve überbracht, dem viele folgen sollten. Im Frühling des Lepantojahres überschüttet Pius V. Don Juan mit Ermahnungen, die Flottenrüstung und seine Fahrt nach Italien zu beschleunigen. Der junge Generalissimus seinerseits ist im Verkehr mit dem Madrider Nuntius von bezaubernder Liebenswürdigkeit. Er entschuldigt sich bei ihm wegen der Verzögerung seiner Abreise, wie er auch den Papst selbst

12 Co. di. 4. S. 112.

lebhaft um Nachsicht bittet.[13] Gleich nach seiner Ankunft in Genua schickt er einen Edelmann seines Hofstaates nach Rom ab. Im Juli unterrichtet der spanische Gesandte in Rom Zuniga Philipp II. über die Liebe, die der Papst für Don Juan zu empfinden scheine; wenn dieser siege, meint er, werde er den Papst völlig beherrschen.[14] Pius V. zeigte sich sehr befriedigt über das Verhalten Don Juans nach seinem Eintreffen bei der in Messina vereinigten Flotte. Nach dem Sieg von Lepanto nimmt die Zahl der Gesandtschaften und Briefe, die zwischen Messina und Rom hin- und hergehen, noch zu. In Fragen, die eine Entfremdung hervorrufen könnten, verständigt man sich ohne jede Mühe; das gilt von dem Triumph Colonnas, von dem Wunsch des Papstes, Don Juan in Rom zu sehen, der nicht erfüllt wird. Die bescheidene Auffassung Don Juans von seinem Oberbefehl, die Tatsache, daß er in allen zwischen den Verbündeten entstehenden Streitfragen den Papst zum Schiedsrichter macht, erfüllt den römischen Hof mit Genugtuung und Zuversicht.[15]

Vielleicht kann man das Verhalten Pius' V. zu Don Juan so kennzeichnen: Er spricht den jungen Flottenführer persönlich an, will ihn aus der Schar der spanischen Minister und Militärs herausheben, <37> ihm einen eigenen Begriff von der Höhe seiner Stellung geben. Er bemüht sich, ihn davon zu überzeugen, daß ein gutes Einvernehmen zwischen ihnen beiden, dem greisen Papst und dem jungen Prinzen, den Fortgang des Ligaunternehmens entscheidend fördern werde, daß man sich gemeinsam über die Trägheit des spanischen Verwaltungs- und Militärapparates hinwegsetzen müsse. Don Juan d'Austria soll sich in seiner Eigenart, in seiner jugendlichen Kühnheit, die Anderen Bedenken erweckt, erkannt, geschätzt und gestärkt fühlen; die unermüdlichen Rufe des Papstes sollen durch den namenlosen Glanz seines Prinzen-

13 D. J. an den Papst, Barcelona 18.6.1571, Co. di. 4. S. 345 f.
14 Co. di. 4. S. 402.
15 Co. di. 4. S. 575.

tums zu seiner persönlichen, noch halb unbewußten Substanz dringen. Pius V. erkennt die Besonderheit, die Gefahren und Bitternisse der Lage Don Juans, sein verborgenes Verlangen nach Eigenem. Er unternimmt es – dies spricht vielleicht am klarsten für seine besondere Nähe zu Don Juan – mit zweifelhaftem Recht, dem jungen Flottenführer das erste im kommenden Krieg den Türken abgenommene Reich als Eigentum zu versprechen.[16] Ganz deutlich wird hier sein Bestreben, Don Juan vom Hofe, von seinem königlichen Bruder zu lösen, ihn durch Erweckung derartiger Hoffnungen zu verselbständigen, zu vereinzeln und dadurch um so fester an den Papst zu binden, der allein als Fürsprecher bei den einzelnen Ligamächten, vor allem bei Philipp II. selbst, diese Hoffnungen verwirklichen kann. Dem für das Leben Don Juans d'Austria so verhängnisvollen Wunsch nach einem eigenen Reich hat also Pius V. (sein Nachfolger handelte ähnlich) zum ersten Male einen festen Inhalt gegeben. – Ähnlich ist es mit einem anderen Plan Pius V. zur Erhöhung und Verselbständigung Don Juans. Wenn er Philipp II. im Sommer vor der Schlacht von Lepanto vorschlägt, er möge, falls er nicht selber 1572 nach Italien komme, um eine einheitliche Durchführung der Rüstungen für den Feldzug des kommenden Jahres zu ermöglichen, seinem Bruder die oberste Gewalt über alle italienischen Besitzungen der spanischen Krone übertragen und ihm die Vizekönige unterordnen[17], dann nimmt er wieder ein Hauptproblem des späteren <38> Lebens Don Juans und dessen Lösung vorweg. Don Juan befürchtete damals schon, man könnte in Madrid denken, der Papst habe sich mit dieser Bitte nur vorschieben lassen, um die ehrgeizigen Pläne des Lepantosiegers zu befördern.[18] Der greise Papst und der

16 Lorenzo van der Hammen y Léon, Don Juan de Austria. Madrid 1627, S. 158. Stirling-Maxwell, Don John of Austria 1. S. 304.

17 Co. di. 4. S. 367. (Instruktion für Alexandrino, o. D., wohl Juni-September.)

18 Serrano 1. S. 172.

junge Held der Siegesfeste geraten in den Verdacht des allzu lebhaften Einverständnisses, der Verschwörung gegen das Herrschaftssystem König Philipps II.

Es läßt sich also sagen, daß der „weltfremde" Papst hier, wo er sich die Lage des ehrgeizigen Kaisersohnes so lebendig vergegenwärtigte, einen fast überscharfen Blick für die Wirklichkeit verriet. Doch erschöpft sich sein Zusammenwirken mit Don Juan d'Austria nicht in dieser persönlichen Anteilnahme. In großartiger Weise hilft er dem Admiral, die rein spanische Sphäre zu verlassen und zu einer gesamtchristlichen, gesamtabendländischen Auffassung der Liga zu gelangen. In allen Reden, die ihn seine Biographen in den verschiedenen Kriegsräten halten lassen, fühlt Don Juan für das gesamte „corpus christianum", zeichnet er die großen Linien des Glaubenskampfes ohne Rücksicht auf einen einzelnen Staat. Seine glühende Frömmigkeit bedurfte keiner päpstlichen Ermunterung. Aber er fand in dieser Ansicht und Haltung, wie später deutlicher gezeigt werden soll, immer neuen Widerspruch bei fast allen den erfahrenen und verdienten spanischen Ministern und Generälen, die ihm ihre viel engere, vorsichtigere, rein spanische Auffassung aufzwingen wollten, mochten sie die gemeinsame Not der Christenheit noch so stark empfinden. Rieten doch die beiden maßgeblichen spanischen Militärs, Alba und Garcia de Toledo, Don Juan davon ab, eine unmittelbare Schlachtentscheidung herbeizuführen! In seinem Ringen mit der erdrückenden Übermacht all dieser Treuen, Klugen, Erprobten hatte Don Juan an Pius V. einen mächtigen Rückhalt. Als er nach langen Verzögerungen zwischen den stolz zurückhaltenden spanischen Generälen den Boden Italiens betrat, fand er, daß der Papst, abgesehen von dem unbedeutenden Geschwader Colonnas, die ganze Macht kirchlicher Andachts- und Gnadenmittel in den Dienst der Liga gestellt und eine Stimmung letzter <39> religiöser Bereitschaft und Erwartung über das Land verbreitet hatte.

Pius V. konnte sich nur eine große Entscheidungsschlacht vorstellen und handelte danach, gab den vagen Hoffnungen vieler damit eine feste Form, zwang die, die anders dachten, sich deutlich dazu zu bekennen. Schon das Banner, das er im Jahre vorher Marcantonio Colonna übergeben hatte, trug die Inschrift: In diesem Zeichen wirst du siegen.[19] Wie zu Zeiten Kaiser Konstantins stand in der Vorstellung Pius V. wieder eine große Entscheidung über Sein oder Nichtsein der christlichen Religion bevor. Daß es hierum ging, und nicht um irgendwelche Eroberungen in Nordafrika oder Griechenland, das sollte auch der junge spanische Admiral lernen; und Don Juan ist dem Papst weit hinausgefolgt in diese überzeitliche Höhe der Betrachtung. Nicht im Sinne schülerhaften Nachbetens: Er eignete sich, und hierin zeigt sich wohl wieder der tiefere Sinn dieser Ergänzung, die Auffassung Pius' V. in freier, eigenartiger Weise an. Wenn er bei Rufo[20] kurz vor Eröffnung der Schlacht die Soldaten auffordert, tapfer zu kämpfen, damit der Feind, wenn er siege, die gefangenen Christen nicht frage: wo war denn euer Gott?, die bevorstehende Schlacht also gleichsam als einen erhabenen Zweikampf zwischen Mohammed und Christus hinstellt, wird etwas davon offenbar. Alle zeitgenössischen Schilderungen[21] lassen es Don Juan den Soldaten der Lepantoflotte immer wieder vorhalten mit einer Eindringlichkeit, die wohl über die zeitübliche Devotion hinausgeht: das Schicksal der ganzen Christenheit steht auf der Spitze eurer Schwerter, darum wird Christus selbst euer Führer sein.

Der später noch näher zu schildernde einzigartige geistliche Charakter des ganzen Lepantofeldzuges zeigt dieses glückliche Zusammenwirken des Papstes mit Don Juan; jede

19 Pastor 8. S. 137.
20 Juan Rufo, La Austriada. Ed. Cayetano Rosell, Biblioteca de Autores Espa ñoles Bd. 29. Madrid 1854, S. 31.
21 Sereno, Commentari, S. 189. Van der Hammen, Don Juan de Austria, S. 175.

kirchliche Hilfe, die der Papst ihm bietet, jede Feier, die sich daran knüpft, läßt der junge Admiral in ihrer vollen Schwere wirken. Der Papst selbst lag während der Fahrt der Flotte täglich viele Stunden im <40> Gebet,[22] begleitete sie mit höchster Anspannung aller Seelenkräfte. „Nun entlässest du deinen Diener in Frieden!" rief er aus, als ihm der Kardinal Rusticucci in der Nacht vom 21. zum 22. Oktober 1571 mit der Siegesnachricht weckte.[23] Bei dem Empfang am nächsten Morgen wiederholte er die Worte des Evangeliums, die er schon oft auf Don Juan d'Austria angewandt hatte: „Fuit homo missus a deo, cui nomen erat Joannes."

In diesem Ausspruch wird einen Augenblick lang besonders deutlich, welch großartiges und ganz eigenes Bild sich Pius V. von Don Juan d'Austria machte. Die Phantasie malt gern aus, wie dieses sich erst im Umriß andeutende Verhältnis sich hätte entwickeln können, wenn der Papst nicht schon im nächsten Jahre gestorben wäre. Ohne Zweifel war hier eine völlig einzigartige geschichtliche Möglichkeit gegeben. Es scheint kein größerer Gegensatz denkbar als der zwischen dem greisen Asketen und dem weltfrohen jungen Prinzen; aber ihnen war etwas gemeinsam, das in dieser trotz der religiösen Erneuerungsbewegungen seltsam erschöpft und starr anmutenden Zeit Großes hätte vollbringen können: Jugend im eigentlichen Begriffe. Wir sehen Don Juan auch mit dem Nachfolger Pius' V., Gregor XIII., in engem Verhältnis stehen, das sich beiden aus vielen Gründen empfahl; aber es ist nun ganz anders. Don Juan selbst hat wohl nie nach den Folgen gefragt, die sich aus dem Tod Pius V. für sein eigenes Leben ergaben. Er sah die Schwächung seiner eigenen Stellung, die Gefährdung der Liga durch die Sedisvakanz; aber in Wirklichkeit war er viel tiefer betroffen. Nur bei Pius V. hat er die Strenge und Anspannung gefunden, die nötig waren, um seine jugendliche Kraft zur gleichmäßigen Wirkung, zu

22 Co. di. 4. S. 442.
23 Pastor 8. S. 592.

reinem steten Brand zu bringen. Nach dem Tode des Papstes brennt die Flamme gleichsam trüber, tritt das Gefährliche in Don Juans Natur hervor; sie wendet sich ihr selbst, der Befriedigung des eigenen Ehrgeizes zu, der nie mehr, wie in den Tagen von Lepanto, mit der Not und Hoffnung des ganzen christlichen Abendlandes in Einklang stehen wird. Der nicht minder großartige, aber für den durch die Blutsverwandtschaft getrübten Blick Don Juans viel schwerer faßbare <41> Bruder, Philipp II., das dem Papsttum an Macht und Würde verwandte spanische Weltreich vermochten es nicht wieder, sein Wesen zur völligen Ergießung in einen großen Zweck zu bringen; immer blieb ein bitterer, gärender Rest zurück.

b) Venedig

Daß außergewöhnliche Menschen zusammentreffen mußten, um die Liga zu ihrer großen Leistung zu befähigen, zeigt sich nirgends klarer als bei der Betrachtung der Sonderstellung Venedigs. Die venezianischen Nobili des 16. Jahrhunderts waren nicht mehr die kriegerischen harten Kaufleute, die im hohen und ausgehenden Mittelalter die Republik groß gemacht hatten; sie gaben ihrem Landsitz den Vorzug vor der Kriegsgaleere, sie mehrten den Reichtum lieber von ihrem Kontor aus, als daß sie selbst die Schiffe bestiegen, die Märkte der Levante zu besuchen.[24] Aber wenn der eigentliche Bestand ihres Staates und seine Ehre angegriffen wurden, vermochten sie sich noch mit der alten raschen Entschlossenheit auf den Krieg umzustellen. Die Nachbarvölker, vor allem die Spanier, konnten nicht verstehen, wie sich die orientalisch anmutende Weichheit und Üppigkeit, die die Venezianer von ihren beturbanten Handelsfreunden übernommen zu haben schienen, mit dem wilden Kriegsgeist und der unleugbaren Tapferkeit, die sie in den ersten Zeiten der Liga an den Tag legten, zu-

24 Kretschmayr, Venedig. 3. S. 37.

sammenreimte. Der Biograph Don Juans, van der Hammen[25], schildert sie als „grausam und unbeständig, gewöhnt, die Bündnisse zu brechen, wenn sie Frieden erreichen können, den ihnen der Müßiggang empfiehlt. Keck und hochmütig im Siegen, feige und niedergeschlagen im Unterliegen . . ." – Besonders merkwürdig erschien Venedig noch dadurch, daß es zwischen den mächtigen Monarchien, denen sich die wenigen kleinen italienischen Fürstenstaaten fest anschließen mußten, die letzte unabhängige Republik war; nannte man doch die alte Rivalin Genua, dem Namen nach auch ein Freistaat, nur noch die „Hure Spaniens".[26] <42> Den königstreuen Spaniern war sie darum doppelt verdächtig, den Italienern als letzte Bewahrerin nationaler Freiheit und städtischer Selbständigkeit teuer. Aber auch ihnen kam es so vor, als ob die Weltstadt der Lagune dem Abendland nur zum Teil angehöre. Um so größer das Erstaunen, die Spannung, das Mißtrauen, als die Markusrepublik auf die Seite der Mächte trat, die noch nie mit dem Glaubensfeind paktiert hatten.

Zwei Gründe zwangen Venedig zum Frieden mit der Pforte: Die Reste ihres Kolonialreiches lagen in der türkischen Machtsphäre; und der Handel in der Türkei, der von Erlaubnis und Schutz des Sultans abhing, war für die Republik lebenswichtig. So sehen wir sie im ganzen ersten Drittel des 16. Jahrhunderts, in der Zeit der größten Türkennot, neutral bleiben.[27] Sie versagte sich ein militärisches Zusammenwirken mit den Türken nach französischem Vorbild, doch bildete ihre Haltung einen wichtigen Faktor in dem französisch-türkischen antikaiserlichen Bündnissystem. Die Teilnahme an der kaiserlich-päpstlichen Liga von 1538 war nur ein Zwischenspiel. Sie hinterließ bittere Enttäuschung über die Behandlung, die die Spanier den Interessen der Republik zuteil werden ließen, über

25 S. 144.
26 Benedetto Croce, La Spagna nella vita italiana durante la Rinascenza. Bari 1914. S. 216.
27 Kretschmayr, a.a.O. S. 21 f.

das Verhalten des Oberbefehlshabers Andrea Doria in dem Treffen von la Prevesa. Man war froh, als man 1540 mit französischer Hilfe einen außerordentlich verlustreichen Frieden mit Sultan Suleiman unterzeichnen konnte. In den vierziger und fünfziger Jahren beobachtete Venedig vollständige Neutralität, es stellte sich gleichsam schlafend. Der Seekrieg mit den Türken verzog sich ja auch mehr und mehr ins westliche Mittelmeer, ins Gebiet der verhaßten Spanier. Zu allen seinen Seesiegen über die christlichen Staaten, zuletzt zu dem von der Insel Dscherba, empfing der Großherr den Glückwunsch des venezianischen Senates.[28] Wir sahen, daß mit dem Regierungsantritt Selims II. eine Gruppe von Männern Einfluß gewinnt, die die großen Pläne des venedigfreundlichen Vesirs Sokolli bekämpften und die Aufmerksamkeit des Sultans auf das nahe venezianische Zypern hinlenkten. Bald riet Sokolli dem Senat, die Insel kampflos abzutreten. Lange wollte man in Venedig <43> nicht an eine unmittelbare Gefahr glauben, während der Sultan schon im November 1568 zur Wegnahme der Insel entschlossen war und ein Jahr später auf die Kunde vom Brande des venezianischen Arsenals, dem ein großer Teil der Flotte zum Opfer gefallen sein sollte, den Tschauschen Cubat mit der Herausforderung zum Kriege – denn nur so konnte die Forderung, Zypern bedingungslos abzutreten, wirken – nach Venedig schickte.

Es wurde gezeigt, wie die Republik, die noch kurz zuvor alle Ermahnungen Pius V. zur Bildung einer Liga gegen die Türken unbeachtet gelassen hatte, sich an den Papst wandte, wie rasch dieser sich zum Handeln entschloß, sodaß der Gesandte an König Philipp schon unterwegs war, als das türkische Ultimatum in Venedig eintraf und abgewiesen wurde. Aber trotz der finanziellen Unterstützung, die der Papst sofort zugesagt hatte, trotz des Erfolges von Torres spanischer Sendung war die Lage der Republik von Anfang an

28 Brosch, Großvezire. S. 45.

sehr schwierig, wenn nicht verzweifelt. Die Regierenden sahen klar, daß sie mit der Kriegserklärung an die Pforte gleichsam die Lebensnerven ihres Staates durchschnitten hatten: ohne den Levantehandel und das Getreide aus Ägypten konnte die Stadt nur Monate leben.[29] Wahrscheinlich bedeutete der Wegfall der Handelsgewinne und die Kriegskosten einen viel größeren Verlust als der Zyperns. Kein Wunder, wenn sich schon ganz früh eine mächtige Friedenspartei bildete, die aus den durch die Kriegssteuer am meisten betroffenen Großhändlern bestand und bald starken Einfluß im Volk und in den verschiedenen Regierungskollegien, vor allem in dem damals ausschlaggebenden Rat der Pregadi, gewann. Sie schlug eine ehrenvolle, mit strategischen und wirtschaftlichen Gründen zu rechtfertigende Abtretung Zyperns gegen türkische Zugeständisse etwa in Dalmatien vor.

Zunächst hatte die Kriegspartei die Führung, in der der päpstliche Nuntius, eine wichtige Rolle spielte. Aber nach der unglücklichen Flottenunternehmung von 1570, die die Landung der Türken auf Zypern nicht hatte hindern können, stieg das Ansehen der Friedenspartei gewaltig; sie fand – und damit wächst der städtische Parteikampf in die große europäische Politik <44> hinein – in ihren Bestrebungen bereitwilligen Beistand bei Frankreich. König Karl IX. und seine Mutter Katharina von Medici waren von Anfang an eifrig bemüht, den Einfluß, den sie in Konstantinopel besaßen, für die Republik zu verwenden und ihr einen Sonderfrieden zu vermitteln; denn Frankreich fürchtete die Liga und den gewaltigen Machtzuwachs, den sie wahrscheinlich für Spanien bedeuten würde. Venedig begann also schon wieder nach dem großen französisch-türkischen Bündnissystem gegen Spanien, dem mittelbar auch die protestantischen Mächte des Nordens angehörten, hin zu gravitieren. Es gab – diese für den ganzen weiteren Gang der Betrachtung sehr wichtige Tatsache zeigt

29 Serrano 1. S. 43.

sich hier zum ersten Male – keinen von den innereuropäischen Gegensätzen unabhängigen Türkenkrieg mehr. Die große europäische Spaltung war an jeder Stelle gegenwärtig, wurde in jedem Seegefecht an der fernen Griechenküste ausgetragen. Zerfiel die Liga, siegte der Türke, so siegte der Geist Luthers und Calvins und die Politik Elisabeths, Oraniens, Colignys.

Schon im April 1570, also noch vor der ersten venezianisch-spanischen Flottenunternehmung, war der Republik von französischer Seite die Vermittlung eines Friedens angeboten worden.[30] Zu Anfang des Jahres 1571, als in Rom die Verhandlungen über den Abschluß der Liga schon lange im Gange waren, hatte der Sultan, beunruhigt durch das unerwartete Zustandekommen des christlichen Dreibundes, dem Senat von sich aus Friedensvorschläge gemacht, die ein französischer Agent überbrachte.[31] Man verhandelte auch monatelang und befahl den Vertretern in Rom, den Abschluß der Liga hinauszuzögern. Weniger als die Reise Colonnas, den der durch allerlei Gerüchte beunruhigte Pius V. nach Venedig gesandt hatte, bewirkte das Scheitern der Verhandlungen mit der Pforte, daß Venedig sich endgültig mit dem Papst und Spanien zusammenschloß. Doch die französischen Angebote setzten sich fort. Im Juli 1571 wurde François de Noailles, der Bischof von Aix, ein Hugenotte und geschworener Feind der spanisch-päpstlichen Politik, zum französischen Gesandten in Konstantinopel ernannt. Er war von Anfang an bemüht, den Venezianern <45> zu beweisen, daß ihr Beitritt zur Liga, die nur dem spanischen Interesse diene, ein großer Fehler gewesen sei. Es wird ihm in kurzer Zeit gelingen, den großen christlichen Dreibund zu sprengen.

Will man das Leben Don Juans d'Austria in seiner Bedingtheit durch die politischen Verhältnisse der europäischen Staaten erfassen, so kommt einem Mann wie Noailles, einem großartigen Diplomaten und von den Bindungen des alten

30 Herre S. 161. Serrano 1. S. 100.
31 Serrano 1. S. 95 f.

Europa unabhängigen Geist, eine gewaltige Bedeutung zu. Mit der Liga nahm der Hugenotte dem Kaisersohn die Breite des Wirkens, die für diesen schon lebensnotwendig geworden war. Zusammen mit Oranien und dem Renegaten Uluch Ali hat Noailles entscheidend am Untergange des Don Juan d'Austria, dieser letzten und schönsten Zierde der alten abendländischen Ordnung, gewirkt.

Der Sieg von Lepanto, der für die Republik den Ruhm ihrer alten kriegerischen Zeiten, aber nun mit einem nie zuvor vernommenen europäischen Widerhall, erneuerte, stärkte die Kriegspartei. Man knüpfte gewaltige Hoffnungen an den Feldzug des nächsten Jahres, überbot den Kriegseifer des Papstes. Der Senat ließ in Rom dagegen protestieren, daß die bei Lepanto gefangenen hohen türkischen Würdenträger noch nicht aus dem Wege geräumt worden seien, er plante die Ermordung des Sultans und seiner Söhne.[32] Aber bald wurde klar, daß der Sieg von Lepanto die eigentlichen Interessen der Republik in keiner Weise gefördert hatte. Zypern war nicht zurückgewonnen, keine Eroberung gemacht, keine Vergrößerung des Kolonialbesitzes erreicht worden. Die Hoffnung, daß der Sultan nach der Vernichtung seiner Flotte bei Lepanto dem für das nächste Jahr geplanten großen Vorstoß der Ligaflotte in türkisches Gebiet keinen Widerstand leisten können werde, wurde durch die Nachrichten über die gewaltigen Rüstungen am Goldenen Horn zerstört. Dem Reich der Osmanen war, so schien es, die Niederlage von Lepanto schon nach einem halben Jahr nur noch ein Aderlaß, ein Anstoß zur Neuordnung und Verjüngung seiner Seemacht. „Wir haben euch", – so sagte man den Venezianern in Konstantinopel – „ein Königreich genommen und damit der Republik einen <46> Arm abgeschlagen; ihr habt uns bei Lepanto den Bart zugestutzt; der Bart wächst umso dichter wieder, aber euern Arm ergänzt keine Zeit".[33]

32 Co. di. 4. S. 571. Brosch a.a.O. S. 24, 190.
33 W. Havemann, Das Leben des Don Juan d'Austria. Gotha 1865. S.154.

So wurden, als die Spanier im Frühjahr 1572 vor der Vereinigung der Ligaflotte eine Unternehmung gegen Nordafrika vorbereiteten, was ihnen die Venezianer als Bruch des Ligastatuts auslegten, und als diese selbst bei Corfu auf eigene Faust unglücklich mit den Türken kämpften, die Sonderfriedensverhandlungen wieder aufgenommen.[34] Als nun König Philipp wenig später, einen französischen Angriff befürchtend, seine in Messina mit der venezianischen vereinigte Flotte Woche für Woche zurückhielt, sodaß der ganze mit so großer Spannung erwartete Sommer ungenutzt verstrich, hatte die Friedenspartei in Venedig wieder völlig die Oberhand. Der König von Frankreich wurde im Geheimen um seine Vermittlung gebeten. Gleichzeitig verhandelte in Konstantinopel der Bailo Barbaro mit Noailles und dem Rabbi Salomon, dem Vertreter des Großvesirs Sokolli, der der Republik sein Wohlwollen bewahrt hatte.[35] – Nach der Bartholomäusnacht, der eine vorübergehende spanisch-französische Entspannung folgte, nahmen die venezianisch-türkischen Verhandlungen auch ohne die französische Vermittlung und in Abwesenheit Noailles ihren Fortgang. Daß die vereinigten spanisch-venezianischen Flotten im Spätjahr 1572 wieder an der Küste Moreas mit den Türken kämpften, bildete kein Hindernis; der traurige, ruhmlose Verlauf der Kriegsfahrt verstärkte nur die Friedensbereitschaft der Nobili.

Keinem der großen päpstlichen und spanischen Diplomaten blieben die Vorgänge in Konstantinopel verborgen. Schon im Oktober 1572, also während die Flotten unterwegs waren, berichtete der spanische Nuntius nach Rom, daß man am Madrider Hof von dem bevorstehenden Sonderfrieden der Venezianer spreche.[36] Zwar ließ der Senat den Dogen, den der spanische Gesandte Silva und der Nuntius wiederholt zu stellen versuchten, <47> das unbedingte Festhalten

34 Serrano 1. S. 264.
35 Brosch S. 27.
36 Serrano 2. S. 179.

der Republik an der Liga beschwören. Tatsächlich gab es in Venedig noch immer eine Kriegspartei; das Volk, das doch am meisten durch Krieg und Hungersnot zu leiden hatte, wollte nichts vom Frieden, dem der Adel immer vollzähliger zuneigte, wissen. – Anfang Februar 1573 schienen die Verhandlungen in Konstantinopel noch einmal scheitern zu wollen; sie belebten sich nach der Rückkehr Noailles wieder und führten am 7. März zur Unterzeichnung des Friedens, der einen Monat später in Venedig bekannt gegeben und von den Räten der Zehn und der Pregadi gebilligt wurde.

Wenn der Friedensschluß im Sommer des vorigen Jahres erfolgt wäre, als Philipp II. in offenkundiger Verletzung des Ligastatutes seine Flotte in Messina zurückhielt, hätte sich niemand darüber gewundert. Aber dieses Jahr hatte man überall, vor allem in Rom, wieder neues Vertrauen zu Spanien gefaßt; König Philipp traf, von der französischen Drohung befreit, gewaltige Vorbereitungen und behandelte die Forderungen der Venezianer bei den militärischen Vereinbarungen mit einer ganz neuartigen Großzügigkeit. Deshalb rief der eben noch von unzähligen Gerüchten vorweggenommene Sonderfrieden im ersten Augenblick eine ungeheure Empörung hervor. Aber wir werden sehen, wie kaltblütig die spanischen und päpstlichen Diplomaten diesen doch nur allzu verständlichen Schritt der Republik von Anfang an behandelten, wie rasch man den Gedanken eines Strafkrieges gegen den verräterischen Bundesgenossen fallen ließ, wie auch die Republik trotz aller Furcht dem Wunsche Sokollis nach einem Militärbündnis gegen Spanien nicht nachgab.[37]

Die Friedensbedingungen waren furchtbar schwer; selbst Noailles gab es zu. Die Signorie hielt sie aus Scham zwei Monate lang geheim.[38] Als sie bekannt wurden, trat zu der Entrüstung über die Tücke die mitleidige Verwunderung über die Mutlosigkeit des sonst so stolzen Staates. Zypern

37 Brosch S. 36.
38 Serrano 2. S. 323.

mußte endgültig abgetreten, eine Reihe dalmatinischer Eroberungen herausgegeben werden, während die Pforte die ihrigen behielt. Dazu kam noch die Verpflichtung zur Beschränkung der eigenen Flottenrüstung <48> und zu gewaltigen Geldzahlungen. Und trotzdem war die Wiederherstellung des Friedens eine unbedingte Notwendigkeit für die Existenz Venedigs. Für ein Staatswesen mit soviel kürzerem Atem und rascherem Blutkreislauf als der spanische Bundesgenosse wäre nur ein einziger, kurzer Feldzug in Frage gekommen und statt jener großen Schlacht die Eroberung von ein paar Faustpfändern, um sich gleich wieder mit der Pforte vertragen und ihr beweisen zu können, daß es sich nicht lohne, die große Friedensliebe des Freistaates übermütig auf die Probe zu stellen.

Der Ruhm des Tages von Lepanto, in dem die tausendjährige Geschichte Venedigs, sein uralter Gegensatz zu der Stadt am Goldenen Horn noch einmal zu gipfeln schien, wird durch den unglücklichen und als verräterisch gebrandmarkten Frieden nicht geschmälert oder aufgehoben. Jeder, der die Lepantofresken des Dogenpalastes sah, wird dies aufs stärkste empfunden haben. Wenn man von diesem großen Siege überhaupt sagen kann, daß er sich rasch von den politischen Folgen loslöste und etwas wie eine selbständige geistige Wesenheit wurde, so gilt das besonders in Bezug auf Venedig. – Es ist nun merkwürdig zu sehen, wie die Republik in den fünfziger Jahren des folgenden Jahrhunderts, viel einsamer und ärmer als zur Zeit des Lepantofeldzuges, den Geist jener Tage erneuert und die großen Seeschlachten in der östlichen Aegaeis und in den Dardanellen, die für das Jahr nach Lepanto geplant und erwartet wurden, alleine schlägt, als die Türken ihr die letzte große Insel, Kreta, nehmen wollen.[39] In bestimmter Hinsicht erscheinen die Kämpfe jener Zeit als eine vereinzelte, verspätete Frucht des Sieges von Lepanto.

39 Kretschmayr S. 322 f.

Wenig später, 1684, nach der Befreiung Wiens, wiederholt sich auch die heilige Liga: Statt Spanien ist es jetzt Österreich, das sich mit Papst Innocenz XI. und Venedig gegen den Sultan zusammenschließt. Während die Deutschen die ungarische Festung Neuhäusel belagern, erheben sich die Mainoten und nimmt der im venezianischen Solde stehende Graf Königsmark Navarino und Modon – lauter Unternehmungen, die, wie gezeigt werden wird, nach Lepanto geplant wurden.

Die Schwierigkeit und Empfindlichkeit der Stellung Venedigs <49> wird noch deutlicher, wenn wir uns vergegenwärtigen, was für Gefühle die Serenissima dem spanischen Bundesgenossen entgegenbrachte. Der Abschluß dieses Bündnisses widersprach der traditionellen venezianischen Politik genau so wie der Bruch mit der Pforte; man erklärte dem Handelsfreund am Goldenen Horn den Krieg, um sich einem alten Gegner, einer undurchschaubaren unheimlichen Macht anzuschließen. Seitdem die Heere der spanischen Monarchie auf italienischem Boden erschienen waren, hatte Venedig fast immer zu den antispanischen Bündnissen geneigt. Einmal, in der Liga von Cognac 1526-29, scheint es zur Vorkämpferin der italienischen Freiheit gegen die spanische Tyrannei zu werden, unterstützt die Erhebung der Florentiner, macht in Apulien Eroberungen, kämpft gemeinsam mit der alten Feindin Genua gegen die spanische Flotte. Die Milde Karls V., der sich Venedig immer freundlich erwies[40], die gemeinsame Türkennot bewirkten, daß sich die Republik aus dem großen Konflikt der Häuser Habsburg und Valois zurückzog. Darüber wurde Venedig aber zu einem Mittelstaat, und die Furcht vor den großen Monarchien, von denen die gleichzeitig von Mailand und Triest her drohende habsburgische bei weitem gefährlicher erschien, zu einem Hauptelement seiner Politik. Die Teilung des Reiches Karls V. in eine spanische und eine deutsche Hälfte bedeutete für Venedig zunächst eine große

40 Kretschmayr, S. 10.

Erleichterung; doch prägte sich der Gegensatz zu Spanien jetzt nur schärfer aus.

Es ist also leicht zu ermessen, wie den Nobili 1570 bei ihrem Bündnisentschluß zu Mute war. Wir sahen, wie man mit gemachter Gleichgültigkeit an König Philipp II. herantrat: Die Aufforderung zur Bildung einer Liga sollte nicht von der Serenissima, sondern vom Papste ausgehen, obwohl man sich doch nur im Hinblick auf Spanien an diesen gewandt hatte. Von Anfang an erfüllte die Regierenden Venedigs die Angst, sich zu eng an Spanien zu binden, König Philipp Gelegenheit zu geben, gleichzeitig mit, vielleicht auch statt dem Sultan den eigenen Bundesgenossen durch die Anstrengungen eines endlosen Krieges zugrunde zu richten; ihn dann, wenn er seinen Bündnisverpflichtungen nicht mehr nachkommen konnte, mit päpstlicher Genehmigung zu bestrafen, <50> unter Aufsicht zu nehmen und schließlich dem spanischen Staate einzuverleiben. Man war zuerst bemüht, nur ein vorübergehendes militärisches Zusammenwirken mit Spanien zu erreichen und den Abschluß einer Liga auf unbegrenzte Zeit zu vermeiden.[41] Auch wenn die Venezianer in Rom, um ihre Schiffe nicht dem Diktat eines spanischen Oberbefehlshabers auszuliefern, eine päpstliche Flotte, mit deren Kommando der Oberbefehl über die vereinigten Streitkräfte verbunden sein soll, fordern, wenn sie sich später gegen die Vereinbarung wehren, daß ein Bruch des Ligastatutes mit kirchlichen Sanktionen bestraft werden soll, zeigen sie wieder das Bestreben, die Bindung an Spanien nicht zu fest werden zu lassen.

Trafen diese Befürchtungen der Venezianer zu? Wie beurteilten die spanischen Staatsmänner den venezianischen Bündnisantrag? Sie wußten, wie den Regierenden der Markusrepublik zu Mute war. Es ließen sich viele Stellen aus der diplomatischen Korrespondenz anführen, wo sie sich die Angst und Unruhe der Venezianer zu erklären suchen, oft

41 Herre S. 49, Serrano 1. S. 67.

mit einem Zug ins Sarkastische. Doch waren sie weit von der hochmütigen Geringschätzung der Markusrepublik, die die Venezianer oft zu spüren glaubten und fürchteten, entfernt. Die venezianische Flotte war der spanischen an Schiffszahl eher überlegen. Den Feind im östlichen Becken des Mittelmeeres aufzusuchen, wie es in den Jahren der Liga geschah, wäre den Spaniern alleine nie möglich gewesen, auch wenn sie es gewollt hätten. Als die spanische Flotte nach dem Zerfall der Liga der türkischen wieder ohne die Venezianer gegenüber stand, zeigten ihre Mißerfolge, dann ihre Untätigkeit, was Venedig als Seemacht bedeutete. – Spanische Pläne zur Minderung oder zur Vernichtung der venezianischen Selbständigkeit haben damals nicht bestanden. Bei aller Abneigung wünschte man in Madrid das Fortbestehen des Freistaates, dessen Gebiet sich wie ein dämpfendes Polster zwischen das spanische und osmanische Reich schob. Dies wird niemals deutlicher als nach dem Austritt Venedigs aus der Liga: niemand dachte in Madrid ernsthaft an Strafmaßnahmen gegen den Vertragsbrecher.<51>

Aber in kurzer Zeit zeigte sich, daß der Anschluß an Spanien für Venedig genau so unmöglich war, wie der Bruch mit der Pforte. Es mußte, ohne etwas für sich zu erreichen, aber immer schwerer belastet durch die Notwendigkeit, seine mächtige Flotte in fremden Häfen kampfbereit zu halten, der europäischen Politik des spanischen Weltreiches auf ihren verschlungenen Wegen, durch ihre mannigfachen Schwankungen folgen. Waren die Aufständischen in den Niederlanden erfolgreich, stieg der Einfluß der spanienfeindlichen Hugenotten am französischen Hofe, mußte Venedig sich damit abfinden, daß die spanische Flotte nicht oder nur zum Teil ausfuhr, während die Kriegslasten immer die gleichen blieben und der Türke die venezianischen Besitzungen in Dalmatien verheerte. Im Frühjahr 1572, als König Philipp, durch die Zusammenziehung einer französischen Flotte bei Bordeaux beunruhigt, seine Armada in Messina zurückhielt und den venezianischen Admiral Woche um Woche warten ließ, zeigte sich die Unmöglichkeit der Lage Venedigs in besonders grellem Licht. Dazu kam der Umstand, daß man in Madrid nicht auf den Plan verzichtete, zwar ohne Beteiligung der Venezianer und nicht auf Kosten der gemeinsamen Aktion (worauf es praktisch doch herausgekommen wäre), Tunis und Algier zu erobern. Spanien war trotz seiner berühmten Armada und seines transatlantischen Besitzes ein Kontinentalstaat, über dessen Schicksal die Ereignisse im Herzen Europas in ihrer damaligen Verknüpfung mit der Glaubensspaltung entschieden. Auch von dieser Seite aus gesehen wird also die Rückkehr Venedigs in den alten Zustand des Friedens und der Neutralität völlig verständlich.

Im vorigen Jahrhundert, als das moderne Italien entstand, wurde der Sieg von Lepanto in die nationale Geschichte einbezogen, wobei man versuchte, Venedig vom Vorwurf des Verrates zu reinigen, und damit den Widerspruch spanischer Historiker weckte. Diese Polemik, bei der man sich gegenseitig aufzählte, wie oft jede der beiden Mächte gegen das Ligastatut verstoßen, den Bundesgenossen hintergangen und übervorteilt hatte, verliert für eine Betrachtung, wie sie hier versucht wird, stark an Bedeutung. Die Feststellung herzlicher Einmütigkeit zwischen <52> den Verbündeten würde die Bedeutung des Tages von Lepanto nur mindern. Will man das Wirken Don Juans und seiner Helfer voll würdigen, muß man sich die Kälte der gegenseitigen Beobachtung, das tödliche Mißtrauen zwischen den spanischen und venezianischen Führern besonders eindringlich vergegenwärtigen.

Es wiederholt sich die Frage, die schon gestellt wurde, nachdem die Rolle des Papsttums in der Liga betrachtet worden war: Hat Don Juan d'Austria, abgesehen von seiner Befehlsgewalt, eine persönliche Tätigkeit in dem spanisch-venezianischen Bündnis entfaltet? In seinen Briefen, soweit sie bekannt sind, hat er sich nie zusammenfassend über seine eigene Stellung zu der Lagunenstadt, die er kein einziges Mal betreten, geäußert. Ein Bestreben, sich einen selbständigen Begriff von diesem eigenartigen Staatswesen zu bilden und eine besondere Vermittlerstellung einzunehmen, läßt sich nicht feststellen. Don Juan nahm ihm gegenüber dieselbe mißtrauisch-skeptische Haltung ein wie seine spanischen Mitarbeiter.[42] Aber er redet nie einer besonders schroffen Beurteilung und Behandlung Venedigs das Wort und übertrifft noch die abwartende Mäßigung der alten spanischen Generäle und Diplomaten, obwohl seine Jugend das Gegenteil wahrscheinlicher gemacht hätte. Wenn Spanien die venezianischen Interessen verletzt hat, versucht er, den Bundesgenossen so weit wie irgend möglich Genugtuung zu verschaffen, er stellt sich ihnen, läßt ihre Vorwürfe in voller Schwere gelten. Dies zeigt sich in der großartigen Haltung, die er im Sommer 1572, als Philipp II. die Ausfahrt der spanischen Schiffe verbietet, einnimmt. Die königliche Entscheidung ist ihm unabänderlich, aber er versucht rastlos andere Wege, um den erbitterten Verbündeten entgegenzukommen, und überschreitet damit schließlich seine Befugnisse in gefährlicher Weise. Hierbei wird weniger eine Fähigkeit besonderer Einfühlung in die Not der Republik als ein in der Renaissancepolitik seltenes ritterliches Gerechtigkeitsempfinden und eine hohe Auffassung von der eigenen, durch Spaniens Versagen <53> befleckten Ehre offenbart. Vor allem aber ist es die kriegerische Aktion, die das Verhältnis Don Juans zu Venedig bestimmt. Er weiß, daß nur die Teilnahme der starken venezianischen Flotte die offensive Führung des Seekrieges gegen die Türken, die er will, ermöglicht. In diesem Zusammenhang ist besonders wichtig, was der Venezianer Girolamo Lippomano, der sich 1575 neun Monate lang als besonderer Gesandter der Serenissima in der Nähe

42 Vgl. z. B. seinen Brief an Doria vom 10.4.1573 (Doria-Pamphilj Lettere S. 40), der seine unmittelbare Reaktion auf die Nachricht vom Sonderfrieden der Venezianer enthält.

Don Juans aufhielt, berichtet.[43] Von Sorgen über den schlechten Zustand der spanischen Flotte gequält, beschäftigte sich Don Juan sehr stark mit dem Gedanken an eine Erneuerung der Liga. Er schien den Verrat Venedigs völlig verschmerzt zu haben, es war unmöglich, sich einen aufmerksameren und selbstloseren Freund der Republik vorzustellen.

Den Venezianern, vor allem dem Volke, war Don Juan nach dem Siege von Lepanto sehr lieb, wie die vielen Siegeslieder in venezianischem Dialekt beweisen.[44] Zu der ihnen vom Papst nahegelegten Absetzung Venieros bewog die Regierenden vor allem die Rücksicht auf Don Juan. Als im nächsten Jahre die Auseinandersetzungen mit Spanien begannen, war man bemüht, Don Juan von den Vorwürfen, die gegen die spanische Regierung erhoben wurden, auszunehmen. Dabei mag neben der Rücksicht auf seine hohe Stellung die Erkenntnis mitgesprochen haben, daß „Don Giovanni d'Austria", der Liebling der Gondoliere und Matrosen, nicht mehr aus dem Gedächtnis des Volkes auszuscheiden war. Das Bild, das es sich von ihm bewahrte, aus der Fülle der venezianischen Lepantoliteratur herauszulösen, wäre eine lohnende Aufgabe. Dabei müßte vor allem gefragt werden, wieweit der Lepantosieger als Fremder empfunden wurde. Von der nationalen Abneigung gegenüber den finsteren und hochmütigen Spaniern wurde er gewiß weitgehend ausgenommen, das Spanische erschien in ihm in einer besonderen und sehr anziehenden Weise abgewandelt. <54>

c) Spanien

Während der Jahre, in denen die heilige Liga siegt und zerfällt, herrschte Friede zwischen den europäischen Groß-

43 Eugenio Albèri, Relazioni degli ambasciatori Veneti al senato. Serie II, Bd. 2. Florenz 1841. S. 301.

44 Guido A. Quarti, La battaglia di Lepanto nei canti popolari. Mailand 1930.

mächten. Philipp II. und die herrschende, von Antonio Perez und dem Fürsten Eboli geführte Hofpartei bemühten sich, den Frieden von Cateau Cambrésis, der die Kriege Kaiser Karls V. abschloß, solange wie möglich zu erhalten. Erst mit dem Jahre 1579, mit dem Sturz Perez, beginnt ein neues Streben der spanischen Monarchie nach europäischer Machterweiterung, das nun gleich die großartigsten Formen annimmt.[45] Als Philipp II. mit dem kühlen, vorsichtigen Ruy Gomez 1559 nach Spanien zurückkehrte, sollte das Leben der Züge und Reisen durch Europa, das er im Dienste und nach dem Vorbild Karls V. hatte führen müssen, aufhören. Die Hälfte des väterlichen Weltreiches, die ihm zugefallen und deren Teile noch kein halbes Jahrhundert lang zusammengelebt hatten, sollte von einem Mittelpunkt ans in sich gefestigt und als einheitliches Reich aus dem in der Glaubensspaltung verlorenen übrigen Europa herausgehoben werden. Die letzten Spuren des Islam sollten beseitigt, die ersten protestantischen Gemeinden in Spanien ausgerottet, die von ihren deutschen Glaubensgenossen getrennten niederländischen Ketzer zum Katholizismus zurückgeführt werden. Der Seekrieg gegen die ins westliche Mittelmeer vorgedrungenen Türken, dem der Kaiser nie lange die volle Kraft hatte zuwenden können, wurde mit größerer Hartnäckigkeit und beständig wachsender Rüstung geführt. In der Liga mit dem Papst und Venedig, die die Spanier weit von ihren heimatlichen Küsten und ihre Diplomatie schon wieder tief in die europäischen Fragen hineinführte, gipfelt diese Epoche spanischer Politik. Und doch bedeutete dieses Festhalten am europäischen Frieden nicht den Verzicht auf die heimliche Einmischung in die inneren Kämpfe anderer Staaten. Man ermißt die großartige Spannweite spanischer Politik, wenn man sich vergegenwärtigt, daß gerade die Jahre, in denen die Aufstände in den Niederlanden und den Alpujarras und die Katastrophe des Don Carlos das spanische

45 Merriman a.a.O. S. 329 f.

<55> Reich bis ins Innerste erschütterten, in England eine katholische Verschwörung die andere ablösen sehen. Spanien war an allen beteiligt, die Ridolfi-Verschwörung, die ins Lepantojahr fällt, hätte Philipp II. beinahe in einen Krieg mit Königin Elisabeth gezogen.[46] Im letzten Augenblick entschloß er sich unter dem Einfluß Albas, die englischen Verschwörer und Emigranten preiszugeben und die Auseinandersetzung mit England, deren Notwendigkeit er, dem Frankreich immer der eigentliche Feind Spaniens blieb, erst zu spät erkannte, solange wie irgend möglich hinauszuschieben.

Überhaupt zeigt sich, daß der Friedenszustand, den Philipp II. zum inneren Ausbau und zur Rekatholisierung der spanischen Monarchie benütze und der die diplomatische Voraussetzung der Liga und der Schlacht von Lepanto bildet, trügerisch war. Ohne diese Feststellung kann die Situation des Don Juan d'Austria in der spanischen Politik nicht verstanden werden. Seinen Plänen, seiner Flottenmacht fehlte die wirkliche Grundlage, er errang seinen Sieg nur, weil die europäischen Gegensätze, von denen sich Spanien nicht fernhalten konnte und letztlich auch nicht wollte, für einen einzigen Augenblick in der Schwebe waren. Bald danach fielen sie, ohne daß es zum Kriege kam, wieder ins Gewicht und machten eine Wiederholung unmöglich. Vor allem setzte die Feindschaft Frankreichs keinen Augenblick aus. Wenn der Friede von Cateau Cambrésis äußerlich so lange beobachtet wurde, so lag das hauptsächlich in der Natur der Königinmutter Katharina von Medici und in der inneren Schwächung durch die 1562 beginnende Reihe der Religionskriege begründet. Doch standen die Kämpfe der Religionsparteien in innigem Zusammenhange mit der äußeren Politik. Die Hugenotten waren Feinde des katholischen Spanien; gab man ihnen nach, stieg ihr Einfluß am französischen Hofe, so wuchs auch die Möglichkeit eines neuen Krieges mit Spanien. Sie wurde noch drohender, als der

46 P. 0. de Törne, Don Juan d'Autriche etc. Bd. 1. S. 111.

niederländische Aufstand losbrach und beim französischen Calvinismus Unterstützung fand. Der wirkliche Bruch wurde von der Mediceerin immer wieder vermieden, aber sie verzichtete nicht darauf, unabhängig von den <56> geduldeten oder verbotenen Praktiken der Hugenotten ihrerseits Spanien auf allen Gebieten entgegenzuarbeiten. Die Zuspitzung der Lage im Sommer 1572, auf die wir schon von Venedig aus blickten, und die vor allem den Zerfall der Liga verursachte, ist charakteristisch für diesen unklaren Spannungszustand. Am französischen Hofe herrscht der hugenottische Führer Admiral Coligny; er hat König Karl IX. dem Einfluß seiner stets zum Frieden neigenden Mutter entzogen und will den jungen König zum Eingreifen zugunsten der niederländischen Aufständischen und zum Krieg mit Spanien fortreißen. Ein hugenottisches Streifkorps überschreitet mit königlicher Bewilligung die niederländische Grenze.[47] Gleichzeitig wird in Konstantinopel verhandelt, um Venedig von der heiligen Liga zu trennen. Schließlich liegt im Hafen von Bordeaux eine Flotte unter dem Kommando Filippo Strozzis und bedroht die spanische Küste, vielleicht soll sie auch die Erwerbung Algiers sichern, das die Pforte der französischen Krone angeboten hat.[48] Man ist mit England verbündet. Die Wassergeusen haben ihre ersten Erfolge, türkische Agenten werben an den protestantischen Höfen Deutschlands für den Kampf gegen Philipp II., die internationale Verschwörung gegen Spanien ist in vollem Gange. Wir sahen, wie die spanische Flotte infolgedessen in Messina zurückgehalten wird. Der französisch-spanische Krieg kann jeden Augenblick ausbrechen. – Da plötzlich scheint sich mit der Bartholomäusnacht alles zu ändern. Frankreich könnte jetzt, nachdem mit den Hugenotten auch die spanienfeindliche Kriegsstimmung unterdrückt ist, in die Reihe der katholischen Mächte eintreten. Papst Gregor XIII. glaubt den spanisch-französischen Konflikt beendet und

47 Pastor 9. S. 363.
48 Serrano 2. S. 226.

läßt Karl IX. zum Beitritt zur Liga auffordern.[49] Doch bald wird offenbar, daß dieses Blutbad Frankreichs europäische Haltung in keiner Weise geändert hat. Katharina bewahrt sich ihre Verbindungen mit den protestantischen Höfen und verträgt sich bald wieder mit den Hugenotten der <57> südfranzösischen Provinzen.[50] – Als Juan d'Austria wenige Jahre später den Kampf mit den abgefallenen Niederländern aufnimmt, bedroht schon wieder ein mit dem Protestantismus sympathisierender französischer Prinz den Rücken des spanischen Heeres.

Spaniens Stellung zum osmanischen Reiche ist von der Venedigs grundsätzlich verschieden. Der Kampf gegen die Mohammedaner, der für die Markusrepublik immer nur eine Episode sein konnte, war für Spanien ein altgewohnter Dauerzustand, bildete einen wesentlichen Bestandteil der nationalen Vergangenheit. Nach Vernichtung des letzten maurischen Reiches auf dem Boden der Heimat setzte er sich in dem Rin-gen mit dem Osmanenreich fort, mit dem die Spanier nicht mehr in ihrer Heimat, sondern durch ihre italienischen und nordafrikanischen Eroberungen zusammenstießen. Da diese Entfernung des Kriegsschauplatzes mit der Erweiterung ihres Gesichtskreises durch das Kaisertum, dessen Träger sie waren, verbunden war, fühlten sie sich immer mehr als die berufenen Verteidiger des abendländischen Christentums gegen den Islam. Wenn so der beständige Kampf mit dem Halbmond in Spanien volkstümlich und selbstverständlich war wie in keinem anderen europäischen Staat, so hinderte das nicht, daß ihn die Regierung Philipp II. auf ganz bestimmte Ziele richtete und nicht an jeder beliebigen Stelle eröffnete. Spaniens unmittelbares Interesse galt der Erhaltung und Sicherung der nordafrikanischen Eroberungen, deren wachsende Gefährdung durch das Vordringen der Osma-

49 Pastor 9. S. 374.
50 Martin Philippson, Westeuropa im Zeitalter von Philipp II., Elisabeth und Heinrich IV. Berlin 1882. S. 273.

nen im westlichen Mittelmeer anfangs zusammenhängend geschildert wurde.

Gerade zur Zeit, in der die ersten Verhandlungen über die Möglichkeit der Liga stattfanden, blickte Philipp II. voller Sorge nach Nordafrika. Im Frühjahr 1570 berichtete der venezianische Gesandte in Madrid dem Senat immer wieder, man rechne dort sicher mit einem diesjährigen Angriff der Türken auf La Goletta.[51] Bei der Ausarbeitung des Ligastatutes bestanden die <58> Spanier darauf, daß Tunis und Algier in das Aktionsgebiet der Bundesstreitkräfte mit einbezogen wurden. Vor allem nach der Vernichtung der türkischen Flotte bei Lepanto fühlten sich die spanischen Staatsmänner immer wieder versucht, Tunis oder Algier, die nun nicht mehr ohne weiteres von Konstantinopel aus entsetzt werden konnten, in einer kurzen Diversion von der sizilianischen Küste aus zu nehmen und damit das ganze westliche Mittelmeer unter spanische Kontrolle zu bringen. Sie waren sich darüber klar, daß sie dabei nicht mit einer Teilnahme der Bundesgenossen, deren sie vor allem für das schwierigere, aber in Spanien dringend geforderte[52] Unternehmen gegen Algier bedurft hätten, rechnen konnten, daß man in Rom wieder den Osten als Aktionsgebiet für den Sommer 1572 bestimmen würde, wie es auch geschah. Aber sie wollten mindestens die Einnahme von Tunis und Biserta, die man für eine Angelegenheit von wenigen Tagen hielt[53], im Frühjahr alleine vor der Vereinigung der Ligaflotte bewerkstelligen. Don Juan hatte den ganzen Winter an der Vorbereitung gearbeitet und war in Palermo, das sich für die Unternehmungen im Süden und Westen besser zur Basis eignete als Messina, fahrtbereit.[54] Es wurde dann zu spät, der in Neapel stationierte Teil der spanischen Flotte traf nicht rechtzeitig ein, Papst und Venezianer verlangten die Rückkehr

51 Herre S. 62.

52 Zayas an Alba, Madrid 19.5.72. Berwick-Alba, Colección de documentos etc. S. 335 ff.

53 PhilippII. an Zuñiga, 22.12.1571. Co. di. 4. S. 587.

54 Don Juan an Alba, Palermo 16.4.1572, Berwick-Alba a.a.O. S. 327.

Don Juans nach Messina. Philipp II. war ängstlich bemüht, eine Verletzung des Ligastatutes zu vermeiden, er schärfte Don Juan immer wieder ein, die an sich sehr wünschenswerte spanische Kriegsfahrt zur nordafrikanischen Küste nur zu unternehmen, wenn sie nicht auf Kosten des in Rom vereinbarten Feldzugplanes ginge. Er benutzte den momentanen Stillstand aller Ligageschäfte, der mit der Sedisvakanz nach dem Tode Pius' V. eintrat, nicht dazu, diese Expedition zu erzwingen. Dagegen wird es Don Juan, als die spanische Flotte wegen der französischen Kriegsgefahr in Messina bleiben muß, anheimgestellt, in der Zwischenzeit etwas gegen Algier zu unternehmen.[55] <59> Doch verwirklichte sich, solange die Liga bestand, keiner von diesen spanischen Plänen.

Im Ganzen des spanisch-türkischen Kampfes bilden also die Jahre 1570-73 eine einzigartige, völlig ausnahmehafte Episode. Durch das Bündnis mit dem Papst und Venedig wurde Spanien weit über sein natürliches Interessengebiet hinausgerissen, an die Stelle des von Jahr zu Jahr hin- und herschwankenden Streites um Festungen und Inseln im westlichen Mittelmeer trat die große Offensive im Osten.[56] Ein Alba mußte sich über die Möglichkeiten einer Rückgewinnung des heiligen Landes äußern[57]! – Besonders merkwürdig werden diese Jahre schließlich noch durch den Umstand, daß ihnen keine eigentliche Rückkehr zu den traditionellen Kämpfen in Nordafrika folgte. Zwar führte Don Juan gleich nach dem Abfall Venedigs die lang geplante Eroberung von Tunis aus. Mit seinem Versuch, durch die Anlage einer neuen Festung zu einer wirklichen Herrschaft über die Stadt und das Binnenland zu gelangen, scheint sogar eine neue Epoche des spanischen Vordringens in Nordafrika anzubrechen. Aber nach der Katastrophe der in der neuen Festung zurückgelassenen Truppen und dem Verlust La Golettas, der wichtigsten, weil am weites-

55 Serrano 1. S. 214.
56 Braudel, a.a.O. S. 392.
57 Colección etc. 3. S. 300.

ten nach Osten vorgeschobenen spanischen Besitzung, hörte das Bestreben der Spanier, die nordafrikanischen Reiche und ihre Verbindung mit Konstantinopel unter ihre Kontrolle zu bringen, auf. Sie behaupten sich nur noch kümmerlich in den wenigen Presidios, die ihnen geblieben sind. Auch die großen nordafrikanischen Machthaber, wie Chaireddin, Dragut, Ulud Ali, haben keine ebenbürtigen Nachfolger gefunden, die Verbindung mit Konstantinopel hat sich anders gestaltet, die Bedrohung Spaniens von dieser Seite an Bedeutung verloren. Und gleichzeitig mit dem raschen Verebben dieser Kämpfe vollzog sich das Unerhörte: Spanien unterzeichnete (21. 3. 1580) einen Waffenstillstand mit der Pforte.[58] Schon 1572 sollen sich spanische <60> Friedensunterhändler in Konstantinopel befunden haben.[59] Eine über ein halbes Jahrtausend alte Tradition geht in diesen Jahren plötzlich zu Ende, der Staat der Reconquista verträgt sich, nur wenige Jahre nach Venedig und im Gegensatz zu dem abgefallenen Bundesgenossen, so gut wie endgültig mit den mohammedanischen Türken.

Spaniens Stellung zum Papsttum bildet das Kernstück der Liga und den Schlüssel des politischen Systems, das hier skizziert worden ist. Gerade in diesen Jahren besteht eine besonders innige Verbindung zwischen den beiden Mächten, die noch in den ersten Regierungsjahren Philipps II. miteinander Krieg geführt hatten. Rom hatte aufgehört, sich immer wieder den von Frankreich organisierten Bündnissen gegen Spanien anzugliedern, um seine italienische Machtstellung zu behaupten; nur durch die Anlehnung an die spanische Weltmonarchie konnte es seine staatliche Bedeutung bewahren. Vor allem war in der Not der Glaubensspaltung, in der sich Frankreich so zweideutig verhielt, der Bund mit Spanien, das die Verteidigung des Katholizismus zum Leitgedanken seiner Politik gemacht hatte, das einzig Mögliche. Ranke schildert

58 Neculai Jorga, Geschichte des Osmanischen Reiches. Bd. 3. Gotha 1910. S. 160.

59 Brosch S. 400.

den ausgesprochenen religiösen Charakter der spanischen Monarchie und ihren Bund mit dem Papsttum[60]: „Besonders war es wichtig, daß sich der mächtigste von Allen (kath. Fürsten Südeuropas), Philipp II. so entschieden an das Papsttum hielt. Mit dem Stolze eines Spaniers, von welchem makelloser Katholizismus als das Zeichen eines reineren Blutes, eines edleren Herkommens betrachtet ward, verwarf er alle entgegengesetzten Meinungen. Jedoch war es nicht etwa bloß eine persönliche Bewegung, was ihn zu seinem politischen Verhalten vermochte. Die königliche Würde trug in Spanien von jeher und besonders seit den Einrichtungen Isabellas eine geistliche Farbe: in allen Provinzen war die königliche Gewalt durch einen Zusatz geistlicher Macht verstärkt: ohne die Inquisition hätten sie nicht mehr regiert werden können; auch in seinen amerikanischen Besitzungen erschien der König vor Allem in dem Lichte eines Ausbreiters des christlichen und katholischen Glaubens: es war der <61> Gedanke, der alle seine Länder in Gehorsam gegen ihn vereinigte. Er hätte ihn nicht aufgeben dürfen ohne wesentliche Gefahr." – Damit war nicht ausgeschlossen, daß finanzielle, kirchenrechtliche und vor allem aus den italienischen Fragen entstandene Gegensätzlichkeiten gerade unter dem Pontifikat Pius' V. und Gregors XIII., die in der großen europäischen Politik am entschiedensten mit Spanien zusammengingen, eine besondere Schärfe gewannen.[61]

Pius V. war, seitdem er den Stuhl Petri bestiegen, um die Schaffung einer Liga zwischen den europäischen Großstaaten – an Venedig dachte damals niemand – bemüht. Während Maximilian II. diesem Gedanken ursprünglich sehr geneigt war und man auch mit der Teilnahme Frankreichs rechnen zu können glaubte, versuchte Spanien, sich den päpstlichen Plänen zu entziehen[62] und vor allem den Anschluß Frankreichs

60 Die römischen Päpste. 1. S. 14.
61 Pastor 8. S. 279 ff., 9. S. 267.
62 Herre S. 35.

zu hintertreiben. Zwei Jahre lang ruhte darum die Frage der Liga fast völlig. Die Erhebung Toscanas zum Großherzogtum wurde dem Papst von Spanien nur langsam verziehen, sie erschwerte, als die Ligaverhandlungen wieder aufgenommen wurden, die Arbeit Torres in Madrid ganz entscheidend.[63] Wir sahen, wie langsam und mit wie vielen Vorbehalten sich Philipp II. im Frühling 1570 entschloß, der päpstlichen Aufforderung Folge zu leisten; wie schwer dabei die schließlich erfolgte Gewährung der finanziellen Hilfe, die ja vielmehr als die geringe militärische Unterstützung die eigentliche Leistung des Papsttums in einem solchen Bunde bildete, ins Gewicht fiel. Wenn Spanien jetzt zur Liga, der es noch vor drei Jahren entgegengearbeitet hatte, bereit war, so hatte das hauptsächlich zwei Gründe: Man hielt in Madrid die niederländischen Wirren für beendigt[64] und die Möglichkeit eines großen Gegenbündnisses der protestantischen Fürsten, wie sie besonders Alba als Antwort auf die Gründung der Liga gefürchtet hatte, nicht mehr für gegeben.

Als die Liga dann zustande kam, war das Papsttum stets <62> bemüht, Spanien zur pünktlichen Erfüllung seiner Verpflichtungen, zur Unterordnung unter die allgemeine Aufgabe und zur Zurückstellung seiner nordafrikanischen Sonderziele zu bewegen. Es rückte damit zwangsläufig an die Seite Venedigs. Die Verzögerung der Flottenausfahrt 1572 bildete auch im spanisch-päpstlichen Verhältnis die eigentliche Krise. Gregor XIII. überhäufte Don Juan, den Gesandten Zuñiga und Philipp II. mit den bittersten Vorwürfen ob der Schädigung der christlichen Sache durch die Untätigkeit der spanischen und damit der ganzen Ligaflotte. Er war aufs Tiefste beunruhigt über die Gerüchte von einer spanischen Sonderunternehmung gegen Algier. „Der Papst speit Feuer und Flammen," schrieb Don Juan.[65] Der rettende Plan, einen

63 Herre S. 102 f.
64 Serrano 1. S. 55.
65 Cayetano Rosell, Historia del combate naval de Lepanto. Madrid 1853. S. 230

Teil der spanischen Schiffe mit den Venezianern unter dem Oberkommando Colonnas nach dem Osten vorauszusenden, den Don Juan dann auf eigene Verantwortung ausführte, ging von Rom aus. Gleichzeitig war die päpstliche Diplomatie tätig, die französisch-spanische Kriegsgefahr, die Ursache der Stockung, zu beseitigen. Man versuchte auch die Friedensvermittlung, die Frankreich für Venedig betrieb, zu verhindern.

Während der Vorbereitungen für den Feldzug des Jahres 1573 gestalteten sich die spanisch-päpstlichen Beziehungen wieder freundlicher. Die Staatsmänner auf beiden Seiten fanden, daß sich Gregor XIII. viel besser für die Leitung der Liga eigne als sein Vorgänger.[66] Die Spanier waren, nachdem sie die gewünschte finanzielle Hilfe erreicht hatten, zum Festhalten an der Liga bereit. Man maß dem engen Bündnis mit dem Papst, das man so lange ausgeschlagen hatte, nun doch großen Wert bei. Gewiß entging es Philipp II. nicht, daß sich der Papst, den damals kein anderer großer europäischer Staat stützte, machtpolitisch in einer nicht geringen Abhängigkeit von Spanien befand, aber es lag ihm fern, unbeschränkten Vorteil aus dieser Lage ziehen zu wollen. Im Großen gesehen, ordnete er sich der Autorität, die das Papsttum, trotz des ganz konferenzmäßig-kollegialen <63> Vorgehens bei der Beschlußfassung, in der Liga walten ließ, unter und fühlte sich als Diener der großen gesamtchristlichen Aufgabe.

Nach dem Sonderfrieden Venedigs, der den Papst, wie er den Nuntien schrieb, mehr schmerzte als es der Verlust des ganzen Kirchenstaates getan hätte[67], hielt ihn hauptsächlich der Einfluß Zuñigas, der ein venezianisch-türkisches Bündnis befürchtete und der Markusrepublik einen Wiedereintritt in die Liga nicht unmöglich machen wollte, davon ab, die Regierung Venedigs zu exkommunizieren. Spanien und der Papst handelten weiter gemeinsam. Zwar war die päpstliche Flotte gleich auf die Nachricht vom Abfall Venedigs vermin-

66 Serrano 1. S. 192.

67 Pastor 9. S. 443.

dert, die angeworbene Streitmacht entlassen worden[68]; doch nahmen päpstliche Schiffe an der Fahrt nach Tunis teil, der Papst war sehr mit dem Gedanken an ein christliches Reich in Nordafrika, dessen Gründung bevorzustehen schien und dessen Krone er Don Juan verschaffen wollte, beschäftigt. Aber das Zusammenwirken von Spanien und Papsttum gegen den Glaubensfeind sollte, da die Streitmacht der Rumpfliga der türkischen Flotte nicht gewachsen und König Philipp nach dem endgültigen Verlust von Tunis weiteren Kämpfen in Nordafrika abgeneigt war, keine Dauer haben. So mußte der Papst, der beständig an der Erneuerung der Liga arbeitete, Anfang 1577 die Nachricht von den spanisch-türkischen Friedensverhandlungen hinnehmen. Das Papsttum blieb mit dem Gedanken der Liga allein, wie es allein stand, als es ein Jahrzehnt früher bei den europäischen Staaten damit zu werben begonnen hatte.

d) Versuche einer Erweiterung der Liga

Wie verwickelt die damalige europäische Lage war, wie ungünstig für den dauernden Bestand eines Bundes mehrerer großer Staaten gegen den Glaubensfeind, wird besonders deutlich, wenn man alle die Enttäuschungen aufzählt, die die päpstliche Diplomatie bei ihrem Streben nach Erweiterung der Liga <64> zu einem universalen Bund aller katholischen Staaten erfuhr. Wie notwendig eine Teilnahme Frankreichs gewesen wäre, wußte man nirgends so gut wie in Rom; es erübrigt sich, alle die vergeblichen päpstlichen Aufforderungen und Gesandtschaften an den französischen König einzeln aufzuzählen. Gleichzeitig mit Spanien verhandelte Rom im Sommer 1570 mit Portugal; Torres wandte sich, ebenso wie ein Jahr darauf der Kardinallegat Alexandrino Bonelli, nach

68 Törne a.a.O. 1. S. 179.

seinem Aufenthalt in Madrid nach Lissabon. Man erwog einen Angriff auf die Ostgrenze des osmanischen Reiches vom portugiesischen Indien aus und im Bündnis mit dem Perserschah.[69] Doch hielt sich König Sebastian von der Liga fern und ging auch nicht auf den päpstlichen Plan einer Heiratsverbindung mit Frankreich, der im engen Zusammenhang mit der Ligapolitik stand und gleichzeitig betrieben wurde, ein.

Der alte Gedanke, den Perserschah zu einem gleichzeitigen Angriff auf das Türkenreich zu veranlassen, taucht mehrfach auf. So erließ Pius V. am 16. und 17. XI. 1571 Breven an die Herrscher von Persien, Äthiopien und an den Scherifen Mutahad im glücklichen Arabien mit der Aufforderung zum Beitritt zur Liga. Die portugiesische Flotte, die Ende März 1572 nach Indien absegeln sollte, nahm Schreiben König Philipps und Venedigs an den Sofi mit.[70] Es ist merkwürdig, wie in diesen Bestrebungen das religiöse Gepräge, das der Liga sonst eignet, verschwindet.

Daneben gab sich Pius V. der Hoffnung hin, Polen und Rußland zum Eintritt in die Liga zu bewegen: Gleichzeitig mit den Kriegsfahrten der Mittelmeerarmada sollten die Reiterheere der beiden östlichen Monarchien vom Norden her in das Türkenreich einbrechen. Die Großartigkeit dieser Pläne, die hier nur eben genannt werden können, wird erhöht durch den Umstand, daß sie keine bloßen militärischen Wunschträume waren, sondern mit der großen Strömung der Gegenreformation und der Sehnsucht nach einer Wiedervereinigung der griechischen und der römisch-katholischen Kirche zusammenhingen. Doch für ihre Verwirklichung fehlte schon die Grundvoraussetzung: <65> Dauernder Friede zwischen dem Zaren und dem Polenkönig Sigismund August, der letzte Jagellone, der die Gegenreformation in Polen durchgeführt hatte, zeigte nicht nur selbst keinerlei Bereitschaft zum Eintritt in die Türkenliga; er versuchte auch, eine Fühlungnahme zwi-

69 Herre S. 138.
70 Co. di. 4. S. 591, A. 1.

schen Rom und Iwan IV., dem Schrecklichen, zu verhindern, jede Machterweiterung des Zarentums durch europäische Verbindungen fürchtend.[71] Der Legat Kardinal Commendone, der zu Beginn des Jahres 1572 zur Unterstützung des Nuntius Portico in Warschau eintraf, konnte sich auf dem Reichstag von der geringen Lust des polnischen Adels zum Türkenkrieg überzeugen.[72] Versuche der Venezianer, den polnischen und den russischen Hof an der Liga zu interessieren, die unabhängig von den Päpstlichen unternommen wurden, blieben ebenfalls erfolglos. Die Hoffnungen Pius V. auf einen Beitritt Iwans des Schrecklichen gründeten sich auf das Interesse für den Katholizismus, das der Zar öfters bekundet hatte.[73] In der Instruktion für Portico, der im Sommer 1570 von Warschau nach Moskau reisen sollte, war die Frage einer kirchlichen Unterwerfung aufs Engste mit der Aufforderung zur Teilnahme an der Liga verknüpft. Porticos Reise kam nicht zustande; spätere Versuche schlugen ebenfalls fehl; der hoffnungsvollste, der sich auf großzügige, aber wie sich zeigen sollte, unaufrichtige Angebote des Zaren gründete, fiel in eine Zeit, zu der die Liga schon lange nicht mehr bestand (1581).[74]

Wenn die Teilnahme Frankreichs an der Liga, ein Zusammenwirken mit Spanien unter römischem Schiedsgericht, im Grunde undenkbar war und eine diplomatische Revolution bedeutet hätte, liegt etwas Tragisches darin, daß, als der Kaisersohn, das Kind der Donau, seinen großen Sieg gegen die Türken erfocht, das deutsche Kaiserreich fehlte. Es ist bei der völlig verschiedenen Struktur beider Staatswesen nicht verwunderlich, daß sich zwischen den beiden Hälften des Reiches Karls V. gleich nach der Teilung viele Streitfragen erhoben und ein Zusammengehen <66> in der europäischen Politik erschwerten. Daß aber einer Beide so unmittelbar bedrohen-

71 Herre S. 157.
72 Pastor 8. S. 510.
73 Pastor 8. S. 557.
74 Pastor 9. S. 699.

den Gefahr wie der osmanischen gegenüber kein gemeinsames Handeln beschlossen wurde, zeugt wie kaum ein anderer Umstand von der Zerrissenheit des damaligen Europa. Das Abseitsbleiben des Reiches, das doch schon jahrzehntelang im Mittelpunkt des europäischen Abwehrkampfes gegen die Türken stand und noch zwei Jahrhunderte lang stehen sollte, machte die heilige Liga von vornherein zu etwas Halbem, widerlegte beständig den universalen Anspruch, den sie erhob. Auch rein militärisch hätte eine Teilnahme des Reiches die Aussichten der Liga gewaltig vergrößert. Nach Lepanto war es jedermann klar, daß eine wirkliche Ausnutzung des Sieges nur möglich war, wenn die Hauptmasse des türkischen Heeres durch einen Angriff des Kaisers in Ungarn festgehalten würde, sodaß eine Landung der an Bord der Ligaflotte befindlichen Truppen z.B. auf den Dardanellen versucht werden könnte.[75] Die Geschichte hat gezeigt, daß die Türken nur zu Lande entscheidend geschlagen werden konnten.

Die Geschichte der Bemühungen um den Beitritt des Reiches zur Liga führt tief in die vielfach belasteten Beziehungen zwischen den beiden habsburgischen Vettern einerseits, zwischen dem Kaiser und den deutschen Fürsten, vor allem den protestantischen, andererseits hinein und kann hier nur in ihren Grundzügen wiedergegeben werden. Sie bekommt ihre besondere Farbe durch die Persönlichkeit Maximilians II. und sein Schwanken zwischen den beiden Lagern: dem katholischen, wo ihn die Vergangenheit, dynastische und territoriale Interessen festhielten, und dem deutsch-lutherischen, dem sich zu nähern ihn seine persönlichen religiösen Neigungen, Fürstenfreundschaft und Notwendigkeiten der Reichspolitik bewogen. Spanien und der Papst machten ihm diese Haltung immer wieder zum Vorwurf. Doch hätte ein tatkräftig im Sinne der Gegenreformation und der spanischen Weltpolitik

75 Vgl. z. B. das Gutachten Ascanios della Corgnia vom 17.12.1570. Co. di. 4. S. 160; Rosell, Historia del combate naval etc. S. 220.

wirkender Kaiser nie hoffen können, das Reich für die Liga zu gewinnen. Maximilian II., dessen persönliche Abneigung gegen die Welschen an den deutschen <67> protestantischen Höfen bekannt war, den man allgemein als Deutschen empfand[76], wäre in einzigartiger Weise dazu geeignet gewesen, ein solches Bündnis zu ermöglichen. Wenn es nicht zustande kam, so liegt das vor allem daran, daß die deutschen protestantischen Fürsten zu einem vom Papst organisierten Bündnis der katholischen Staaten, mochte es auch der gemeinsamen Gefahr gelten, für deren Bekämpfung sie nach fast jedem Reichstag zahlen mußten und die sie jetzt vielleicht mit einem Male aus der Welt schaffen zu können hoffen durften, kein Vertrauen faßten. Seit der Zusammenkunft von Bayonne und den Gerüchten, die sich daran geknüpft hatten, vor allem seit dem Erscheinen Albas in den Niederlanden, wußten sie, wie die katholischen Staaten neuerdings mit den Andersgläubigen verfuhren. Sie würden auch, wenn man mit ihnen gemeinsam gegen die Türken zöge, nur das Verderben der protestantischen Bundesgenossen im Sinn haben.

Es wurde gezeigt, daß Pius V. beim Beginn seines Pontifikates bei Maximilian II. weit mehr Bereitschaft zu einem Bundeskrieg gegen die Türken vorfand als bei dessen Vetter in Madrid. Seit 1564 herrschte wieder Krieg in Ungarn; das kaiserliche Heer, das im Anschluß an den Augsburger Reichstag im Sommer 1566 zusammenkam, war von außerordentlicher Stärke.[77] Der Papst hatte geholfen, eine Reihe italienischer Fürsten Hilfsvölker geschickt. Eine Liga aber, für die Commendone auf dem Augsburger Reichstag warb, kam nicht zustande. Da der Kaiser außerdem bei Philipp II. keine Hilfsbereitschaft fand und sein Madrider Gesandter ihm zum Frieden riet, der Feldzug auch einen unglücklichen Verlauf nahm, ging schon im Juni 1567 eine österreichische Friedensgesandtschaft nach Konstantinopel ab; Mitte Februar

76 Bibl a.a.O. S. 54.
77 Bibl S. 146.

1568 wurde zu Adrianopel ein zunächst auf 8 Jahre befristeter Friede unterzeichnet. – Seit diesem Friedensschluß wurden die Aussichten auf eine Erneuerung des Reichskrieges gegen die Türken immer geringer. Als die spanischen „tercios" die Gewaltherrschaft Albas in den Niederlanden aufrichteten und dabei auch Reichsgebiet heimsuchten, verbanden sich die protestantischen Fürsten <68> enger gegen die Ränke Hispaniens und des Papismus. Während bisher der calvinistische Kurfürst Friedrich III. von der Pfalz vergeblich für diese Einigung gewirkt hatte und der lutherische Kurfürst August von Sachsen für das Gleichgewicht der Konfessionen im Reich und für die Beobachtung der Verfassung eingetreten war[78], vollzog sich jetzt eine rasche Annäherung zwischen diesen beiden Vormächten des deutschen Protestantismus, die durch eine Heiratsverbindung besiegelt wurde. Gerade in den ersten Zeiten der Liga standen die deutschen Verhältnisse völlig im Zeichen dieser sächsisch-pfälzischen Einmütigkeit, die den Speyerer Reichstag von 1570 beherrschte. Die großartigen Reichs- und Kriegsreformprojekte Lazarus von Schwendis blieben unbeachtet, ebenso alle Bemühungen, einen Bund mit den katholischen Staaten zustande zu bringen.[79] Dagegen fanden sich Kaiser und Fürsten in der fast kriegerischen Empörung über die päpstliche Erhebung Toscanas zum Großherzogtum. –

Seit der Bartholomäusnacht lockert sich die Verbindung zwischen Dresden und Heidelberg, August sagt sich von der calvinistischen Aktionspartei los und nähert sich wieder dem Kaiser. Im Februar 1573 ist er am Wiener Hofe zu Besuch und Ligaplänen „nit ungenaigt".[80] – Die Vorgänge in den Niederlanden, besonders die Hinrichtung Egmonts und Hoorns, entfremdeten Maximilian II. seinem Vetter weiter. Seine Bitte, Milde walten zu lassen, die Niederlande als in den Augsbur-

78 Gustav Droysen, Geschichte der Gegenreformation. Berlin 1893. S. 93.
79 Herre S. 150.
80 Bibl S. 346.

gischen Religionsfrieden einbegriffen zu betrachten, fanden bei der „hochtrechtigen Nacion" kein Gehör. Andererseits hielt ihn die großartige Erbschaftsaussicht, die sich nach dem Tode des Don Carlos eröffnete, von einem wirklichen Bruch mit Spanien zurück.[81]

Als 1570 die heilige Liga Gestalt zu gewinnen begann, stand Maximilian II. weit abseits. Pius V., der besonders nach den Drohungen, die in der Toscanafrage gegen ihn laut geworden waren, wenig Vertrauen zu dem protestantenfreundlichen Kaiser besaß, forderte diesen erst im Mai 1571 nach dem Abschluß der <69> Liga zum Beitritt auf und sah auch diesmal, trotzdem ihn Philipp II. dazu drängte, von der Sendung eines besonderen Legaten nach Deutschland ab.[82] Er hoffte, daß ihm der Spanierkönig die Werbung bei Kaiser und Reich abnehmen würde. Doch Torres hatte, als er in Madrid bat, König Philipp möge den Beitritt des Reiches zur Liga durch einen besonderen Gesandten zum Speyerer Reichstag betreiben zu lassen, wenig Erfolg; Philipp II. erklärte ihm, er sei schon seit längerer Zeit in dieser Sache tätig, bezweifle aber, ob der Kaiser nach der Erhebung Toscanas noch zu einem Zusammenwirken mit dem Papst bereit sei.[83] So hing im Frühjahr 1570 alles vom Werben der Venezianer in Wien ab, denen der Kaiser auch anfangs Hoffnung machte. Doch ging im April der Tribut an den Sultan ab; die endgültige Entscheidung wurde, auch um die Venezianer hinzuhalten, von der Antwort König Philipps abhängig gemacht, bei dem im nächsten Monat umständlich angefragt wurde, ob er bei der militärischen Schwäche des Reiches, bei der Unzuverlässigkeit Venedigs zu einem Bruch mit den Türken rate und mit welcher Unterstützung von Seiten der Ligamächte man rechnen könnte.[84] Philipp II. ließ sich und dem Wiener Vetter viel Zeit;

81 Droysen, Gegenreformation. S. 99.
82 Pastor 8. S. 556.
83 Torres an Alexandrino, Sevilla 20.5.1570, Co. di. 3. S. 368.
84 Herre S. 148.

in Rom konnte sogar einmal das Gerücht aufkommen, er rate dem Kaiser vom Beitritt zur Liga ab.[85] Am 31. 1. 1571 erteilte der Kaiser dem spanischen Gesandten in Wien, dem Grafen Monteagudo, einen ausweichenden Bescheid; der unglückliche Verlauf der ersten Kriegsfahrt der vereinigten Flotten war dabei bestimmend für ihn. Auch nach dem Abschluß der Liga änderte sich sein Verhalten nicht. Im Herbst ging nun auch ein Legat nach Wien ab, der Kardinal Commendone, dem sich am Jahresende Don Hernando de Toledo, den Don Juan mit der Nachricht vom Lepantosiege an den Kaiserhof gesandt hatte, gesellte. Nach Lepanto verstärkte sich die Kriegsbereitschaft des Kaisers. Die römischen Bevollmächtigten beschäftigten sich in diesem Winter wie schon im vorigen Jahre mit der dem Kaiser von den Ligastaaten zu gewährenden Truppenhilfe. Im März <70> 1572 machte sich, nachdem auch der Legat Kardinal Alexandrino immer wieder darum gebeten hatte, endlich ein besonderer spanischer Gesandter, Pedro Fajardo, nach Wien auf.[86] Doch hatten die deutschen Kurfürsten den Kaiser im Juli wissen lassen, sie hätten „zu dem Türkenkrieg und dem welschen Bündnis nit große Neigung oder Lust“; [87] immer wieder erschien die Herrschaft Albas in den Niederlanden als der Haupthinderungsgrund für einen Bund mit den katholischen Staaten. Auch wurde in diesem Sommer in Wien bereits wieder über eine Verlängerung des Adrianopler Friedens verhandelt, die im Februar des folgenden Jahres zustande kam. Von da an erschien es dem Wiener Nuntius und dem spanischen Gesandten in Rom sicher, daß der Kaiser die Verhandlungen über seinen Beitritt zur Liga nun noch weiter führe, um dadurch günstigere Bedingungen bei der Erneuerung des Friedens mit dem Sultan zu erlangen. Da er den Bündnisbruch der Venezianer seit langem vorausgesehen zu haben glaubte, erfüllte die Nachricht davon den Kaiser mit

85 Co. di. 4. S. 80.
86 Co. di. 4. S. 703.
87 Bibl S. 346.

schmerzlicher Genugtuung[88]; sie schien sein Verhalten der Liga gegenüber zu rechtfertigen. – Vielleicht mit Ausnahme der letzen Zeit war Maximilian II. durchaus aufrichtig in seiner inneren Anteilnahme an der Liga und in den immer erneuten Versuchen, eine Möglichkeit des Beitritts zu finden. Die merkwürdigste Seite dieser Verhandlungen bildet wohl die zögernde Haltung Philipps II.: Er wünschte einen Beitritt des Reiches, machte sich viele Gedanken über die Gewinnung seines Vetters und scheute doch vor einem wirklichen Eingreifen zurück. In diesem schwankenden Verhalten darf man wohl einen sehr sinnfälligen Ausdruck sehen für die tiefe Fremdheit, mit der König Philipp allem Deutschen gegenüberstand. –

88 Bibl S. 347.

II. DIE OPERATIONEN DER LIGA-FLOTTE UND DIE SCHLACHT VON LEPANTO

1. DIE REISE DON JUANS NACH MESSINA

Am 6. Juni 1571, am Tage, da die Nachricht von der Unterzeichnung der Liga in Madrid eintraf, trat Don Juan die Reise nach Barcelona an, wo sich das spanische Geschwader der Flotte Philipps II. zur Fahrt nach Italien versammeln sollte. Nach dem monatelangen Stagnieren der römischen Verhandlungen hatte man am spanischen Hofe den Abschluß der Liga noch in weiter Ferne geglaubt. Die Vorbereitungen auf der Flotte, die anfangs mit großem Eifer betrieben wurden, waren infolgedessen wieder ins Stocken geraten; auch die Gerüchte von venezianisch-türkischen Friedensverhandlungen hatten nicht zur Beschleunigung beigetragen.[1] Philipp II. und Don Juan wußten, daß der Papst die spanische Armada schon zur Ausfahrt bereit glaubte und daß sie, da die Vorbereitungen noch Wochen und Monate dauern würden, aus Rom eine Fülle von Mahnungen, Vorwürfen, Kundgebungen der Enttäuschung und Bitterkeit zu erwarten hatten. Die allen Gewohnheiten des spanischen Hofes widersprechende rasche Abreise Don Juans sollte dem Papst die unbedingte Bereitschaft der beiden Brüder zur Kriegsfahrt der vereinigten Flotten beweisen. Aus den Berichten des spanischen Gesandten in Rom geht hervor, wie wenig man auf den Gesandtschaften und in den Wohnungen der Kardinäle daran glaubte.

1 Don Juan an Papst Pius V. Barcelona, 18.6.1571. Co. di. 4. S. 345.

Don Juan wollte in Barcelona, wo er am 16. Juni eintraf, alles soweit vorbereiten, daß man gleich nach der Ankunft der beiden jungen österreichischen Erzherzöge Rudolf und Ernst, die mit der Armada nach Genua und von dort in die deutsche Heimat weiterreisen sollten, in See gehen konnte. – Er scheint in der <72> letzten Zeit, unberührt von den beständig wechselnden Nachrichten aus Rom und der allgemeinen Lauheit, ganz in dem Gedanken an den bevorstehenden Krieg und an das, was er daraus machen wollte, gelebt zu haben. Er war in der völligen Gewißheit, daß, was auch immer aus der Liga werden würde, eine mächtige Erweiterung seines Lebens bevorstand; daß bald ein Augenblick kommen würde, in dem er und nicht sein königlicher Bruder und die Minister, deren Gutachten er jetzt aufmerksam studieren, deren Instruktionen er widerspruchslos annehmen mußte, eine große Entscheidung zu treffen haben und daß er sie richtig treffen würde. So fand ihn bei seinen wiederholten Besuchen der päpstliche Nuntius Castagna. Die Liebenswürdigkeit und Wärme des jungen Prinzen überraschten und belebten den durch die dauernde Ungewißheit und das undurchsichtige Verhalten der spanischen Staatsmänner verstimmten Prälaten. Er berichtete nach Rom, mit welcher Liebe und Ehrfurcht Don Juan vom Papste spreche, wie sehr er wünsche, ihm bald den Fuß küssen zu können.[2] „Gewiß ein junger Prinz, der so ruhmbegierig ist, daß er, wirkt sein Kriegsrat nicht abkühlend auf ihn ein, angesichts einer guten Gelegenheit weniger an die Erhaltung der Galeeren als an das Gewinnen von Ehre und Ruhm denken wird."

Die nächste Zukunft sollte zeigen, wie tief sich Don Juan die Tatsache seines Oberbefehls, der, ohne daß er selbst mehr als seinen Wunsch und seine Bereitschaft dazu gegeben hatte, irgendwann einmal zwischen Rom und Madrid ausgehandelt worden war, schon zu eigen gemacht hatte. Nur so

2 Co. di. 4. S. 266.

allein vermochte er es, die einmal gewonnene Anschauung von dem, was die Stunde und sein eigenes Leben geboten, in dem Dickicht von Mißtrauen, verstecktem und offenem Widerstand, von Ängstlichkeit und Trägheit, das er in den kommenden Hochsommermonaten durchdringen mußte, in immer vielgestaltigerer Umgebung und auch immer fremdartigeren Reisestationen ganz unversehrt zu bewahren. In ihm und seiner unbeirrbaren jugendlichen Ruhmbegier gewinnt die Liga, dies unter so vielen Schwierigkeiten von so vielen Händen errichtete und kaum lebensfähige diplomatische Kunstwerk, eine eigene Lebenskraft, durch die sie eine zeitlang ein selbständiges <73> Dasein führt, ihren Gründern und den Interessen, denen sie dienen sollte, entgleitend. Schon in Barcelona scheint Don Juan nicht mehr ganz innerhalb des spanischen Staates, von dem er gerade jetzt völlig abhängig ist und in dem die Machtgrundlage seiner eigenen Stellung zu sehen er nie vergißt, und auf eigenem. Boden zu stehen.

Fast anderthalb Monate blieb Don Juan in der katalanischen Hauptstadt. Die Langsamkeit der spanischen Kriegsvorbereitungen übertraf alle Erwartungen. Don Luis de Zuniga y Requesens, der sich mit Don Juan in Barcelona befand, bezeichnet seinem Bruder, dem römischen Gesandten, gegenüber die beständig zunehmende Trägheit der spanischen Staatsverwaltung als „die Erbsünde unseres Hofes".[3] Die Verproviantierung der Galeeren war nicht vor Einbringung der Ernte möglich. Das Geschwader, das die Truppen, die gegen die Morisken gekämpft hatten, bringen sollte, blieb endlos lange aus, ebenso das von Mallorca her erwartete unter Gil d'Andrade, dem Generalkapitän der spanischen Galeeren. Noch oft sollte sich Don Juan in einer Stadt, in der er nur für wenige Tage Atem holen wollte, in dieser Weise wider Willen einbürgern müssen, ohnmächtig dem Verstreichen der Zeit ausgeliefert. Natürlich erkrankten die Erzherzöge unterwegs,

3 Co. di. 4. S. 347. A. 1.

erst am 21. Juli waren sie in Barcelona. Selbst der hoffromme Requesens fragte sich, warum ihre Reise gerade für diese Tage, wo die spanischen Galeeren anderes zu leisten hatten, angeordnet worden war. Der Papst, der sich in Erwartung verzehrte, mußte sich die kurzen Tagereisen der schonungsbedürftigen Prinzen ausrechnen lassen, Don Juan, der nur noch Schiffsnamen und Seekarten im Kopfe hatte, war gezwungen, sich mit der besonderen Artigkeit, die seine Unebenbürtigkeit gebot, um das Wohlbefinden der beiden Musterprinzen zu kümmern, ihnen entgegenzureisen, sie festlich auf seiner Galeere zu bewirten; es sah so aus, als wäre die ganze Kriegsfahrt gegen die Türken nur ein gleichgültiges Nachspiel zu diesem Geleit. – An sich konnten die beiden deutschen Gevattern Don Juan nicht gleichgültig sein. Das Fehlen eines spanischen Infanten verlieh seinem Verhältnis zu jüngeren Gliedern des Hauses Habsburg eine besondere Note. In <74> diesen blassen, langsamen Knaben mußte er seine künftigen Herren oder, wenn er im Geheimen den aussichtslosen Gedanken an seine eigene Nachfolge auf dem spanischen Throne hegte, seine Mitbewerber und Gegner sehen.

Dazu nahm die Empörung der Bundesgenossen über das Zögern der Spanier Formen an, die zweifeln ließen, ob nach der Vereinigung der Flotte auch nur einen Tag lang Einmütigkeit zwischen den verschiedenen Befehlshabern und Nationen herrschen würde. – Für die Venezianer schien sich das Bündnis mit Spanien gleich jetzt grausam rächen zu wollen: Die türkische Flotte unter Ali Pascha erschien Ende Juni vor Candia und steuerte dann nach Nordwesten, auf die jonischen Inseln zu. Hier befand sich nur ein ihr weit unterlegener Teil der venezianischen Flotte unter den Capitano generale Sebastiano Veniero und den Provveditore generale Agostino Barbarigo, denen es nicht gelungen war, sich rechtzeitig mit dem bei Candia stehenden Geschwader unter den Provveditoren Marco Quirini und Antonio Canal zu vereinigen. Sie konnte keine Begegnung mit der feindlichen Flotte wagen und traten [am] 11. Juli von Corfu aus, wo Ali nur wenige Tage später erschien, die Überfahrt nach Messina an, das adriatische Meer und die dalmatinischen und griechischen Besitzungen der Serenissima schutzlos zurücklassend.[4] Die Türken schlossen die Festung Cattaro ein, während ein Streifgeschwader weiter nach Norden, bis nach Zara hinauf vordrang, überall die Küstenorte und Inseln, wie Curzola und Lesina, verwüstend. Venedig selbst, jetzt völlig schutzlos, konnte von Zara aus von den feindlichen Galeeren überfallen werden. Wären die Spanier, so sagte man sich, schon in Messina gewesen, wie es das Ligastatut vorschrieb, hätten die Türken gewiß eine abwartende Haltung eingenommen.

Doch dies alles war es nicht, was die Wochen in Barcelona für Don Juan so traurig machte. Als er Madrid verließ, waren seine Instruktionen noch nicht fertig ausgearbeitet, man wollte sie ihm nach Barcelona nachschicken. Nicht zu Unrecht vermutete Requesens, dem die seinigen auch noch nicht ausgehändigt worden waren, man habe den Widerspruch Don Juans gefürchtet <75> und ihn deshalb erst abreisen lassen.[5] Don Juan glaubte, in vollem Einverständnis von seinem Bruder geschieden zu sein; der großmütige Monarch hatte die wohl oft in erzieherischer Absicht übertriebenen Vorwürfe, die er während des Moriskenkrieges gegen seinen Bruder erhoben hatte, gewiß völlig vergessen. Er mußte ja sehen, wieweit dieser inzwischen über sein damaliges Maß hinaus gewachsen war. Don Juan war überzeugt, jetzt das volle Vertrauen Philipps zu besitzen. Natürlich würde er irgend welche Richtlinien empfangen, in irgendeiner Form auf den Rat der alten Heer- und Flottenführer verwiesen werden, den er ja von sich aus schon immer mit großem Eifer einholte; aber diese Bindungen würden doch mehr formaler Art sein, im Wesentlichen würde man ihm so gut wie unbeschränkte

4 Paolo Molmenti, Sebastiano Veniero. S. 395.
5 Sereno a.a.O. S. 128 f.

Selbständigkeit lassen. Der Einsicht König Pilipps mußte es doch offenbar sein, daß er selbst, unkriegerisch und langsam, einer Lage, wie sie jetzt eingetreten, nicht gewachsen war, mochten ihm auch die tüchtigsten Generäle zur Verfügung stehen; daß ihm aber in seinem Halbbruder eine glückliche Ergänzung zuteil geworden war, die er gerade jetzt zur vollen Auswirkung gelangen lassen konnte. Es war ja auch gar nicht möglich, daß dieser gegen seinen, des Königs Willen handeln könnte und darum einer Kontrolle bedurft hätte. Beide waren beim Abschied ganz eins gewesen in ihrer Auffassung von der außergewöhnlichen Bedeutung der Liga, von der Notwendigkeit einer wirklichen Entscheidung; der Ernst, mit dem König Philipp von den Wünschen des Papstes, von der Erwartung der ganzen katholischen Christenheit sprach, hatte einen tiefen Eindruck auf Don Juan gemacht.

Die vom 26. Juni datierenden Instruktionen[6] zerstörten, als sie endlich in Barcelona eintrafen, alle diese Gewißheiten Don Juans. Nicht nur, daß sein Oberbefehl plötzlich ganz anders aussah, als er es sich vorgestellt hatte; indem sie ihn in jeder Weise beschränkten, minderten ihn die Madrider Vorschriften zu einer reinen Scheinwürde herab. Darüber hinaus erschien Don Juan sein Verhältnis zu seinem Bruder und zum spanischen Hofe jetzt in einem so düsteren Licht, daß er in einem jähen Umschlag der <76> Stimmung einen Augenblick lang völlig aus der Bahn geworfen wurde. Gerade jetzt, da er, um sich den gereizten Ansprüchen der Verbündeten gegenüber behaupten zu können, einer gefestigten überragenden Stellung bedurft hätte, sah er sich einer Fülle kleinlich beschränkender Bestimmungen unterworfen, wie in den Tagen von Granada. Er durfte jetzt annehmen, daß er den Hofmeister und die Rute niemals los werden und den Heeren, mit denen er zog, den Kriegsräten, an denen er teilnahm, immer nur als leere Zierde zu dienen haben würde.

6 Serrano 1. S. 105. A. 4.

Noch in Madrid hatte Don Juan eine Anweisung an die hohen italienischen Beamten über das Verhalten, das sie ihm gegenüber zu beobachten hätten, sehr aufgebracht. Sie enthielten strengen Befehl, Don Juan mit Exzellenz, nicht mit Hoheit („Alteza") anzureden. Es ist bekannt, welche Bedeutung Titelfragen besonders in der spanisch-italienischen Hofwelt zukam und wieviel sich darin ausdrückte. Don Juan mußte die pedantische Erneuerung der aus seinem Knabenalter herrührenden Bestimmung, an die sich kaum jemand hielt, gerade jetzt, da er in die reichgegliederte italienische Fürstenwelt, wo die „Excelencia" sehr niedrig im Kurs stand, eintreten sollte, besonders schmerzen. Wenn Philipp II. ihn zum Oberbefehlshaber einer Flotte gemacht hatte, wie sie vielleicht noch nie ein König oder Kaiser übers Meer geführt, – wie konnte er gleichzeitig der Welt in dieser auffälligen Weise kundmachen, daß der also Ausgezeichnete kein völlig gleichwertiges Glied des Königshauses war?

Von den in Barcelona erhaltenen Instruktionen wird, soweit sie den Feldzugsplan betrafen, später die Rede sein.[7] Hierin ließen sie Don Juan im Grunde sehr viel Freiheit, es war keinerlei festes Schema für die Operationen ausgearbeitet worden. Vor allem wurde die Zusammensetzung des Kriegsrates, dem Don Juan jede wichtige Frage vorlegen sollte, bestimmt.[8] Ihm gehörten außer Requesens und den Kommandanten der vier spanischen Galeerengeschwader, der „Maestre de campo general" der Liga, <77> Ascanio della Corgnia, der General der italienischen Infanterie in spanischem Solde, Mario Sforza, Graf von Santa Fiore, der Artilleriegeneral Cabrio Serbelloni usw. an. Daneben wurde ein engerer Rat eingesetzt, der nur aus Requesens und den vier Geschwaderkommandanten

7 Es bleibt unklar, wie Requesens am 18. 7. seinem Bruder schreiben konnte (Co. di. 4. S. 386), Don Juan und er hätten immer noch keine Instruktionen erhalten, da die Briefe, in denen Don Juan sich bei Philipp II. und Eboli über ihren Inhalt beklagt, schon vom 8./12. 7. datiert sind.

8 Serrano, 1. S. 108. A. 2.

Gianandrea Doria, Juan de Cardona, Alvaro de Bazán und Gil d'Andrade bestand. Doria befehligte die italienischen, de Bazán, der Marqués de Santa Cruz, die neapolitanischen, Cardona die sizilianischen und d'Andrade die spanischen Galeeren. Don Juan hatte sich in allem nach der Ansicht dieser sechs Männer zu richten. Jede Frage, die er vor den großen Rat bringen wollte, mußte er erst mit ihnen besprochen haben. Eine weitere Instruktion mit dem gleichen Datum ordnete an, daß sich Requesens, der Stellvertreter Don Juans, immer auf dessen Galeere befinden sollte und daß alle Schriftstücke durch seine Hände gehen mußten, bevor sie Don Juan vorgelegt wurden. Der ängstliche und sauertöpfische Mann scheint diese Vorschriften mit beklemmender Pünktlichkeit erfüllt zu haben. Selbst bei den Mahlzeiten wurde Don Juan die „Hofmeistervisage" des Großkomturs nicht los.[9]

Don Juan befand sich wahrscheinlich im Irrtum, wenn er in diesen Instruktionen die Frucht von gegen ihn gerichteten Intrigen, die ihn nach seiner Abreise beim König in Ungnade gebracht hatten, zu sehen glaubte. Philipp II. sah der Kriegsfahrt seines Bruders mit gelassener, gläubiger Zuversicht entgegen; das war kein Grund, um diesem nicht von allen Seiten Schranken zu setzen, unter Verwertung aller Beobachtungen, die er in den letzten Jahren an ihm gemacht hatte. Dem König schien, daß sich in seinem jungen Bruder Gaben und Gefahren ungefähr die Waage hielten; war er zum Sieger auserlesen, würde er seinen Willen trotz aller Beschränkungen durchsetzen; wenn nicht, würden diese seine gewohnten Tollheiten verhüten. – Es ist bezeichnend für Philipp II., daß Don Juan im Sommer nach Lepanto noch beengendere Vorschriften erhielt, gegen die er in viel gefaßterer Weise Einspruch erhob. [10] Keiner von den anderen spanischen <78> Heerführern jener Zeit hat je derartig beschränkte Vollmachten besessen.

9 Don Juan an Sessa, Serrano 1. S. 168. A. 1.
10 Serrano 1. S. 171. A. 1.

Don Juan richtete seine Klagen zuerst an Ruy Gomez, den Fürsten von Eboli, um dessen Vertrauen und Fürsprache er schon in den letzten Zeiten des Moriskenkrieges geworben und zu dessen Hofpartei er Verbindung aufgenommen hatte.[11] Er schildert ihm die Niedergeschlagenheit, die diese Gleichstellung mit vielen in ihm hervorgerufen habe. Ihm sei der Gedanke gekommen, ob er nicht eine andere Laufbahn, – offenbar die geistliche – einschlagen solle. Er glaubt, in diesen Instruktionen das Werk von jemandem sehen zu müssen, der meine, durch Minderung von Don Juans Ansehen sein eigenes befestigen zu können. Der Fürst möge ihm über die Ursache dieser jähen Ungnade Aufklärung verschaffen. Er selbst glaubt schon die Kommentare zu hören, mit denen der Hof diese Bestimmungen versehen wird, all das Geflüster von seiner Jugend und geringen Erfahrung, die solche Beschränkungen nötig machten. Einige Tage später wandte sich Don Juan unmittelbar an Philipp.[12] Den Inhalt der Instruktionen läßt er jetzt ganz auf sich beruhen und beschäftigt sich nur mit der Frage, wie der König plötzlich so umfallen, sich durch den ersten besten Minister derartig gegen seinen Bruder einnehmen lasen konnte. Don Juan bittet darum, alle Fragen solcher Natur in Zukunft persönlich mit dem König besprechen zu können. Es dürfe kein Minister zwischen die beiden Brüder treten. Oder solle er einen anderen Weg einschlagen, um besser dienen zu können?

Die Art, in der Don Juan hier einen so tiefgründigen und undurchsichtigen Menschen wie Philipp II. gleichsam wie einen wankelmütigen Freund, der ihn, allein und unter dem Einfluß falscher Diener zurückgeblieben, verleugnet hat, zur Rede stellt, wie er glaubt, durch eine einzige neue Zusammenkunft alle die von Hofschranzen geschaffenen Mißverständnisse aus der Welt bringen zu können, zeugt von einem sehr

11 Don Juan an Ruy Gomez, Barcelona, 8.7.1571. Rodriguez-Villa, Baltasar Porreño etc. S. 374. Stirling-Maxwell a.a.0. Bd. 1. S. 323.

12 12.7.1571. Stirling-Maxwell 1. S. 325 f.

jugendlichen Glauben an die Macht seiner eigenen Gegenwart. Andererseits bedeutet <79> das verschleierte Rücktrittsangebot, das dem Hofe die Unentbehrlichkeit Don Juans gerade zu diesem Zeitpunkt und folglich die Notwendigkeit, seine Stellung mehr nach seinen eigenen Wünschen einzurichten, vor Augen führen mußte, einen klugen Gegenzug.

Diese Briefe und die Tage tiefer Niedergeschlagenheit, deren Ausdruck sie sind, bezeichnen einen entscheidenden Einschnitt in der Geschichte des Don Juan d'Austria. Die Unmöglichkeit, sich seines Bruders dauernd zu versichern, die Ohnmacht gegenüber den Schwankungen der Hofmeinung, die düstere Voraussicht, im spanischen Staate nie zu der freien Entfaltung gelangen zu können, zu der es ihn drängte, diese drei großen Sorgen seines Lebens sind vielleicht nie wieder mit so plötzlicher Drohung auf ihn zugetreten als damals, da er von Tag zu Tag bestimmter vorausahnte, daß er erst jetzt seine wirkliche Gestalt gewinnen und den ihm eigentlich zugemessenen Raum ausfüllen würde.

Am Abend des 26. Juli war Don Juan in Genua. Gleich benachrichtigte er den Papst von seiner Ankunft in Italien, an die man in Rom schon fast nicht mehr geglaubt hatte. Pius V. bezeugte große Freude darüber; er gab den Auftrag zur Anfertigung einer Standarte der heiligen Liga, die Don Juan mit einem päpstlichen Breve in Neapel übergeben werden sollte.[13] Einen persönlichen Besuch des jungen Generalissimus in Rom, den der Papst früher lebhaft gewünscht hatte, verbot die vorgerückte Zeit. Um die Venezianer zu beruhigen, schickte Don Juan den Obersten Miguel de Moncada nach der Markusrepublik. Die türkische Flotte wandte sich auf die Kunde von der Landung in Genua südwärts. Auf der Überfahrt hatten die Spanier stürmisches Wetter gehabt; trotzdem wollte Don Juan die Nächte an Deck, in der Nähe des Steuermanns verbringen.[14]

13 Co. di. 4. S. 402.

14 Angela Valente, La dimora in Italia di Don Giovanni d'Austria. Rivista d'Italia XXIX. S. 168.

Mit mächtiger Spannung empfing Genua den Kaisersohn. Das Leben der Stadt war schon seit Wochen völlig verändert durch die hier aus allen Gegenden Norditaliens zusammenströmenden adeligen Freiwilligen mit ihrer zahlreichen Dienerschaft. <80> Die Herzöge von Savoyen, Mantua, Florenz, Parma, Ferrara, die Städte der Lombardei hatten Vertreter zur Begrüßung geschickt, die jungen Prinzen von Parma und Urbino, die den Feldzug der Liga mitmachen wollten, warteten hier auf Don Juan. Schon vor der Ankunft der spanischen Soldaten, deren Hunger, Armut und Gewalttätigkeit gleichermaßen berühmt und gefürchtet waren, wurden die Lebensmittel knapp. Dazu liefen Gerüchte um, die Spanier wollten bei dieser Gelegenheit endgültig mit der genuesischen Selbständigkeit aufräumen, man würde einen kleinen Staatsstreich erleben.[15] Als nun Don Juan aus dem Hafen ins Stadtinnere einzog, gewannen seine Liebenswürdigkeit, sein heller Blick für jedermann und für all das Neue, das sich ihm in den Straßen der fremden, reichen Stadt zeigte, der schöne Anstand seiner Bewegungen alle, die Senatoren, die ihm entgegengingen, die Damen auf den mit Teppichen behängten Balkonen, das Volk, das mit dem Zuge lief. Don Juan wohnte in Gianandrea Dorias Palazzo del Fassolo.[16] Die Prinzen von Parma und Urbino, Alessandro Farnese und Francesco Maria della Rovere, wichen nicht von seiner Seite, zwischen den dreien war ein beständiger Wettstreit der Höflichkeit im Gange. In dem fast gleichaltrigen Alessandro Farnese, der schon der zweiten Generation unter den Nachkommen des Kaisers angehörte und Don Juan seinen Onkel nannte, spürte dieser gleich eine verwandte Begierde nach ruhmvoller Bewährung, verhaltener und zäher als die eigene; rasch entstand Freundschaft zwischen den beiden jungen Männern und gleichzeitig heftige militärische Eifersucht. Don Juan schien seine hohe Stellung mehr Aussicht auf kommenden Ruhm zu

15 Sereno S. 132.
16 Van der Essen, Alexandre Farnèse, Bd. 1. S. 161.

eröffnen; aber als Oberbefehlshaber, der stets das Ganze im Auge behalten mußte, hatte er sich, wie er im Moriskenkrieg mit Schmerzen gelernt, die Teilnahme an kühnen Einzelaktionen, auf die oft viel größerer Glanz fiel, zu versagen; für solche Fälle schien sich aber der flinke, kräftige Alessandro vorzubereiten.

In seinen Briefen an Philipp II. aus Barcelona hatte Don Juan dem Bruder seine Furcht „vor der Schmeichelei, die, wie <81> man mir sagt, in Italien herrscht", eingestanden; er gab damit zu verstehen, daß er gerade jetzt, wo die kleinlich beschränkenden Instruktionen so viele Möglichkeiten der Übertretung boten, dort besonderer Gefahr ausgesetzt sei. Auch König Philipp und seine Minister machten sich viele Gedanken darüber, wie das fremde Land mit seinen viel freieren Lebensgewohnheiten auf den jungen Prinzen, der bis jetzt stets unter der Zucht des spanischen Hofes gestanden, wirken würde. Er hatte überall die spanische Herrschaft in Italien darzustellen, in viel maßgeblicherer Form als die Vizekönige und Gouverneure. Die bewährte Haltung der Spanier gegenüber den von ihnen politisch entmachteten Italienern – verborgene Geringschätzung, tiefe innere Fremdheit bei äußerer Artigkeit und ritterlicher Großmut – mußte er sich in vollkommener Weise zu eigen machen. Was geschah, wenn er statt dessen in der Neigung zu Flucht und Trotz, die man schon öfters an ihm wahrgenommen hatte, zum Bewunderer und Schüler des fremden Lebens wurde, wenn er, statt immer wieder mit höflichen Entschuldigungen hinter seinen spanischen Ratgebern zu verschwinden, sich einem italienischen Fürsten anvertraute, an einem der üppigen Höfe Zuflucht vor dem Zwange des spanischen Staates suchte? Wie flink würden die Italiener eine derartige Gelegenheit ergreifen, um Don Juan gegen seinen königlichen Bruder auszuspielen, ihn, der sich in seiner bekannten Bereitschaft zu Freundesdiensten selbst dazu drängen würde, zum Befürworter eigensüchtiger

Wünsche zu machen; sehr peinlich mußte es dann wirken, wenn man diese Bitten abschlug.

Alle diese Bedenken waren, wie die spätere Entwicklung zeigte, nicht unbegründet. Doch im Augenblick mußte sich für Don Juan alles dem Gedanken an den bevorstehenden Feldzug unterordnen. Gewiß rührten ihn die Schönheit der Küste – aber er kannte ja Andalusien –, der Wohllaut der Sprache, die freiere Haltung der Damen, das feurige, geschmeidige Gespräch der Männer mächtig an. Was er hier in einer Stunde an geistreichen Komplimenten, kühnen Gedanken, interessanten Nachrichten hörte, trugen in Spanien Monate und Jahre nicht an ihn heran. Aber das Alles verlieh seiner ganz mit der Liga und der <82> Flotte beschäftigten Phantasie nur einige neue, glühende Farben, er nahm es nur wahr durch die Beziehung zu seiner Aufgabe: dies schöne Land sollte er für immer von den türkischen Seeräubern befreien, diese liebenswürdigen Männer, die viel kriegslustiger und siegesgewisser schienen als seine spanische Suite, vertrauten sich seiner Führung an. Je lauteren Festtrubel die ihre Fahrt fortsetzende Flotte im italienischen Süden weckte, desto tauber wurde Don Juan dafür. In Neapel, der Stadt, die bald sein Leben so tief beeinflussen sollte, verbrachte er die Nächte an Bord seiner Galeere, in Messina ging er nur zu den kirchlichen Feiern an Land.[17] – Es bestand auch die entgegengesetzte Gefahr, daß der junge Prinz, von der italienischen Art zuerst befremdet, sein Anderssein zu schroff hervorkehrte und die ihren spanischen Vormündern gegenüber stets besonders empfindliche Eitelkeit der Italiener verletzte. Dies mußte gerade jetzt, wo Ruhe und allgemeine Anteilnahme an den Unternehmungen der Liga dringend nottaten, vermieden werden. Darum war man bemüht, Don Juan aufs Genaueste über die Eigenart des italienischen Lebens, besonders über die sehr verwickelten persönlichen und politischen Verhältnisse

17 Valente, Dimora in Italia. S. 170.

der Fürsten, zu unterrichten. Diesem Zweck dienen vor allem die großartigen Ratschläge eines unbekannten Mailänders[18], die in besonderem Auftrag von Don Juans Sekretär de Soto während der ersten Monate des italienischen Aufenthaltes geschrieben wurden; da sie Don Juans Stellung in Italien und im spanischen Staate mit unheimlicher fast prophetischer Schärfe des Blickes durchdringen, müßte ihnen der Biograph Don Juans besondere Aufmerksamkeit zuteil werden lassen. Der Verfasser, ein sehr unbefangener und realistischer Geist, muß die spanisch-italienischen Verhältnisse, aber auch den Charakter Don Juans aufs Gründlichste gekannt haben.

Freigiebigkeit und Höflichkeit, Liberalidad und Cortesia, müsse Don Juan vor allem den Italienern gegenüber an den Tag <83> legen. Die Höflichkeit eigne ihm im hohen Maße, – doch könne sie in Italien nicht groß genug sein; denn „die italienischen Edelleute halten sich beinahe für Könige". „Unter Höflichkeit verstehe ich in diesem Falle diejenige des Hutes und des Stuhles, die der Zunge und der Feder, worin überall das Zuviel ein geringerer Fehler ist als das Zuwenig." Natürlich dürfe dies alles nicht auf Kosten der würdevollen Gemessenheit, der „Gravedad", gehen. Don Juan müsse, ganz einerlei, ob er sie empfinde oder nicht, Liebe für die italienische Nation bekunden, sonst werde er unter den Einheimischen keinen wirklichen Freund finden. Ebenso wichtig sei ein streng kirchliches Betragen, da in Italien im Geheimen „gewisse Formen des Unglaubens und heidnischer Ansichten" beständen und eine exemplarische Katholizität des jungen Feldherrn und Prinzen viel Gutes wirken könne. – Don Juan müsse älter wirken, als er in Wirklichkeit ist; seine Jugend bedeute an sich keinen Makel, im gleichen Alter hätten der jüngere Scipio, als er nach Spanien ging, und Alexander, als er seinen Zug antrat, gestanden. Der Schreiber denkt bei diesem Rat besonders

18 R. Foulché-Delbosc, Conseils d'un Milanais à Don Juan d'Autriche. 1571. Revue Hispanique 1901. Bd. 8. S. 61-80. Vgl. auch das große Memorandum Albas, Brüssel, 3.5.1571. Coleccion etc., 3. S. 273-83.

an Don Juans Verhalten zu den Frauen. Die Keuschheit zu predigen überläßt er dem Beichtvater und begnügt sich damit, das Geheimnis und die Nacht zu empfehlen; er warnt Don Juan vor Kupplern und Verführern, an denen es gewiß nicht fehlen wird.

Dann wird ein kurzer Abriß der politischen Verhältnisse Italiens gegeben: Don Juan müsse von jedem einzelnen Fürsten wissen, wann er sich seiner bedienen könne und wann er sich vor ihm zu hüten habe. Es zeigt sich, daß noch viele gefährliche Spannungen bestanden und daß die Spanier überall scharf und argwöhnisch beobachteten. Der Mailänder warnt vor der Unbeständigkeit der Fürsten; niemals dürfe man ihnen etwas Schriftliches in die Hand geben. Am meisten habe sich Don Juan vor Cosimo I., dem neuen Großherzog von Toscana, einem großen Staatsmann, in Acht zu nehmen. – Toscanas Haltung war schon seit dem Frühjahr sehr beunruhigend. Cosimo I. fürchtete, Philipp II. und der Kaiser wären übereingekommen, Don Juans Fahrt nach Italien zum Anlaß zu nehmen, um ihn für seine eigenmächtige Erhebung zum Großherzog zu bestrafen.<84> Auf seine Kosten, meldeten die Gerüchte, werde man dem Kaisersohn einen eigenen Staat gründen, Philipp II. habe ihn mit Siena, Kaiser Max mit Florenz belehnt. Bis zu dem Augenblick, da die Galeeren Don Juans die Küste Toscanas ohne Aufenthalt passiert hatten und Cosimo einen beruhigenden Brief des Oberbefehlshabers erhielt[19], berichtete der römische Gesandte König Philipp immer wieder voll Sorge über die fieberhaften Rüstungen in den toscanischen Festungen, über die alarmierenden Versuche des Großherzogs, sich Frankreich zu nähern. – Es ist interessant, daß sich in der Phantasie der Italiener schon damals die Vorstellung formte, daß ein Prinz wie Don Juan, „ein waffenberühmter Jüngling, ohne Land noch Eigentum" (Sereno), auf die Dauer unmöglich ohne eigenen Landbesitz

19 Zuñiga an Philipp II., Rom 21.8.1571. Co. di 4. S. 415.

bleiben könne; daß die nächste beste politische Verwicklung benutzt werden würde, um ihm welchen zu schaffen. In ähnlicher Weise wird die politische Situation von Savoyen, Genua, Ferrara und vor allem von Venedig einer außerordentlich scharfsinnigen Analyse unterzogen.

Im Vergleich zu dieser verwirrenden Fülle entgegengesetzter und sich vielfältig überkreuzender Interessen müssen die Parteiungen und Intrigen des spanischen Hofes Don Juan zuerst gewiß als ein Kinderspiel erschienen sein. Man kann die schöne Leichtigkeit des Lepantosiegers erst würdigen, wenn man sich klar macht, daß der Feldzug mit einer schwerfälligen Staatsreise verbunden war, daß der junge Admiral gleichzeitig einen fernen gefürchteten König, den das mittlere und südliche Italien nie selbst gesehen, vertreten und eine noch junge und schmerzende Fremdherrschaft werbend darstellen sollte. Dabei bildete, wie das Gutachten immer wieder hervorhebt, die richtige Behandlung der einheimischen Fürsten nur einen Teil von Don Juans italienischer Aufgabe; mindestens ebenso wichtig war es, daß er sich zu den Spitzen der spanischen Verwaltung in Italien, zu den Vizekönigen von Neapel und Sizilien, dem Kardinal Granvella und Ferdinando Francesco d'Avalos, Marchese von Pescara, und zu dem Gouverneur von Mailand, dem Herzog von Albuquerque, (die beiden Letzten starben noch im selben Jahre) in ein richtiges <85> Verhältnis zu setzen verstand; daß er durch seine Abwesenheit nicht bei Hofe an Boden verlor und sich das Wohlwollen des gerade einflußreichsten Ministers und den Rat der großen spanischen Heerführer zu erhalten wußte. Während Don Juan sich den rein italienischen Teil der Vorschriften des unbekannten Mailänders ganz zu eigen gemacht und die Lebensgesetze des fremden Volkes stets aufs Zarteste berücksichtigt hat, sollte er der Probleme, die durch seine beständige Abwesenheit vom Hofe entstanden, nie ganz Herr werden.

In Neapel, an dessen Mole das Flaggschiff Don Juans, die „Real", erst am 9. August festmachte, übergab der Kardinal Granvella dem jungen Generalissimus die päpstliche Standarte der Liga und einen Feldherrnstab: eine prunkvolle Zeremonie in der Kathedrale Sta. Chiara. – Don Juan ging wieder in See, ohne Doria und Cardona, die mit den von der spanischen Krone gemieteten Galeeren genuesischer Kaufleute in La Spezia die deutschen Regimenter der Grafen Vinciguerra de Arcos und Alberich Lodron – des Sohnes Johann Baptist Lodrons, eines angesehenen Feldhauptmanns Karls V. – an Bord nehmen sollten, abzuwarten. Auch das dreißig Galeeren starke neapolitanische Geschwader unter Santa Cruz mußte vorläufig zurückbleiben. Der Papst konnte nicht begreifen, daß die Zusammenziehung der spanischen Streitmacht jetzt, am Ende des Sommers, immer noch nicht beendet war.[20] Das Wetter begann sich schon zu verschlechtern, die Herbststürme kündeten sich an.

Als Don Juan am 23. oder 24. August in Messina ankam, herrschte auf den dort wartenden Galeeren der Verbündeten „Schwermut und Langeweile".[21] Marcantonio Colonna war mit dem päpstlichen Kontingent als Erster in der Meerenge erschienen, auch er einen Monat später, als es das Ligastatut vorschrieb.[22] Unruhig der Ankunft der Verbündeten entgegensehend, voll argwöhnischer Gedanken über die Behandlung, die er von Don Juan zu erwarten haben würde, erhielt er plötzlich <86> die Nachricht vom Tode seiner Tochter Giovanna, der Herzogin von Mondragone. Verzweifelt schloß er sich in die Kajüte ein, ließ seine Galeeren mit schwarzem Stoff bekleiden, worin man ein schlechtes Vorzeichen für den kommenden Feldzug erblickte. – Die Venezianer hatten sich noch weniger an die römischen Vereinbarungen gehalten.

20 Co. di. 4. S. 414.
21 Sereno, S. 134.
22 Alberto Guglielmotti, Marcantonio Colonna alla Battaglia di Lepanto. Florenz 1867. S. 162.

Der Generalkapitän Sebastiano Veniero traf erst am 23. Juli mit 54 ungenügend bemannten Galeeren, darunter 6 sog. Galeassen, in Messina ein,[23] erbittert, weil er die türkischen Verheerungen an der dalmatinischen Küste nicht hatte hindern können. Der andere Teil der venezianischen Flotte, 60 Galeeren unter den Provveditoren Quirini und Canal, ankerten noch vor Candia, wo sie unter sehr ungünstigen Bedingungen überwintert hatten. Bis Mitte August war man in Venedig noch entschlossen, dieses Geschwader vor der Vereinigung mit den Bundesgenossen selbständig gegen die Türken auf Zypern operieren zu lassen, was einem klaren Bruch des Ligastatutes gleichkam und schlecht mit den beständigen Klagen über die nordafrikanischen Sonderwünsche der Spanier zusammenstimmte.[24] Erst am 1. September, eine Woche nach Don Juan, waren die Provveditoren in Messina. Veniero hatte 7 Galeeren an der kalabresischen Küste verloren, später noch einige bei nutzlosen Ausfahrten und vergeblichen Jagden auf Korsaren.

Die Schuld an all diesem Unglück schob man mehr oder weniger offen den saumseligen Spaniern und ihrem leichtsinnigen Oberbefehlshaber zu und verwünschte die Liga. Bei Don Juans Ankunft scheint diese Stimmung rasch gewichen zu sein.[25] Der greise, gallige Veniero hatte sich gewiß oft zurechtgelegt, wie schroff er den spanischen Prinzen bei der ersten Respektlosigkeit abfahren lassen wollte. Colonna hatte schon die Briefe im Kopf, die Klage für Rom, die wehmütige Mitteilung für Madrid, in denen er sich beim Papst und bei König Philipp über das verletzende Auftreten des jungen Admirals beschweren würde. Als nun eines Tages die mustergültig manövrierenden spanischen Galeeren einliefen und Don Juan, noch bevor er an Land ging, die <87> beiden Generäle zu einer kurzen Besprechung an Bord der „Real" bitten ließ, fühlten sie sich wie durch Zauberwirkung

23 Molmenti a.a.O. S. 83.
24 Serrano 1. S. 112.
25 Sereno S. 134.

entwaffnet. Bei van der Hammen[26] hält Don Juan bei dieser Gelegenheit eine Ansprache an die beiden Generäle, „kurz, aber voll militärischen Ernstes". Er spricht darin von seiner großen Jugend und von der Dankbarkeit, die er empfunden habe, als man diesen Umstand bei seiner Ernennung nicht beachtete; er schließt mit der kurzen, würdevoll vorgetragenen Bitte, seine Verspätung zu entschuldigen, die nur rein militärisch-praktische Gründe gehabt habe.

Wenn auch keine Äußerung Colonnas und Venieros über den ersten Eindruck, den sie von Don Juan empfingen, erhalten ist, so darf man doch aus den Ereignissen der nächsten Wochen schließen, daß sie sich zunächst wie verwandelt fühlten – soweit das bei solch stolzen mißtrauischen Edelleuten überhaupt möglich war. Ohne seine jugendliche Lebhaftigkeit zu verbergen, trat Don Juan mit einer ruhigen Sicherheit auf, die glauben ließ, er habe diese hohe Stellung schon seit Jahren inne. Die Bescheidenheit, die seine Jugend und Unerfahrenheit gebot, – er erinnerte immer wieder selbst daran, vielleicht mit einer gewissen Schelmerei, – vereinigte er aufs Natürlichste mit der klaren Bestimmtheit, die seine Stellung und das Ansehen des Staates, den er vertrat, vorschrieben. In seiner Umgebung, in der die Italiener die Spanier, die jungen Freiwilligen die älteren Offiziere von ihm wegzudrängen suchten, herrschte eine betäubende Unruhe, die ihm, anstatt ihn zu ermüden, sehr zu behagen schien. Die Versuchung lag nahe, Veniero und Colonna durch stolze Vorführung dieser seiner Beliebtheit einzuschüchtern. Statt dessen dämpfte Don Juan die allgemeine Betriebsamkeit und Begeisterung, damit nichts seine erste Fühlungnahme mit den Generälen der Verbündeten störe. Die beiden sollten mit dem vollen Gewicht ihrer Personen und der Mächte, für die sie standen, zur Geltung kommen. In der so geschaffenen Stille erwachte in Veniero und Colonna, sie sich selbst entfremdend, eine

26 S. 160.

zuversichtliche Bereitwilligkeit, wie sie sie vielleicht nur [in] ihrer Jugend, vielleicht nie gekannt hatten: ein <88> heiteres Vertrauen in den jungen Prinzen, den sie noch kaum kannten und von dem sie nur Arges erwartet hatten. Natürlich waren dies nur die Empfindungen eines Augenblicks – namentlich Colonna begann gleich in der für ihn charakteristischen Weise zu intrigieren[27]–, aber sie wirkten lange nach und konnten im entscheidenden Augenblick aufgerufen und in ihrer ersten Frische erneuert werden.

Während in den ersten Septembertagen endlich auch die zurückgebliebenen spanischen Einheiten in Messina eintrafen, war Don Juan damit beschäftigt, sich vor dem Beginn der militärischen Beratungen ein eigenes Bild von der Kampfkraft der verschiedenen Geschwader zu verschaffen. Am 29. August hatte er zum ersten Male einige venezianische Galeeren besichtigt.[28] Während sich die spanischen Schiffe, wie er seinem Amtsvorgänger und Freund, Garcia de Toledo, stolz berichtete[29], in ausgezeichneter Verfassung befanden, erweckte der Zustand der venezianischen allgemeine Bedenken. Waffen und Geschütze waren genügend vorhanden, aber es fehlte überall an Matrosen und Soldaten. Um dem abzuhelfen, traf Don Juan eine Maßnahme, die nach allem, was über das zwischen Spaniern und Venezianern herrschende Mißtrauen gesagt wurde, als sehr kühn bezeichnet werden muß: Nach kurzem Widerstand mußte sich Veniero bereit erklären, 4000 Mann zum spanischen Heer gehörige italienische Infanterie an Bord seiner Galeeren zu nehmen![30] Diese Anordnung, deren Wirkung durch die weitgehende Vermischung venezianischer, spanischer und päpstlicher Galeeren in den vier Divisionen der Marsch- und Schlachtordnung erhöht wurde, war von entscheidender Bedeutung für den Verlauf des Lepantofeld-

27 Co. di. 4. S. 422.
28 Co. di. 4. S. 420. A. 1.
29 Colección 3. S. 16.
30 Colección 3. S. 20, 209.

zuges. Sie zeigt, wie Don Juan bestrebt war, seiner Flotte eine eigene, neue Gestalt zu geben, die so sehr verschiedenartigen nationalen Elemente zur gegenseitigen Durchdringung zu zwingen. Der römische Ritter Bartolomeo Sereno, der den Lepantofeldzug mitgemacht und in klassischer <89> Weise beschrieben hat, preist die Klugheit dieser Maßnahmen, besonders der zweiten: Es wurde erreicht, „daß jedes Geschwader nicht aus ein und derselben Art von Galeeren bestand, so daß man viele voneinander verschiedene Glieder gehabt hätte, sondern daß aus der ganzen Flotte ein einziger trefflich zusammenhaftender Leib geformt wurde".[31]

31 S. 156.

2. DER KRIEGSRAT

Don Juan hatte ursprünglich gehofft, die militärischen Beratungen innerhalb weniger Tage zum Abschluß bringen und schon am 9. oder 10. September in See gehen zu können.[1] Er verrechnete sich dabei um nur eine Woche. Die Tatsache, daß die Generäle in so kurzer Zeit miteinander einig wurden, zeigt, daß Don Juan die Beratungen mit großem Geschick vereinfacht und beschleunigt hat. Denn es gab, da das Ligastatut viel zu weit gefaßt war, noch gar keine gemeinsame Grundlage für die strategischen Beschlüsse, keine der drei Offiziersgruppen wußte etwas Genaues über die Absichten der Anderen, Dutzende von verschiedenen Vorschlägen konnten mit völlig gleichem Recht. vertreten werden. Auch der Papst sah den militärischen Beratungen voll Unruhe entgegen. Hauptsächlich um die Stellung Colonnas und der Venezianer zu stärken, hatte er den Bischof Odescalco nach Messina gesandt.[2] Wenn, wie eben zu schildern versucht wur-de, mit Don Juans Erscheinen eine Welle von Zuversicht über das Lager von Messina hinging, so ist dabei besonders merkwürdig, daß es trotz dieser völligen sachlichen Unklarheit geschah.

Wie dachten sich der Papst, König Philipp und die Regierenden Venedigs die Kriegsfahrt der Ligaflotte und wie hatten sie ihre Feldherren instruiert? Daß der Papst den Angriff auf die türkische Seemacht selbst, die Herbeiführung einer wirklichen Schlachtentscheidung wünschte, daß ihm alles Andere als Verrat an der christlichen Sache gelten würde, das

1 Don Juan an Garcia, Messina, 6.9.1571, Colección 3. S. 20.
2 Co. di. 4. S. 422.

wußte in <90> Messina jedermann bis herab zum gemeinen Soldaten und Matrosen. Philipp II. hatte Don Juan in den geheimen Instruktionen vom 26. Juni befohlen, die Fahrt ostwärts zu richten und eine Schlacht zu liefern, aber nur dann, wenn er des Sieges so gut wie sicher sei.[3] Es wird gezeigt werden, daß man in Madrid später der Ansicht war, diese Bedingungen wären bei Eröffnung der Schlacht von Lepanto nicht gegeben gewesen, Don Juan hätte seinen Instruktionen entgegengehandelt und die Flotte tollkühn aufs Spiel gesetzt. Doch ist der Wortlaut an sich sehr unbestimmt und läßt dem Entschluß des Feldherrn weiten Raum. Ferner wurde Don Juan angewiesen, das spanische Fußvolk stets an erster Stelle einzusetzen, weil es sich am besten für den Kampf mit den Türken eigne. Auf eine Kriegsfahrt gegen Tunis, Algier oder Tripolis, an der dem König sehr viel liege, solle Don Juan nur hinwirken, wenn in diesem Jahr kein Vorstoß nach dem Osten unternommen werden könne und auch sonst keine Schädigung der gemeinsamen Sache daraus entstehe. Wenn man sich bei Betrachtung dieser Instruktionen an die zögernde und starre Haltung der spanischen Diplomaten bei den römischen Verhandlungen über die Liga erinnert, zeigt sich, daß König Philipp in den letzten Monaten zu einer viel tieferen und großartigeren Auffassung gelangt war. – Für die Venezianer war nur eine Seeschlacht oder der Entsatz von Famagosta, die Vertreibung der Türken aus Zypern, denkbar. Eine Landung auf der Insel setzte aber Niederlage und Rückzug der Flotte Alis voraus und verschwand daher von der Tagesordnung. Sie glaubten, daß sich die Ligaflotte mit der türkischen messen könne und daß es lange währen würde, bis wieder einmal eine so gewaltige christliche Kriegsmacht zusammen käme.

Der Verzicht der Spanier auf Nordafrika rief freudige Überraschung hervor und erleichterte die Beratungen bedeu-

3 Serrano 1. S. 107.

tend.[4] So stand es von vornherein fest, daß man die Türken auf ihrem eigenen Gebiet angreifen würde. Hier boten sich nun zwei grundverschiedene Möglichkeiten. Man konnte entweder die feindliche Flotte zur Schlacht zwingen oder sich einiger wichtiger <91> Häfen und Festungen an der griechischen Westküste bemächtigen, um dadurch dem belagerten Famagosta mittelbar Luft zu schaffen, den türkischen Galeeren die Adria zu sperren und den Weg nach Italien und ins westliche Mittelmeer zu erschweren. Während die Venezianer den ersten Plan verfochten, entschieden sich die meisten Spanier und Colonna für den zweiten; auch Don Juan, der nicht gleich anfangs in einen Gegensatz zu seinem spanischen Stab geraten wollte, schien auf ihrer Seite zu stehen.[5] Die Meinung dieser Gruppe teilten Alba und Garcia de Toledo, die beide Don Juan ausführliche Denkschriften über die Möglichkeiten des Ligafeldzuges gesandt hatten, freilich ohne Kenntnis der königlichen Instruktionen.

Albas sehr umfassendes Gutachten[6] zeugt von dem warmen persönlichen Interesse des 64jährigen Feldherrn an der Zukunft Don Juans, den nicht selbst begleiten zu können er sehr bedauert. Eine Seeschlacht hält er für ganz unwahrscheinlich; auch sei er ein zu schlechter Seemann, um Don Juan für einen solchen Fall Ratschläge zu erteilen; er könne sich nur eine Unternehmung zu Land vorstellen, und zwar entweder die Belagerung einer türkischen oder den Entsatz einer vom Feinde eingeschlossenen venezianischen oder spanischen Festung. Für diese beiden Fälle gibt er Don Juan eine Fülle taktischer Hinweise, wobei er besonders eine Landung in Nordafrika und die Kriegführung der Mauren im Auge hat. Mit großem Ernste ermahnt er den jungen Admiral, in allen Lagen kühl und selbständig zu urteilen und sich

4 Serrano 1. S. 115 f.

5 Torres y Aguilera, Chronica etc. S. 48. Cabrera de Cordoba, Felipe Segundo, Rey de España. Madrid 1876. Bd. 2. S. 103.

6 Brüssel, 3.5.1571, Colección 3. S. 273.

nicht von den großartigen Worten einer bestimmten Art von Soldaten zu unbesonnenem Angreifen fortreißen zu lassen. „Euer Exzellenz muß sich darüber klar sein, daß die Ersten, mit denen es zu kämpfen gilt, die eigenen Soldaten sind, die zur unrechten Zeit zum Schlagen raten ..." – Viele Soldaten der Lepantoflotte hatten früher unter Alba gedient, von den Führern Santa Fiore und della Corgnia. Sie alle glaubten, man werde die Galeeren nur als Transportmittel benutzen und zu Lande <92> kämpfen, wobei die spanischen tercios wie stets die schwerste Arbeit leisten und den größten Ruhm davontragen würden.

Viel unmittelbareren Anteil nahm Albas Vetter, der Vorgänger Don Juans im Oberbefehl über die Galeeren der spanischen Krone, Garcia de Toledo, an der bevorstehenden Kriegsfahrt. Er sollte ursprünglich als Stellvertreter Don Juans selbst daran teilnehmen, wurde aber durch Krankheit verhindert. Don Juan behandelte ihn mit berückender Liebenswürdigkeit, benachrichtigte ihn in den entscheidenden Monaten fast täglich vom Stand der Dinge bei der Flotte, erbat sich seinen Rat in den kleinsten Einzelheiten und besaß schon damals in dem berühmten Seehelden einen wirklichen Freund. Je mehr sich Don Juan dem Feinde näherte, desto größer wurde die Unruhe und Beklemmung Garcias,[7] den sein Leiden zum Besuch verschiedener italienischer Badeorte zwang; in seinen Briefen verwünscht er es immer wieder, daß er sich nicht selbst an Bord von Don Juans Flaggschiff befinde; so mache er sich Tag und Nacht tausend Gedanken über jeden Mast und jedes Geschütz, ohne einen genauen Begriff von der wirklichen Stärke der Flotte zu haben, um brauchbare Ratschläge geben zu können. „Denn wer an Ort und Stelle ist und schläft, weiß mehr als der Abwesende, der schlaflos. wacht."

Garcia, den noch ein Jahr später große Furcht überkam, wenn er sich überlegte, was in der Schlacht von Lepanto alles

7 Colección 3. S. 12.

aufs Spiel gesetzt wurde,[8] riet dringend davon ab, die feindliche Flotte zum Kampfe zu stellen.[9] Er war von der Überlegenheit der türkischen Flotte überzeugt, nicht nur was die Schiffszahl, sondern auch was die Disziplin und den Kampfwert der Truppen betraf. Wie Alba erinnerte er Don Juan daran, daß ein großer Teil der eingeschifften spanischen Soldaten aus Rekruten, den sog. visonos bestände, die noch nie eine Arkebuse in der Hand gehabt hätten. Der Nerv des spanischen Heeres, 8- bis 9000 Veteranen, befinde sich in Flandern. Eine weitere Schwäche <93> der christlichen Streitmacht sieht er in den verwickelten Befehlsverhältnissen, in der Vielköpfigkeit des Kriegsrates. Nur wenn sie sicher wären, an Schiffszahl bedeutend überlegen zu sein, dürften die Verbündeten die Offensive ergreifen, in jedem Falle solle man die Türken das Gefecht eröffnen lassen.

In den nächsten Wochen scheint Garcia zu einem günstigeren Urteil über die Stärke der Ligaflotte gelangt zu sein und auch das Wichtigste über den Inhalt der Instruktionen Don Juans erfahren zu haben. Aber er rät noch in seinem letzten Brief vom 13. September[10] zu einem rein defensiven Verhalten. Don Juan möge Brindisi zum Stützpunkt der Flotte wählen, denn er brauche bei der vorgeschrittenen Jahreszeit einen sicheren Hafen, von dem er sich nicht allzuweit entfernen dürfe. Er beherrsche von dort aus Cattaro und die albanesische Küste; ein türkischer Landungsversuch könne leicht abgeschlagen werden. Garcia betont schließlich, dies alles gelte nur, wenn man einem Kampf ausweichen müsse; fühle man sich stark genug, um sich auf eine Schlacht einlassen zu können, dann sei jeder Weg möglich und jeder Standort richtig. Aber der berühmte Admiral scheint nie an eine wirkliche Überlegenheit der christlichen Flotte geglaubt und in der Schlacht von

8 Colección 3. S. 102.

9 Garcia an Requesens. Pisa, 1.8.1571. Colección 3. S. 8 f. Der Brief war auch für Don Juan bestimmt.

10 Colección 3. S. 21 ff.

Lepanto immer ein ungeheures Wagnis gesehen zu haben. – Auch er bittet Don Juan, ähnlich wie Alba, ruhiges Blut zu bewahren gegenüber Leuten, die nichts vom Seewesen verständen, und sich von ihrer törichten Kampfeslust nicht anstecken zu lassen; wenn er sie nicht in ihre Schranken wiese, würden sie ihn, wenn er die halbe Türkenflotte genommen hätte, empört fragen, warum denn nicht die ganze; und wenn die ganze, würden sie sich darüber beklagen, daß er nicht Konstantinopel erobert hätte.

Während Don Juan einzelne taktische Ratschläge Garcias aufs Genaueste befolgte, hat er seinen Feldzugsplan völlig unberücksichtigt gelassen. Er scheint sich deshalb nie vor dem Lehrmeister gerechtfertigt zu haben. Die Freundschaft zwischen dem alten Admiral und dem Kaisersohne wurde nicht davon berührt. Für Garcia war Don Juan, der sich mit vollem Bewußtsein über die militärische Erfahrung hinweggesetzt hatte und dafür <94> mit diesem herrlichen Sieg belohnt wurde, jetzt stets ein wenig der Auserwählte, der an der Welt des Wunders teil hat. Don Juan, statt sich durch seinen großen Erfolg zum ausgelernten Strategen gestempelt zu fühlen, fuhr fort, Garcia in jeder Angelegenheit um Rat zu fragen, erlaubte ihm kein ehrfürchtiges Zurücktreten.

Eine ähnliche Vorsicht spricht, um nur noch ein Beispiel zu nennen, aus einem von Soreno[11] wiedergegebenen Gutachten Ascanio della Corgnias, eines alten erfahrenen Militärs; er war der Ansicht, daß sich die Flotte der Verbündeten niemals auf eine Seeschlacht, aber auch auf keine Landungs- und Belagerungsunternehmung in einem türkischen Küstengebiet einlassen könne, und riet wie Garcia dazu, in Brindisi eine rein defensive Haltung einzunehmen und vielleicht mit einem Geschwader von Galeeren mit verstärkter Rudermannschaft, das jedem Kampfe ausweichen konnte, die Flotte Alis zu beunruhigen. Wie die übrigen Spanier, die für Vermeidung

11 S. 138 f.

einer Schlacht waren, – hauptsächlich Requesens und Don Juans Sekretär Juan de Soto, – ihre Meinung im Einzelnen begründeten, läßt sich nicht mit voller Sicherheit feststellen.[12] Eines ihrer Hauptargumente war die Aussicht, daß im Falle einer Niederlage, die sie mit dem Verlust der gesamten Flotte gleichsetzten, Spanien und Italien türkischen Angriffen wehrlos ausgeliefert seien. Sie beriefen sich auch auf den Umstand, daß man noch keinerlei zuverlässige Nachrichten über Standort und Stärke der feindlichen Flotte besitze. Der von Don Juan zur Aufklärung ausgeschickte Generalkapitän Gil d'Andrade kehrte erst am 16. September von Osten zurück, als die Flotte schon in See gegangen war.[13]

Die Vorschläge dieser Gruppe des Kriegsrates brauchen durchaus nicht als kleinmütig und gedankenlos bezeichnet zu werden. Später wird gezeigt werden, daß die Herausforderung des Feindes zur Schlacht in jedem Falle und besonders in dem von Lepanto ein ganz unverhältnismäßig großes Wagnis bedeutete. Sicher hätte ein Landungsversuch der Christen unter <95> den Mauern von Navarino oder Modón die Flotte Alis für dieses Jahr an weiteren Unternehmungen in der Adria gehindert. – Diese Gruppe von Offizieren rechnete ja vor allem damit, daß sich die jetzt zusammengezogene Flottenmacht von nun an jeden Sommer in Messina vereinigen würde; warum sollte man schon jetzt, wo die Jahreszeit so ungünstig und alles noch derartig unerprobt war, eine endgültige Entscheidung suchen?

Doch enthielten diese Vorschläge auch mancherlei Unklarheiten und Gefahrenmöglichkeiten. Es war z. B. die Frage, ob es möglich sein würde, Truppen in Feindesland überwintern zu lassen und ob andererseits eine bloße Zerstörung der eroberten Festung irgendwelchen Nutzen bringen würde. Auch waren die verschiedenen strategischen Möglichkeiten in Wirklichkeit nicht so scharf voneinander getrennt, wie man

12 Serrano 1. S. 118. A. 2.
13 Colección 3. S. 27.

in Messina annahm. So konnte z. B. ein Landungsversuch der Christen ein überraschendes Erscheinen der türkischen Flotte veranlassen; dann hatte man doch die Seeschlacht, nur daß man sie nun, da sich ein großer Teil der Infanterie und Artillerie an Land befinden würde, unter besonders ungünstigen Bedingungen annehmen mußte. Der Feldzug des nächsten Jahres sollte zeigen, wie rasch die verschiedenen Situationen ineinander übergehen konnten.

Die Venezianer erklärten, daß sie sich niemals an einer derartigen Landunternehmung beteiligen würden. Sie sahen darin eine List der Spanier, die auf diese Weise doch noch Kräfte für ihre Nordafrikaunternehmung freimachen oder gegenüber von Apulien ein eigenes Presidio gründen zu können hofften. Der Starrsinn der Venezianer, deren Wünsche er ja im Geheimen schon lange teilte, war Don Juan sehr willkommen Wenn er sich jetzt zu ihrer Auffassung neigte – Colonna schloß sich ihm dabei an –, so wirkte das sowohl seiner spanischen Umgebung als auch den Verbündeten gegenüber ganz anders, als wenn er es gleich anfangs getan hätte. Man wußte, daß er ursprünglich mit der Mehrheit seines spanischen Stabes gegen die Entscheidungsschlacht gewesen war. Seine jetzige Wendung konnte nur als ein dem Prinzip der Liga gebrachtes Opfer aufgefaßt werden, gegen das die Spanier nur mit großer Vorsicht Einspruch erheben konnten, während es die Venezianer zur Dankbarkeit verpflichten <96> mußte. Nun waren die drei Oberbefehlshaber plötzlich wieder einer Meinung, die zahlreichen Gegner der Entscheidungsschlacht mußten erkennen, daß sie auf sehr geschickte Weise ausgeschaltet worden waren.

Die Entscheidung war damit gefallen. Am 16. September schrieb Don Juan von Bord seiner Galeere aus Fossa di S. Giovanni an Garcia de Toledo,[14] man habe, da die Flotte Alis nach den eingegangenen Meldungen (Andrade war

14 Colección 3. S. 27.

eben zurückgekehrt) nur zahlenmäßig, nicht an Qualität der Truppen und Schiffe überlegen sei, und im Vertrauen, daß Gott die Sache der Liga, die ja die seine sei, fördern werde, „beschlossen, die feindlichen Galeeren aufzusuchen, und so werde ich, wenn es Gott gefällt, heute abend die Fahrt nach Corfu antreten und dann dahin steuern, woher der Feind gemeldet wird".

Don Juan konnte die beschriebene Schwenkung nur vollziehen, weil von vornherein einzelne Stimmen aus seiner Umgebung, die zu hören König Philipp ihm besonders eingeschärft hatte, für Herbeiführung einer Seeschlacht sprachen. Darunter scheint die des im allgemeinen so vorsichtigen Gianandrea Doria gewesen zu sein.[15] Er hielt die Galeeren der Verbündeten für unbedingt überlegen. Noch viel entschiedener sprach der Marqués de Santa Cruz, wohl der stärkste und selbständigste Geist im Kriegsrate, von der Notwendigkeit zu kämpfen: Der außerordentliche Charakter der Liga, die „die Welt mit Hoffnungen erfülle, das Meer mit Schiffen bedecke", die entstandenen Kosten, die Lasten, die die Völker auf sich genommen hätten, verpflichteten dazu, eine wirkliche Entscheidung herbeizuführen. Wenn man nur in der altüblichen Weise hinter dem Feind herfahren und ihn durch halbherzige Landungsmanöver lähmen wolle, bliebe man besser ganz zu Hause, anstatt die allgemeine Spannung noch weiter zu mißbrauchen. Noch nie war eine so glänzende Flotte versammelt, seit langer Zeit kein ähnlich umfassendes Bündnis geschlossen worden. Wenn man gerade jetzt dem Zusammenstoß auswiche, wäre die Ehre der christlichen Waffen auf immer dahin, der Stolz der Muselmänner niemals <97> mehr zu brechen. Der Marqués scheint angedeutet zu haben, daß eine ehrenvolle Niederlage, deren Möglichkeit er furchtlos ins Auge faßte, dem bei lauer Kriegführung zu erwartenden Verlust an Ansehen vorzuziehen sei. Er wies darauf hin, daß

15 Serrano 1. S. 116. A. 3.

man im Falle eines türkischen Sieges nicht völlig zu verzweifeln brauche, daß im Rahmen der Liga die Verteidigung rasch und planmäßig mit den flandrischen Regimentern König Philipps als Kern organisiert werden könne.[16]

Santa Cruz sah in ganz anderer Weise als die Venezianer, mit denen er praktisch übereinstimmte, die geschichtliche Bedeutung des Augenblicks, das Ganze des christlich-mohammedanischen Kampfes im Mittelmeer. Seine Stellungnahme vermischt sich in einzelnen zeitgenössischen Berichten mit der Don Juans.[17] Die Beiden scheinen die Einzigen gewesen zu sein, die klar erkannten, daß ein Augenblick wie der gegenwärtige vielleicht in Jahrhunderten nicht wiederkehren würde, daß er von großartiger moralisch-religiöser Bedeutung erfüllt war. Man durfte sie nicht verwirtschaften, indem man, als wäre man ganz unter sich, allein die Vorschriften der militärischen Routine befolgte, die zweifellos für Vermeidung einer Seeschlacht sprachen. Es ging nicht an, das entscheidende Handeln auf die nächsten Jahre zu verschieben, wie es die Gruppe des Kriegsrates tat, die eine Landunternehmung befürwortete. Die Liga war kein wohlgezimmerter Kartentisch, auf dem die Militärs ungestört einen auf viele Jahre berechneten Kriegsplan entwerfen konnten, der für diesmal nur eine kurze Diversion vorsah. Ihr Bestand hing ganz unmittelbar von den militärischen Ereignissen ab, sie lebte nicht aus eigener Kraft. Ein Sieg, in allernächster Zeit, in der kommenden Woche erfochten, aber vielleicht auch die gemeinsame Not einer Niederlage, würden ihr für Jahre Leben einflößen; die von einer ausweichenden und undurchsichtigen Kriegführung hervorgerufene Enttäuschung würde sie rasch auflösen.<98>

16 Fernández-Duro im Boletin de la R. Academia de la historia, Bd. 12. (1888) S. 192, nach Antonio de Fuenmayor, Vida y hechos de Pio V. etc. 1559. Lope de Vega hat in seiner Comedia „La Santa Liga“ die Rede, die Santa Cruz bei Fuenmayor hält, in großartige Verse gebracht. Menendez-Pelayo in Obras de Lope de Vega, Madrid 1901. Bd. 12. S. CXIV.

17 Van der Hammen a.a.O. S. 168 f, Cabrera, Felipe Segundo. 2. S. 103.

Es muß festgehalten werden, daß der Entschluß, alles zu tun, um eine Entscheidungsschlacht herbeizuführen, in Messina gefaßt worden ist,[18] obwohl noch nichts Sicheres über die Stärke und den Standort der feindlichen Flotte bekannt war. Die Gruppe des Kriegsrates, die in Messina zuerst gegen den Kampf gestimmt hatte, bestand allerdings fort und trat während der Fahrt noch öfters hervor. Die ihr angehörenden Generäle glaubten immer wieder, eine völlige Veränderung der Lage feststellen zu müssen; plötzlich schienen ihnen alle Voraussetzungen für den Entschluß zum Kampf, dem sie nur gezwungen beigestimmt hatten, zu fehlen, alle ihre Bedenken neu bekräftigt. Aber die Männer, die von der Notwendigkeit einer großen Entscheidung überzeugt waren, Don Juan, Santa Cruz, Colonna, schienen diese Haltung, die sie in Messina vor der Beschlußfassung voll gewürdigt hatten, nun nicht einmal mehr verstehen zu können. Sie gaben sich den Anschein, als betrachteten sie den in Messina angenommenen Plan als einen völlig unabänderlichen Auftrag, der widerspruchslos vollstreckt werden müsse. Für die, die ihre damals gegebene Zustimmung zurückzunehmen versuchten, hatten sie nur nachsichtige Verwunderung.

Don Juans persönliche Haltung während dieser Beratungen zeugt, soweit sie sich rekonstruieren läßt, von klarem Zielbewußtsein und zugleich von einer fast unheimlichen Geschmeidigkeit. Es kann als sicher gelten, daß er sich das Unternehmen der Liga von Anfang an als eine großartige Entscheidung, bei der alles aufs Spiel gesetzt wurde, vorstellte. Schon lange vor dem Eintreffen in Messina wußte er, daß diese Auffassung den Beifall der Venezianer und der Päpstlichen finden würde, während von dem Stabe, den ihm die königlichen Instruktionen beigeordnet hatten, entschiedener Widerstand zu erwarten war. Seine Hauptaufgabe mußte er darin sehen, diese spanischen Ratgeber langsam für seine

18 Serrano 1, 118, A. 2.

Pläne zu gewinnen oder mindestens Gegensätze unter ihnen hervorzurufen, die seine eigene Stellung stärkten und das Bild für die Madrider Beobachter trübten. Er durfte auf keinen Fall in offenen Gegensatz zu der Gesamtheit des Consejo geraten; damit hätte er seine Instruktionen, die ihm <99> engstes Zusammenwirken mit demselben vorschrieben, überschritten, sich die alten Generäle zu Feinden gemacht und die spanische Position entscheidend geschwächt; die Ratgeber hätten sich gemeinsam in Madrid beklagt mit dem Erfolg, daß ihm sein Oberbefehl noch weiter eingeschränkt oder unter irgendwelchen Vorwänden ganz entzogen worden wäre. Darum ist es wahrscheinlich, daß Don Juan frühzeitig bemüht war, sein eigenes Bild von den kommenden Ereignissen geheimzuhalten; er gab sich den Anschein, mit Requesens und Doria völlig übereinzustimmen, er legte die Stirne in Falten, wenn die Rede auf das ungestüme Drängen der Venezianer, das ihm doch so lieb war, kam. Im Kriegsrat von Messina scheint er in Allem, was den Feldzugsplan betraf, zunächst mit gutgespielter Bescheidenheit ganz hinter den Spaniern verschwunden zu sein. Man mußte annehmen, daß er sich kein eigenes militärisches Urteil zutraute und seine eigene Aufgabe allein darin sah, das der erprobten Feldherren, durch deren Gesellschaft ihn König Philipp ausgezeichnet, zur vollen Geltung kommen zu lassen. Nur in persönlichem Gespräch mit Veniero, Foscarini und Colonna ließ er vielleicht seine eigenen Gedanken durchschimmern.[19]

Gleichzeitig aber verstand es Don Juan, in seinem Umgang mit den „maestres de campo" und den „capitánes", den vielen nicht zum Kriegsrat zugezogenen Offizieren, während seiner kurzen Landaufenthalte, die ihn dem ganzen Heere zeigten, die Gewißheit zu verbreiten, daß eine große entscheidende Unternehmung bevorstehe. Die daraus entstehende Spannung und Ungeduld mußte in zunehmendem Maße auf

19 Sereno S. 143.

den Gang der Beratungen zurückwirken, die Stimmung der Decks und des Hafens immer lauter an die wohlverwahrte Kajütentür pochen, hinter der Stunde um Stunde der Consejo tagte.

Bald bemerkte Don Juan auch, daß die spanische Partei des Kriegsrates gar nicht so einig war, wie es ursprünglich den Anschein hatte. Die Entdeckung, daß ein Mann wie Gianandrea Doria, in dem König Philipp sicher die Hauptstütze des seinen Bruder umgebenden Beschränkungssystems sah, nicht unbedingt gegen die Offensive sprach, ermutigte Don Juan dazu, allmählich <100> mit seinen eigenen Gedanken hervorzutreten. Mit großer Freude hörte er, wie sich Santa Cruz in schärfsten Widerspruch zu der Mehrheit der Spanier setzte. Gewiß versuchte er, sich dem Marqués zu nähern und dessen kühne und großartige Auffassung, in der allein er viele eigene Gedanken wiederfand, zu durchdringen. Die Reden, die besonders die spanischen Erzähler Don Juan im Kriegsrat von Messina und in den darauffolgenden Wochen halten lassen,[20] heben alle ganz in der Weise des Marqués die Einzigartigkeit der gegenwärtigen Lage, die Schwere der religiösen und moralischen Verantwortung hervor. Die Zufriedenheit, die der Papst über Don Juans Verhalten in Messina äußerte,[21] bezeugt, daß der junge Generalissimus die geistige Bedeutung der Liga von Anfang an stark empfunden hat.

Daß Marcantonio Colonna, obwohl er es nicht offen bekannte und sich zunächst der spanischen Mehrheit des Kriegsrates anschloß,[22] durch strikte päpstliche Befehle angewiesen war, nur für den Angriff auf die türkische Flotte zu stimmen, war Don Juan bekannt. Er ließ auch diesen Umstand für sich arbeiten, anscheinend ohne sich dem päpstlichen General ganz zu eröffnen. Colonnas Situation

20 F. de Herrera, Relación de la guerra etc. S. 311. Van der Hammen S. 168 f. Sereno S. 151. Torres y Aguilera a.a.0. S. 48 etc.
21 Co. di. 4. S. 446.
22 Guglielmotti, Colonna S. 177. A. 64, nach F. Caracciolo.

in Messina war durch seine Doppelstellung als päpstlicher Oberbefehlshaber und spanischer Untertan sehr unglücklich und scheint von ihm selbst noch verschlimmert worden zu sein durch übereifrige Bemühungen, sich an jeder Stelle – er wollte auch als Vertrauensmann der Venezianer gelten – gegen die andere zu versichern. Er trug sich zeitweise mit Rücktrittsabsichten.[23] Die spanischen Generäle waren von Anfang an gegen ihn eingenommen; unterstützt durch Briefe Philipps II., die den Römer mit großem Nachdruck an seine Vasallenpflichten gegenüber der spanischen Krone erinnerten, versuchten sie, Colonna einzuschüchtern und ihn zum Anschluß an ihre Meinung zu zwingen. Sie bemühten sich auch, Don Juan gegen ihn in Harnisch zu bringen. Doch der junge Generalissimus widerstand allen Beeinflussungsversuchen und <101> wies Colonna selbst auf die Machenschaften seiner Gegner hin.[24] Er verstand es, die Stellung des empfindlichen und schwermütigen Römers mehr und mehr zu festigen, denn er hatte bald erkannt, daß Colonnas Art auch ihre großen Vorzüge besaß, daß ihm eine verfeinerte Empfänglichkeit eignete, die für das Zusammenwirken im Kriegsrat sehr bedeutungsvoll werden konnte. – Ähnliche Fähigkeiten erkannte und schätzte er an dem Provveditore Agostino Barbarigo, dessen Umgang ihm immer sehr angenehm war. – Bei alledem wußte Don Juan, daß keiner dieser Faktoren so stark für seine eigenen Pläne arbeitete wie der Starrsinn der Venezianer, deren Haltung er schließlich, wie gezeigt wurde, zum Anlaß für seine gut vorbereitete und wohl auch allgemein erwartete Schwenkung, mit der er sich der Mehrheit seines Stabes behend entzog, nahm.

Es zeigt sich schon jetzt, daß das Hauptverdienst Don Juans nicht im Militärischen liegt, sondern in der anmutigen und gleichzeitig zähen und schlauen Weise, in der er die in jeder Richtung auseinandergehenden Meinungen im Ratskollegium zusammenführte. Zu einem großen Teil hat er den

23 Guglielmotti a.a.0. S. 182.

24 Colonna an Niccolò Danèo. 3.9.1571. Guglielmotti S. 181.

Sieg von Lepanto schon in Messina davongetragen. Über die militärische Durchführung der Schlacht, die er hervorrufen wollte, hat er sich in dieser Zeit wenig Sorgen gemacht. Er dachte und plante immer nur bis zu dem Augenblick, in dem er die vollzählige Ligaflotte im Angesicht des Feindes in Schlachtordnung bringen würde. Das Weitere empfahl er der Vorsehung. Man kann es vielleicht so ausdrücken: Don Juan glaubte, dann, wenn es erst einmal so weit wäre, schon ein mächtiges Unterpfand des Sieges, ein starkes Anrecht auf die göttliche Gnade zu haben.

Man kann die für sein Alter sehr merkwürdige Kühle, mit der Don Juan seine glühende Anteilnahme am Gang der Beratungen zunächst verbarg, als sei er selbst willenlos, gleichsam nur ein Herold in schönem Gewand, beauftragt, den Kampf zu ordnen und dann der Partei, die sich als die stärkere erwiesen, voraufzuziehen, – man kann die Vorsicht, mit der er sich erst Einzelnen, dann dem ganzen Rat entdeckte, während er alle Kräfte, die ihm zur Erreichung seines Zieles helfen konnten, aufspürte <102> und zusammenwirken ließ, erst recht würdigen, wenn man sich die Selbstbeherrschung vergegenwärtigt, die dazu nötig war. Denn seine eigentliche Triebkraft war ungestümer jugendlicher Ehrgeiz. Er empfand mit jeder Faser, daß sein Leben jetzt die große Wendung nehmen müsse. Seine bisherige Laufbahn war gekennzeichnet durch den Widerspruch zwischen der Höhe seiner Stellung und dem schmerzlichen Mangel an Selbständigkeit. Dieser Widerspruch kehrte in verschärfter Form wieder, als auf die Ernennung zum Oberbefehlshaber der Liga, die die Blicke der gesamten abendländischen Christenheit auf ihn lenkte, die Juni-Instruktionen folgten, die ihn wie ein Kind auf einer dunklen Treppe gängelten. Jetzt bot sich ihm eine nie wiederkehrende Gelegenheit, diese Zweideutigkeit für immer aus der Welt zu schaffen, sich ein Maß zu geben, das für jeden und jederzeit gelten mußte. Er konnte jetzt zeigen, daß er wirklich der Sohn seines Vaters war, daß sein Wert seiner hohen Stellung entsprach. Das Mißtrauen König Philipps mußte als Hirngespinst, die Instruktionen als kränkende Sinnlosigkeit, die nie mehr wiederholt werden durfte, erscheinen.

Der Wunsch, sich gegenüber seinem Bruder, den er liebte, dem er alles verdankte, dem er aber auch wegen der Juni-Instruktionen tief gram war, zu beweisen, bildet gewiß einen der stärksten Triebkräfte im Handeln des Don Juan d'Austria. Es ist nun sehr merkwürdig, daß der Sieg von Lepanto, in dem sich Don Juan der Welt als heldenhafter Sohn des Kaisers bestätigte, die Zweifel Philipps II. an seinem Bruder trotz aller Bewunderung und Dankbarkeit im Grunde nur verstärkte und die letzte Undeutlichkeit in der Stellung Don Juans durchaus nicht beseitigte. Hätte er in Messina mit der spanischen Mehrheit des Rates für die „guerra defensiva y diversiva" (Cabrera) gestimmt, wäre ihm in den nächsten Jahren wahrscheinlich viel mehr Selbständigkeit eingeräumt worden als in Wirklichkeit geschah.

Don Juan glaubte, die erhoffte endgültige Berichtigung seiner Stellung nur durch einen mächtigen Anfangserfolg erreichen zu können. Die einzigartige Höhe seiner Stellung, der Glanz seines Namens verboten ihm alle Zwischenstufen auf dem Wege zum Ruhm. Eine ergebnislose Kriegsfahrt, ein halber Gewinn <103> bedeuteten einen nie wieder gutzumachenden Verlust an Ansehen, das Ende aller Pläne. Es war ihm klar, daß sich seine Laufbahn grundsätzlich von jeder anderen unterschied. Andere junge Feldherren, auch aus königlichem Geblüt, begannen, wie jetzt Farnese, im Kleinen, im Gefolge eines berühmten Generals, sie riskierten nichts, ihr Name war nicht unlöslich mit dem Ausgang des Feldzugs verbunden.

Manche Nacht mag Don Juan wie im Fieber verbracht haben, schlaflos dem Geräusch der Wellen, den Rufen der Wachen lauschend, nachdem er bis in den späten Abend artig und kühl wie ein Schiedsrichter die Wechselreden der Generäle angehört hatte. Wußten sie, daß sie nicht nur zu entscheiden hatten, ob man die Offensive ergreifen würde oder nicht, ob Brindisi zum Ausgangshafen geeigneter sei als Tarent, sondern auch darüber, ob ihr junger Oberbefehlshaber immer ein von jedem zweiten Hofmann abhängiger, nur zum Schein mit hohen Würden bekleideter Bastardprinz bleiben oder zum freien mächtigen Helfer seines Bruders, zum ersten Mann im spanischen Staate nach dem König aufsteigen würde?

3. DIE SOLDATEN DER LIGAFLOTTE

In den letzten Tagen vor der Ausfahrt der Armada war die Stadt Messina, der alte Kreuzfahrerhafen, der Schauplatz großer kirchlicher Feiern. Der Nuntius Odescalco, Bischof von Penna, hatte besondere derartige Aufträge für Don Juan[1] und wirkte mit dem Generalinquisitor der Flotte, Jerónimo Manrique, zusammen. Die Quellen berichten übereinstimmend, die in Messina eingeschifften Soldaten hätten die Gewohnheiten des Feldlagers abgelegt, es sei ein „bemerkenswerter Wandel der Lebensweise"[2] eingetreten. Der Papst hatte allen, die in dem bevorstehenden Kampfe ihr Leben lassen würden, den in den alten Kreuzfahrerbullen verkündeten Ablaß gewährt.[3] Um <104> seiner teilhaftig zu werden, beichtete und kommunizierte das ganze Heer. Eine große Anzahl von Ordensgeistlichen schiffte sich mit der Flotte ein, vor allem Jesuiten und Capuziner. Strengste Bestimmungen sollten dem wüsten Wesen steuern, das gewöhnlich auf den Galeeren herrschte. Es war verboten, Frauen mit an Bord zu nehmen, was völlig vom üblichen Gebrauche abwich. – Der Lepantofeldzug ist reich an Bildern großartigen kirchlichen Gepränges; am eindrucksvollsten ist vielleicht das, welches sich am Tage der Ausfahrt bot: vom Kopfe der Hafenmole (nach anderen von einer Brigantine aus) segnete der Nuntius die Galeeren, die in vollem Flaggenschmuck einzeln vorüber glitten.

1 Co. di. 4. S. 420. A. 1.
2 Antonio de Herrera, Segunda parte de la historia general del mundo, Valladolid 1606, S. 17.
3 Cabrera a.a.O. 2. S. 102.

Die Gesamtzahl der Truppen, die bei Lepanto fochten, wird 30 000 nicht überschritten haben.[4] Davon standen allein 19 000 Mann, Spanier, Italiener, Deutsche, in spanischem Solde.[5] Den spanischen Bestandteil dieser Streitmacht bildeten vier tercios unter den maestres de camp o Lope de Figueroa, Pedro de Padilla, Diego Enriquez und Miguel de Moncada.[6] Unter den capitánes, den Hauptleuten der Kompagnien, findet sich mancher, der schon seit den Tagen des Kaisers im Felde steht, dessen Namen seit Jahrzehnten immer wieder erklingt in Flandern, Italien und Afrika, manchmal auch in der neuen Welt. Carl Justi beschreibt einmal die spanischen Hauptleute der Zeit des Velasquez – im Wesentlichen hatten sie sich seit Lepanto wohl wenig verändert –: „Diese Kapitäne ..., der Nerv kastilischer Manneszucht, die aus zusammengeworbenem Gesindel die eisernen Phalangen ihrer Infanterie schmiedeten. Männer von hartem Stoff, unverwüstlicher Laune, empfindlichem „pundonor", pflichttreu, frugal, grausam, fatalistisch, die oft, nachdem sie ihre guten Jahre, Kräfte und Habe dem Dienst des Königs geopfert (vielleicht wie jener D. Annibal Chinchilla ein Auge in Neapel, einen Arm in der Lombardei, ein Bein in Holland zurücklassend), <105> nie bezahlt worden waren, endlich heimkehrten, um bei geschlossenen Türen mit Knoblauch und Zwiebeln Tafel zu halten, und von Zeit zu Zeit im Vorzimmer des secretario de guerra zu erscheinen, ein schreckhafter Anblick durch Narben, Alter, Hunger und grimmige Mienen."

Schon seit den Tagen des Moriskenkrieges war Don Juan, „die Seele von Spaniens Ehre, die Sonne des Heeres, der Lorbeer des Hauses Österreich, der große Schützer des Glaubens, das Meer unserer Hoffnungen", wie ihn der berühmte Oberst Mondragon in Lope de Vegas Comedia „Don Juan

---

4 Rosell a.a.O. S. 82. Serrano 1. S. 120.
5 Colección 3. S. 203-10.
6 Ein guter Überblick über Aufbau und Bewaffnung der spanischen Armee bei v. d.Essen, A.Farnèse, Bd. 2, S. 7 ff; vgl. auch die dort verzeichnete Literatur.

de Austria en Flandes" nennt, der Liebling jener Männer. Seine Existenz bürgte ihnen dafür, daß der kriegerische Geist der Kaiserzeit nicht tot sei und daß sie vor Armut und Vergessenheit bewahrt bleiben würden. Der mit Empfehlungsschreiben Don Juans versehene stolze und arme Hauptmann wurde auch wirklich seit dem Moriskenkrieg zu einer stehenden Erscheinung der Madrider Vorzimmer. Don Juan entschuldigt sich einmal selbst deswegen bei seinem Bruder.[7] Aber diese Empfehlungsschreiben scheinen in Madrid nicht sehr hoch im Kurs gestanden zu sein, Philipp hatte, wie Don Juan sich einmal ausdrückt, für die meisten derartigen Ansprüche nur ein „noli me tangere".[8] Die rettungslose Armut dieser Kriegsleute, für die er selbst so gut wie nichts tun konnte, während man, wie es ihm schien, es in Madrid nicht wollte, hat Don Juan sein ganzes Leben hindurch schwer bedrückt; aber dieselbe Armut bedrohte ihn ja fortwährend selber, sie leerte die Arsenale, die Ruderbänke der Galeeren, hemmte den Bau der Festung von Tunis und den Vormarsch in Flandern. „70 Pferde, darunter nur wenig gute; 36 Lasttiere; die allerärmsten Diener, die man sich denken kann ... und deren Mehrzahl ihr Herr den Lohn für zwei Jahre schuldet", so schilderte man dem Staatssekretär Perez das, was nach Don Juans Tod von seinem Hofstaat übrig blieb.[9] Man hat von der schlechten und säumigen Bezahlung der spanischen Truppen unter Philipp II. den Verfall des spanischen Heeres datiert.[10] Doch darf bei alledem nicht vergessen <106> werden, daß der große spanische Staatsbankerott von 1575 nahe bevorstand.

In den Wochen des Lepantofeldzuges schloß sich diese militärische Anhängerschaft Don Juans endgültig zusammen; durch die Größe des gemeinsam erfochtenen Sieges und die Freundschaft des jungen Generalissimus fühlte sie sich für

7 Colección 28. S. 103.
8 Colección 28. S. 178.
9 Rodriguez-Villa a.a.O. S. 524.
10 Merriman S. 476.

immer aus dem Ganzen der Monarchie herausgehoben. In Madrid hat man später zeitweise eine ernste Gefahr für den spanischen Staat erblickt in diesen „Bünden und Vereinen dort drüben" (wie sich Perez einmal Philipp II. gegenüber ausdrückt)[11], in denen sich arme Hauptleute mit hochbegabten Sekretären und einigen reichen und mächtigen Angehörigen des spanischen und italienischen Hofadels zusammenfanden. In den nächsten Jahren, vor allem seit dem Wiederausbruch des Krieges in Flandern, wird Don Juan oft vorgeworfen, daß er die Kriegsleute, besonders die schon unter seinem kaiserlichen Vater bewährten, einseitig bevorzugt habe. Er hat auch in den letzten Jahren öfters selbst geschrieben, daß er sich nur als Soldat fühle und allein als solcher gelten wolle; aber dies geschah, nachdem er endgültig am Hofe und an seinem königlichen Bruder verzweifelt und sein ganzes Leben in eine ausweglose Enge geraten war. In den Zeiten von Lepanto lag ihm eine derartige selbstgewollte Einschränkung seines Lebenskreises noch ganz fern, mag ihn die Zuneigung der alten Hauptleute auch mit Stolz und Dankbarkeit erfüllt haben. Schon seine Bemühungen, sich die Freundschaft Ebolis, des Hauptes der Friedenspartei, zu bewahren, zeugen dafür, daß er erkannte, wie gefährlich ihm eine soldatische Absonderung vom Ganzen des spanischen Staates werden konnte.

Ursprünglich war es ja gerade König Philipp und der Madrider Hof, die Don Juan und das spanische Heer zusammenbringen wollten. (Vielleicht hat hierbei auch der Wunsch, ein Gegengewicht gegen Alba zu schaffen, eine gewisse Rolle gespielt.) Philipp II. fühlte, daß er außerhalb der Tradition der kaiserlichen Kriege stand; sie sollte an der Gestalt Don Juans neuen Halt finden und dadurch der Monarchie erhalten bleiben. Deshalb bahnte er den Briefwechsel Don Juans mit Alba und <107> Garcia de Toledo an. Er ließ auch bis ins einzelne gehende Vorschriften ausarbeiten, die unter bestän-

11 16.6.1576, Rodriguez-Villa S. 411.

diger Berufung auf das Beispiel des Kaisers lehrten, wie Don Juan sich im Umgang mit dem gemeinen Soldaten verhalten müsse, um sein Vertrauen zu erwerben.[12]

Ein großer Teil der spanischen Truppen der Lepantoflotte kam unmittelbar aus den Alpujarras, gefürchtet und verabscheut wegen der im Moriskenkrieg begangenen Ausschreitungen. Noch 1576 konstatiert ein venezianischer Gesandter, daß die alte spanische Heeresdisziplin bei den Plünderungen und in den Lagern jenes Krieges schweren Schaden gelitten habe.[13] Gerade die Hauptleute hatten sich als die schlimmsten Räuber, als die trotzigsten Verächter der militärischen Zucht gezeigt. Besonders nach dem schimpflichen Rückzug bei Séron scheint die Verwahrlosung des Heeres Don Juan in einen Zustand tiefster Niedergeschlagenheit versetzt zu haben. Vergebens suchte er sich den Seelenzustand eines verzweifelten wilden Söldners vorzustellen. Alle die Neuordnungen, berichtete er dem König[14], die er im Laufe des Feldzuges vorgenommen, seien gänzlich fruchtlos, Galgen und Galeere schüfen keine Abhilfe. Die Soldaten nähmen die Strafe hin wie gar nichts, für die Ehre rührten sie keinen Finger, der Raub schiene ihr einziger Lebenszweck. Das alles zeuge von einer entsetzlichen Gewissenlosigkeit und Stumpfheit der Seele. Wenn man Don Juan in seinem Verhältnis zu den spanischen Lepantokämpfern betrachtet, muß man sich vergegenwärtigen, daß ihn trotz allen freundschaftlichen Mitgefühls, das auch aus dieser von prinzlicher Entrüstung und richterlicher Härte gleich freien Klage spricht, immer wieder vor der Wildheit dieser Menschen schauderte.

Viele Kompagnien der tercios, die im Moriskenkrieg gedient hatten, waren neu aufgestellt oder mit neuen Mannschaften aufgefüllt worden. Nach Albas Schätzung

12 Z. B. Colección 28. S. 65-68. (1570).
13 V. d. Essen a.a.O. 2. S. 13.
14 Don Juan an Philipp. Tijola 12.3.1570. Colección 28. S. 81. Havemann, Don Juan d'Austria. S. 109.

bestand weit über die Hälfte der in Messina versammelten spanischen Truppen aus <108> Rekruten. Die von der langen Seefahrt erschöpften, ausgehungerten, abgerissenen jungen spanischen Soldaten bildeten eine stehende Erscheinung des spanisch-italienischen Zusammenlebens.[15] Von brennender Erwartung erfüllt, mit dem Stolz eines Granden und dem Degen als einzigem Eigentum erregte der junge Abenteurer, der fahrende „picaro", der von der Universität entlaufene Student, der vor den alguaciles seines Heimatortes geflüchtete Missetäter, aber auch der arme Hidalgo, der Dienste als einfacher Soldat genommen, den Schrecken der Quartierwirte, die ängstliche Neugierde der Bürgermädchen. Berauscht vom Zauber des italienischen Lebens, das auf alle Spanier eine mächtige Anziehungskraft ausübte, keinen einzigen scudo in der Tasche, wünschte er so rasch wie möglich ins Feld geführt zu werden, um Beute zu machen und sich dann all die Genüsse, die sich hier vor ihm ausbreiteten, verschaffen zu können. Die Händel und Liebesgeschichten dieser jungen Soldaten, Entführungen, Kämpfe mit den Häschern, nehmen einen großen Platz im Briefwechsel Don Juans und seiner Offiziere, in den Konflikten zwischen der Gerichtsbarkeit des Flottenkommandanten und des Vizekönigs ein.[16]

Niemand in Messina verstand die Stimmung dieser jungen Söldner besser als Don Juan, denn seine eigene Grundempfindung war ja ganz ähnlich. Er darbte am vollen Tisch genau so wie sie bei ihren Brotkrusten, er fühlte sich ebenso arm trotz seiner zahlreichen Dienerschaft. Die jungen Soldaten, arm und ohne Freunde wie sie waren, konnten die Herrlichkeiten des neuen Landes vorerst nur ohnmächtig bewundern. Etwas davon besitzen, so leben, wie man hier zu Lande leben mußte, würden sie nur, wenn sie Ruhm, Beute,

15 Benedetto Croce, La Spagna nella vita Italiana. S. 223 f.

16 Vgl. auch den Bericht solch eines jungen Soldaten der Armada Don Juans: B. Croce, Scene della vita di soldati Spagnuoli a Napoli, in: Studi di storia Napoletana in onore di M. Schipa. Napoli 1926. S. 385 ff.

einen militärischen Rang, die Freundschaft eines Vorgesetzten gewonnen hatten. Erst dann würden sie sich gemächlich in den Straßen von Neapel zeigen, in neuen Kleidern aus erbeuteten orientalischen Stoffen, gefolgt von einem Sklaven, den sie auf einer sinkenden türkischen Galeere <109> gefangen nahmen, mit dem Recht, sich bei zwei Generälen jeden Tag zum Essen einstellen zu dürfen. Ebenso wußte Don Juan, daß ihn nur eine ruhmwürdige eigene Leistung in Stand setzen würde, seine hohe Stellung wirklich auszufüllen und das selbständige und großartige Leben zu führen, das er sich leidenschaftlich wünschte. Beide, der Kaisersohn und der junge unbekannte Abenteurer, sehnten eine große Gelegenheit herbei und fürchteten alles, was nach Diversion oder Defensive klang; in den älteren Generälen, die im Gegensatz zu ihnen wenig zu gewinnen und viel zu verlieren hatten, mußten sie ihre ärgsten Feinde sehen.

Unter diesen jungen spanischen Soldaten, die sich auf den Galeeren Don Juans einschifften, hat einer den Ruhm des jugendlichen Oberbefehlshabers weit übertroffen. Auf der Galeere „La Marquésa" hat der junge Cervantes bei Lepanto mitgefochten.[17] Am Tag der Schlacht war er krank und wurde von seinem Hauptmann aufgefordert, sich unter Deck zu begeben und nicht am Kampfe teilzunehmen. Statt diesen Rat zu befolgen, übernahm er mit 12 Mann die Verteidigung des Bootes, eine der gefährlichsten Stellen auf dem ganzen Schiff. Er erhielt zwei Schüsse gegen die Brust und einen in die linke Hand, der sie für immer unbrauchbar machte. 44 Jahre später schrieb er im zweiten Teil des Don Quijote, daß ihm seine Teilnahme an dieser Schlacht, die ihm als der schönste Tag des Jahrhunderts galt, mehr wert sei als die Möglichkeit, nicht mit dabei gewesen und der Verwundung entgangen zu sein. Er hat sich selbst im Augenblick des Sieges

17 Enciclopedia universal ilustrada. Bd. 12. S. 1363 ff. Die Schrift von Bonsor, Don Juan d'Austria y Cervantes, war mir leider nicht zugänglich.

geschildert[18], wie er, zwischen zwei Schmerzohnmachten, mit blutender Brust und zerschmettert herabhängender Linken die christlichen Siegesfanfaren hervorbrechen hörte, während ihn ein Gefühl tiefen Glückes durchdrang. Seine Comedia „Seeschlacht", die Lepanto zum Gegenstand hatte, ist verloren gegangen. Don Juan zeichnete Cervantes nach der Schlacht aus und billigte ihm eine Solderhöhung zu. Schon im März 1572 <110> war dieser wieder in Messina und machte die unglückliche Kriegsfahrt an der Westküste Moreas mit. Im nächsten Jahr segelte er mit Don Juan nach La Goletta und nahm am Marsch nach Tunis teil. Die Winter verbrachte er in Neapel, las die italienischen Novellen, bewunderte Tansillo und Tasso, der an der "Gerusalemme liberata" schrieb. Im Jahre 1575 wollte er nach Spanien zurück, Don Juan und der Herzog von Sessa gaben ihm Empfehlungen an König Philipp mit, die ihm bei seiner Bitte um den Hauptmannsrang und um eine Kompagnie unterstützen sollten. Vor Marseille wurde die Galeere, auf der er sich zur Überfahrt eingeschifft hatte, nach hartem Kampf von einem Barbareskenschiff gekapert, Cervantes kam als Gefangener eines albanesischen Renegaten nach Algier. Jetzt wurden ihm die Briefe, die er bei sich führte, die bekannten, in einem etwas überschwenglichen Ton gehaltenen Empfehlungsschreiben, die Don Juan seinen Kameraden so gerne mitgab, zum Verhängnis. Der Algerier glaubte daraus zu ersehen, daß sein Gefangener einen hohen Rang in der spanischen Armee bekleide und daß er für ihn ein besonders hohes Lösegeld verlangen könne. Es hat fünf Jahre gedauert, bis der Orden der Trinitarier und die Familie Cervantes diese Summen zusammenbrachten.

Don Juan scheint Cervantes vor allem als tüchtigen Soldaten geschätzt zu haben, und Cervantes wollte damals nichts anderes sein. Es war dem jungen Feldherrn bekannt,

18 Obras de M. d. C. Madrid 1863. Bd. 4. S. 449. Epístola al secretario Mateo Vasquez. 1577.

daß mancher der gemeinen Soldaten auf seinen Galeeren den Plutarch oder den Cäsar bei sich führte und genau so gut ein Sonett zu verfassen wie seinen Degen zu führen verstand.[19] Don Juan selbst, der höheren klassischen Bildung nicht sehr geneigt, dichtete mit großer Leichtigkeit[20] und las viel, mit Vorliebe Ritterromane und Liebesgedichte.[21] „Las armas y las letras", das Waffenhandwerk und die Bildung, zwischen denen das Zeitalter wählen zu <111> müssen glaubte, und deren Streit um den Vorrang oft beschrieben wurde[22], fanden sich auf der Ligaflotte und im Kreise Don Juans aufs Natürlichste zusammen. Noch andere spanische Soldaten, die bei Lepanto mit dabei waren, wurden später als Dichter bekannt[23], so der Codobese Juan Rufo, Cervantes' späterer Freund. Rufo war schon zur Zeit von Don Juans erstem Flottenkommando mit dem jungen Admiral bekannt und zu dessen Chronisten ernannt worden.[24] Er begleitete Don Juan im Moriskenkrieg und auf dem Lepantofeldzug und schrieb in dessen Auftrag, aus der eigenen Erinnerung und auf Grund von Berichten, die ihm Don Juan übermittelte, sein Epos „La Austriada", das das Leben Don Juans zum Gegenstand hat. Der erste Teil, der Don Juans Jugend, den Moriskenkrieg und die Schlacht bei Lepanto behandelte, erschien 1584 in Madrid, erlebte in den nächsten Jahren noch ein paar Auflagen und geriet rasch in Vergessenheit; der angekündigte zweite Teil ist nie gedruckt, wohl auch nie geschrieben worden. Nach dem Tode Don Juans, seines einzigen Wohltäters, geriet Rufo in tiefste Armut.

19 Vgl. z. B. die auch als Quelle wichtigen „Memorias del cautivo en la Goleta de Túnez", Publicadas por la sociedad de bibliófilos españoles, Madrid 1875, die solch einen dichtenden Soldaten zeigen.
20 V. d. Essen 1. S. 65 f.
21 Fausto Nicolini, Aspetti della vita italo-spagnuola nel Cinque- e Seicento. Neapel 1934. S. 103.
22 Americo Castro, El pensamiento de Cervantes. Madrid 1925. S. 214 f.
23 James Fitzmaurice-Kelly, Gesch. der spanischen Literatur. Deutsch von E. Viecher. Heidelberg 1925.
24 Rodriguez-Villa-Porreño S. 29.

Die „Austriada"[25], allgemein als leerer Schwulst verurteilt, ist doch das Werk eines echten Dichters. Sie enthält manch großartiges Bild, für die Weise von Don Juans Wirken werden die schönsten Gleichnisse gefunden. Don Juan bewies einen sicheren Blick und einen besonderen Geschmack, als er sich unter den vielen Poeten, die ihm ihre Dienste angeboten haben mögen, gerade mit Rufo, dem landfahrenden Spieler und verkrachten Studenten, so eng verband.

Don Juans Stellung in der geistigen Geschichte seiner Zeit müßte einmal Gegenstand einer besonderen Untersuchung werden. Wenn auch seine Gestalt eine mächtige Anziehungskraft auf die Dichtung seines Zeitalters, vor allem auf die spanische Dramatik[26] <112> ausgeübt hat, und sein Leben vor den Augen Cervantes' und Tassos verlief, hat er, wie uns scheint, keinen Dichter gefunden. Die italienische und spanische Spätrenaissance machte sich zu viel Gedanken über den vollkommenen Edelmann und Helden, um ihn in der Wirklichkeit erkennen zu können. Epos und Tragödie der Gegenreformation waren nicht imstande, die geschichtliche Tatsache mit dem Bild des idealen Tugendhelden, um das sie sich bemühten, zu vereinigen.[27] Neben dem unwirklichen Helden Tassos gab es fast nur noch den „picaro" der realistischen Erzählungskunst. Will man etwas vom eigentlichen Leben Don Juans in der Dichtung wiederfinden, muß man sich an die jungen Adligen und Prinzen Shakespeares erinnern. Ohne allen Zwang findet man dort den Klang der vertrauten Briefe Don Juans wieder, besonders, wenn von der Freundschaft die Rede ist. In „König Heinrich IV."[28] wird einmal geschildert, wie der tote Percy das Vorbild der jungen englischen Ritter war, die ihn in Sprache, Gang, in der ganzen Lebensart, in Ge-

25 Hrsg. von Cayetano Rosell, in der Biblioteca de Autores Españoles,. Bd. 29. Madrid 1854.

26 Aufzählung bei E. Gossaert, Les Espagnols en Flandre, Histoire et poésie. Brüssel 1914. S. 31 ff.

27 G. Toffanin, Il Cinquecento. Rom 1929. S. 496.

28 II. 2. Akt, 3. Scene.

schmack und Laune nachahmten: die Stelle scheint förmlich im Hinblick auf Don Juan d'Austria geschrieben.

Es zeigt sich, daß das Leben Don Juans an einer Stelle außerhalb der romanischen Gegenreformation verlief oder zumindest von ihr nicht erkannt wurde. Andererseits gewinnt durch den Hinweis auf Shakespeare der spanische Plan, Don Juan als Gemahl Maria Stuarts England für den Katholizismus zurückerobern zu lassen, eine neue Bedeutung. Vielleicht war Don Juan wirklich der einzige, dem dies hätte glücken können, weil die Engländer an ihm eigene Züge wiedererkennen mochten, weil er an geistige Bezirke rührte, die noch nicht von der religiösen und nationalen Spaltung ergriffen worden waren. Eine gründliche Untersuchung dieser Zusammenhänge dürfte auch die deutsche Herkunft Don Juans nicht unbeachtet lassen.

Die italienischen Truppen im spanischen Sold, 5200 Mann unter dem General Graf Mario Sforza von Santa Fiore, gehörten <113> dem Coronelias (italienische Bezeichnung für tercio) der Obersten Sigismondo Gonzaga, Vicenzo Tutavila, Paolo Forza Marchese von Proceno, dem jüngeren Bruder Santa Fiores, und dem neapolitanischen tercio Tiberio Brancaccios, von dem noch mehrere Kompanien in Apulien auf die Einschiffung warteten, an. Fast die Hälfte dieser Truppen war auf den venezianischen Galeeren verteilt. Die Tapferkeit der italienischen Soldaten wurde damals der spanischen fast gleichgestellt. Gerade die Feldzüge Don Juans, besonders der Heldenkampf der Besatzungen von Tunis und La Goletta im Jahre 1574, zeigen das militärische Zusammenwirken der beiden Völker in vollkommenster Ausbildung. – Endlich schifften sich unter den Obersten Graf Alberich Lodron und Vinciguerra de Arcos fast fünftausend deutsche Söldner auf den spanischen Galeeren ein. Ihre Lebens- und Kampfesart wird von den Romanen stark bemängelt: „Die Deutschen, kalt, träge und völlig ungeeignet für die Seefahrt", sagt Sereno[29] in seiner gedrungenen Ausdrucksweise. Im Kampfe seien sie Schafen, die sich ohne Widerstand hinschlachten lassen, ähnlicher als wirklichen Soldaten. Immer wieder wird festgestellt, daß ihnen der Aufenthalt auf den Galeeren schlecht bekomme.[30] Aber man glaubte, sie nicht entbehren zu können. Alba schrieb Don Juan, daß im Gegensatz zu den anderen Völkern jeder Deutsche, auch wenn er zum ersten Male Kriegsdienste genommen habe, für einen alten Soldaten gelten könne. –

Zwei weitere italienische Coronelias unter Prospero Colonna und Pompeo da Castello standen in venezianischem Solde. Die Gesamtzahl der venezianischen Krieger betrug 8000. Die Spanier erwarteten anfangs keine großen Waffentaten von ihnen, mußten aber nach der Schlacht von Lepanto bekennen, daß die Bravour, mit der sich die Venezianer geschlagen, ihr Staunen erregt habe.[31] In Messina hatte die fast verzweiflungsvolle Kampfesbereitschaft des sonst so friedliebenden Volkes auf alle unheimlich gewirkt. Sie steigerte sich noch gewaltig, als wenige Tage vor der Schlacht der Fall von Famagosta und der <114>entsetzliche Tod des venezianischen Kommandanten auf der Armada bekannt wurden. „Die Venezianer suchen den Kampf mehr aus Verlangen nach dem Tode, den sie im Herzen und auf dem Antlitz geschrieben tragen, als aus Hoffnung auf den Sieg."[32] Dazu kamen noch 2000 Mann päpstliche Truppen unter dem General Onorato Caetani und Pompeo Colonna, dem Stellvertreter Marcantonios. Bei ihnen befanden sich zwei Nepoten des Papstes, der aus Rom verbannte Paolo Ghisleri[33], der ehemalige Kommandant der päpstlichen Garde und Gouverneur des Borgo, und der junge Michele Bonelli, den Don Juan stets besonders auszeichnete.

29 S. 145.
30 Rosell S. 226. Colección 3. S. 24.
31 Molmenti S. 127. A. 1.
32 Sereno S. 144.
33 Pastor 8. S. 63.

Neben den Söldnern standen über 2000 Freiwillige, fast alle von Adel, die, zum Teil mit zahlreicher wohlbewaffneter Dienerschaft, den Feldzug auf eigene Kosten mitmachten.[34] Sie schlossen sich an die einzelnen Generäle und hohen Offiziere an. Wohl selten hat sich der Adel eines großen Kulturraumes vollzähliger zu einer großen Kriegsunternehmung eingefunden. Fast jedes der großen spanischen und italienischen Geschlechter hatte einen Vertreter auf die Flotte entsandt. Die Schlacht von Lepanto gewinnt dadurch einen stark mittelalterlichen Charakter und erscheint als einer der letzten Glanztage der alten feudalen Gesellschaft. – Unter den spanischen aventureros befanden sich fast alle Edelleute aus dem Hofstaat Don Juans. Die Dienerschaft und die zu gleichen Teilen aus Spaniern und Deutschen bestehende Leibgarde dazugerechnet, zählte das Gefolge Don Juans über dreihundert Mann. Viele der spanischen Adligen gehörten einem Ritterorden an. Die Malteserritter, die im Seekrieg gegen die Türken eine der Hauptaufgaben ihres Ordens sahen, hatten drei Galeeren bemannt.[35] An ihrer Spitze stand Piero Giustiniani, der Prior von Messina. Der gewaltige Zulauf italienischer Adliger auch aus den von Spanien nicht beherrschten Gebieten zeugt von dem großen Ansehen, das die spanischen Waffen und der junge Kaisersohn genossen. Vor der nationalen <115> Einigung hat es wohl kaum einen Augenblick gegeben, in dem Italien in solch hohem Maße eine politisch-militärische Realität war.[36] Alle die mit der italienischen Renaissancekultur so innig verknüpften großen Adelsnamen werden laut, von Savoyen und Piemont – der Herzog Emanuele Filiberto hatte drei Galeeren geschickt – bis Sizilien.[37] Die Stadt Genua hatte außer den von Spanien gemieteten Galeeren einheimischer Privatleute noch drei

34 Colección 3. S. 210 ff. F. de Herrera a.a.O. S. 318 ff.

35 Jurien de la Gravière, La guerre de Chypre etc. Bd. 2. S. 3. A. 1.

36 Pastor 8. S. 590.

37 Giuseppe Arenaprimo de Montechiaro, La Sicilia nella battaglia di Lepanto. Pisa 1886.

eigene unter Ettore Spinola ausgerüstet, florentinische Edle nahmen als Angehörige des neugegründeten Stefansordens teil. Von römischen Familien waren die Colonna, Orsini, die Frangipani, Massimo, Savelli, Oddi usw. vertreten[38], von neapolitanischen die Carafa, Brancaccio, Caracciolo usw.[39] – Um das Bild der in Messina versammelten Streitmacht zu vervollständigen, muß man sich noch die Tausende von Matrosen, die von den Truppeneinheiten ganz unabhängig waren und viel geringer geachtet wurden, und die kettentragenden Rudermannschaften, Sträflinge und Sklaven denken.[40]

---

38 Tomasetti, I Romani a Lepanto. Bergamo 1904. Cosmos illustrato Bd. II. S. 78 f.

39 Luigi Conforti, I Napoletani a Lepanto. Neapel 1886.

40 Auch ein Galeerensträfling hat den Lepantofeldzug geschildert: Le memorie di un uomo da remo. Ed. A. Vecchi, in Rivista Marittima Bd. X u. XI. 1884.

4. DIE FAHRT NACH OSTEN

Im Laufe des 15. und 16. September ging die Flotte in See. Schon auf der Fahrt entlang der Südküste Calabriens wurde die in Messina ausgearbeitete Marschordnung eingenommen; später wurde auch die Entwicklung in die Schlachtordnung öfters geübt. Diese Ordnung enthält keine grundsätzlich neuen Gedanken, ist aber anscheinend noch nie derartig bis in die letzte Einzelheit hinein durchdacht werden. Sie wird von den verschiedenen Quellen fast übereinstimmend wiedergegeben.[1] Die Vorhut, <116> 8 schnellsegelnde Galeeren unter Cardona hatte sich tagsüber nicht mehr als 20 Seemeilen von dem Gros der Flotte zu halten. Die Masse der Flotte selbst war in drei Geschwader geteilt, die durch Wimpel von verschiedener Farbe gekennzeichnet wurden. Das erste, 53 Galeeren unter Doria, war zum rechten Flügel der Schlachtordnung bestimmt. Dahinter segelte das aus 64 Galeeren bestehende Zentrum, bei dem sich die Flaggschiffe Don Juans, Colonnas und Venieros befanden. Ihm folgte, wieder etwas schwächer, der linke Flügel unter Barbarigo. Die Nachhut bestand aus 30 Galeeren unter Santa Cruz, die in der Schlacht nach dem Ermessen des Marqués als Reserve an den bedrohten Stellen eingesetzt werden sollte. – Bei jedem der drei Geschwader wurden zwei schwerfällige, reich bestückte Galeassen mitgeschleppt, die in der Schlacht eine besondere Verwendung finden sollten und auf die man große Hoffnungen setzte. Sie wurden wie die Galeeren durch Ruder fortbewegt, hatten aber durch ihre größere Bordhöhe und die Größe

1 Rosell S. 195; Jur. d. 1. Gravière a.a.O. 2. S. 52 ff.

ihrer Castelle viel vom Segelschiff. Die Ruderbänke waren im Gegensatz zu den Galeeren ganz überdacht, so daß mehr Platz für die Segelmanöver vorhanden war und die Artillerie – die Galeere kannte nur Heck- und Buggeschütze – gleichmäßiger verteilt werden konnte.[2] Diese sechs Galeassen sollten weit vor der Schlachtfront Aufstellung nehmen und die Linie des gewöhnlich in geschlossener Halbmondform angreifenden Gegners durch ihr Feuer unterbrechen. Endlich gehörte noch ein Geschwader schwerer mit Munition und Proviant befrachteter Segelschiffe zur Armada, das die Fahrt für sich zurücklegen sollte; es verspätete sich und nahm an der Schlacht bei Lepanto nicht teil. Den Verkehr zwischen den einzelnen Geschwadern besorgten Schnellruderboote, von denen aus auch die Schlachtauftstellung der Galeeren geleitet werden sollte. Der Abstand zwischen den einzelnen Schiffen und den Geschwadern als den drei Treffen der Schlachtordnung war genau festgelegt. Jedem Kapitän wurde eine Instruktion ausgehändigt, die eine Erklärung des ganzen Schemas und eine Zusammenfassung <117> aller damit verbundenen Vorschriften enthielt.[3] Don Juan wachte mit außerordentlicher Strenge über ihre genaue Beobachtung.

Die Gliederung der Armada in drei Geschwader war Don Juan von Garcia de Toledo geraten worden, der sie von Barbarossa in dem Gefecht von La Prevesa mit großem Erfolg angewandt gesehen hatte.[4] Auch sonst ging manche Anordnung auf Garcia, den Vorgänger Don Juans im Oberbefehl über die spanischen Galeeren, zurück. Die meisten spanischen Erzähler schreiben indessen Doria das Hauptverdienst an der Ausarbeitung der Marsch- und Schlachtordnung zu.[5] Zwischen ihm und Colonna sollen Meinungsverschiedenheiten über die

2 Eduard v. Normann-Friedenfels, Don Juan d'Austria als Admiral der heiligen Liga und die Schlacht bei Lepanto. Pola 1902. S. 18. Enciclopedia Italiana Bd. XXIV. S. 347.

3 Torres y Aguilera S. 54.

4 Collección 3. S. 13.

5 A. de Herrera, Historia general del mundo. S. 19. V. d. Hammen S. 171.

Verwendung der Galeassen bestanden haben. Die Verstärkung der Schlachtordnung durch diese schwimmenden Forts und die Aufstellung einer starken Reserve unter dem tüchtigsten Führer im Stabe Don Juans ist wohl das Bemerkenswerteste in diesem sonst sehr starren Plan.

Schon allein die Fahrt einer so zahlreichen Flotte – über 200 Galeeren und eine Menge kleinerer Fahrzeuge[6] –, die im Gegensatz zu der vorjährigen fast ganz ohne Unfälle verlief, stellt eine große Leistung dar. Die Seetüchtigkeit der übermäßig belasteten Galeeren war außerordentlich gering, das Leben an Bord sehr hart. Zwischen den auf engstem Raum zusammengepferchten Edelleuten, Soldaten, Matrosen und Ruderern entstanden vielerlei Reibungen. Die Offiziere und die vornehmen Freiwilligen hielten sich tagsüber meist auf dem Heck unter einem Zeltdach auf, die Sträflinge saßen 3-5 Mann auf einer Bank an einem Ruder von gewaltiger Länge, nur an der Seite durch ein Schanzkleid geschützt.[7] Oft herrschte Wassermangel, die Verproviantierung war sehr mangelhaft; nach der Schlacht <118> lebte man tagelang nur von auf den türkischen Schiffen erbeuteten Bohnen und Reis.

Der erste Ankerplatz der Armada war Fossa S. Giovanni am gegenüberliegenden Ufer der Meerenge. Die Fahrt ging entlang der Südküste Calabriens an den Kaps Spartivento und Stilo vorbei zum Capo delle Colonne, wo man am 19. ankam.[8] Heftige Nordwinde verhinderten mehrere Tage lang die Weiterfahrt. Erst am 24. ging die Flotte wieder in See und überquerte den Golf von Tarent. Santa Cruz und der Provveditore Canal hatten Befehl erhalten, die in Tarent und Brindisi – nach anderen in Otranto – wartenden Truppen einzuschiffen; sie vereinigten sich erst in Corfu wieder mit der übrigen Armada.

---

6 Die Zahl wird nicht ganz übereinstimmend angegeben. Jur. d. l. Gravière 2. S. 59. Serrano 1. S. 119. A. 2.

7 Normann, Don Juan d'Austria als Admiral etc. S. 17.

8 Torres y Ag. S. 55. Miguel Servia, Relación de los successos de la armada de la Santa Liga. 1571-74. Colección Bd. 11 (1847) S. 359 bis 454, 364.

Inzwischen hatte Don Juan Nachricht erhalten, daß die türkische Flotte die Belagerung der venezianischen Festung Corfu, vor der sie erst am 30. 8. erschienen war, abgebrochen habe und sich gegenwärtig weiter südlich in La Prevesa befinde. Er wollte gleich Kurs dorthin nehmen, doch bestanden die Venezianer darauf, daß Corfu angesteuert werde; sie wollten dort noch weitere Truppen an Bord nehmen. – Zum ersten Male regte sich in Don Juan eine schreckliche Befürchtung: Ali Pascha wollte sich für dieses Jahr mit der Verwüstung der venezianischen Besitzungen begnügen und dem Kampf mit der nahen christlichen Flotte ausweichen; er befand sich schon auf der Heimfahrt nach Konstantinopel.

Von Capo delle Colonne war d'Andrade zum zweiten Male mit einigen schnellen Galeeren zur Aufklärung ausgesandt worden. Die Flotte lief erst am 27. im Hafen von Corfu ein, nach tagelanger schwieriger Navigation am Nordende der Insel und an der epirotischen Küste. Die Festung stand noch ganz unter dem Eindruck der vor noch nicht zwei Wochen abgebrochenen Belagerung. Die meisten Einwohner hatten die Castelle noch nicht verlassen, in die sie sich vor den Türken geflüchtet hatten wie Hirten, sagt Rufo, die bei Hochwasser auf die Bäume klettern. Zusammen mit den übernächtigten Soldaten der Armada <119> durchirrten sie die zerstörte Ansiedlung, sahen die verbrannten Kirchen, die besudelten Heiligenbilder. Das stürmische Wetter hielt an, die schon gänzlich entlaubten Bäume machten es jedem deutlich, wieviel Zeit wieder verronnen war.[9] Die Abergläubischen sahen überall schlechte Vorzeichen, in den Krähen, die am Strande badeten, im Spiel der Delphine. Die Spanier durften die venetianischen Castelle besichtigen, was als bedeutender Vertrauensbeweis aufgefaßt wurde.[10]

Don Juan berief den Kriegsrat. Vom Feinde hatte man keine ganz sicheren Nachrichten. Vor der Ankunft in Corfu

9 Rufo, Austriada S. 110.
10 F. de Herrera S. 330.

hatte es geheißen, die Türken seien auf Zante, der dem südlichen Teil des Golfes von Patras vorgelagerten großen venezianischen Insel, gelandet. Doch vermutete man jetzt allgemein, daß sich ihre Flotte im Hafen von Lepanto befinde[11], was sich nach dem Verlassen Corfus endgültig bestätigen sollte. Die Enge zwischen dem Golf von Patras und dem Golf von Korinth, die sog. kleinen Dardanellen, hinter der Lepanto lag, war durch zwei starke Castelle geschützt, die erst genommen werden mußten, wenn man die türkische Flotte aufsuchen wollte. Es war nun die Frage, ob beides, die Einnahme der Castelle und die Herausforderung der feindlichen Flotte zur Schlacht, gleichzeitig möglich war. Vielfache Zweifel wurden geäußert. Doria, der die Schlacht nicht scheute, hielt die Gegend von Lepanto für wenig geeignet.[12] Im Nu war die ganze Partei, die in Messina gegen die Schlacht gestimmt hatte, wieder versammelt. Sie bediente sich vor allem der immer häufigeren Nachrichten, die besagten, daß Ali gar nicht daran denke, seine Kräfte mit der christlichen Flotte zu messen, daß man ihn in Lepanto gar nicht mehr antreffen werde. Sie stützten sich besonders auf die Aussagen eines hohen türkischen Offiziers, der vor Corfu in venezianische Gefangenschaft geraten war.[13] Es wurde also vorgeschlagen, die feindliche <120> Flotte unbehelligt zu lassen und die Eroberung von Castelnuovo oder Margariti nicht [zu] versuchen. Alles, was in Messina erreicht worden war, schien plötzlich in Frage gestellt, die der ganzen Situation so wenig entsprechende völlig bedeutungslose Landunternehmung fand wieder gewichtige Befürworter. Don Juan bestand demgegenüber auf der Durchführung des in Messina gemeinsam gefaßten und alle gleichmäßig bindenden Entschlusses, den abzuändern die Kriegslage vorläufig noch

11 F. d. Herrera S. 330.

12 A. d. Herrera a.a.O. S. 29.

13 Sereno S. 170. Nach Anderen war er schon wieder gegen zwei Venezianer ausgetauscht worden, die auf der Flotte Alis gedient hatten und genau über ihren Zustand unterrichtet waren.

keinerlei Grund bot. Wie in Messina standen Santa Cruz, Colonna, die Venezianer auf seiner Seite. Es wurde beschlossen, auf alle Fälle weiter nach Süden zu fahren und den Feind in Lepanto zur Schlacht herauszufordern.[14] Nur für den Fall, daß man die Flotte Alis nicht mehr anträfe, würde man auf die vorgeschlagene Landunternehmung zurückkommen; im Hinblick darauf ließ Don Juan Teile der Festungsartillerie von Corfu an Bord schaffen, da die Transportschiffe mit den eigenen schweren Belagerungsgeschützen noch nicht eingetroffen waren.

Er wurde von düsteren Stimmungen gequält, blieb fast die ganze Zeit an Bord seiner Galeere.[15] Je näher er dem Kriegsgebiet kam, desto weiter schien sich die ersehnte große Gelegenheit zu entfernen. Würde sich aus der Fülle widersprechender Nachrichten, die die verschlagenen, vielleicht vom Türken bestochenen Fischer brachten, jemals ein wahrer Tatbestand herausschälen, würde sich in dem Gewirr der leeren Meeresstraßen jemals ein feindliches Schiff zeigen? Dazu kam die bedenkliche Miene Requesens, die Ungewißheit über das, was auf den anderen Galeeren besprochen wurde, die Bilder der Zerstörung ringsum.

Am Nachmittag des 29. ging die Armada wieder in See und ankerte am Abend des nächsten Tages in Gomenitsa (Gomenica) an der gegenüberliegenden epirotischen Küste, wo sich ein geschützter und geräumiger natürlicher Hafen befand. Während der Überfahrt war ein von d'Andrade abgesandtes Schnellruderboot mit Nachrichten vom Feinde zur Flotte gestoßen; diese bestätigten, daß sich die Türken in Lepanto befänden, und meldeten <121> ferner, daß 60 Galeeren unter Uluch Ali von dort nach Süden, nach Modón oder Coron abgesegelt seien.[16] Diese Nachricht, die dem kurz darauf selbst zurückkehrenden d'Andrade von Bewohnern

14 Torres y Aguilera S. 62. F. de Herrera S. 330.
15 Rufo a.a.O. S. 110.
16 Sereno S. 164, Torres y Aguilera S. 66 etc.

der Insel Cephalonia überbracht worden war, traf nicht zu. Sie mußte aber im christlichen Kriegsrat die Bereitschaft zum Schlagen gewaltig verstärken. Schien es doch jetzt, als löse sich die feindliche Flotte bereits auf. Der Feind war also entschieden unterlegen, es handelte sich nur noch darum, ihn nicht entwischen zu lassen. Es wird gleich gezeigt werden, welchen entscheidenden Einfluß diese Falschmeldung, die bis zum Augenblick der Begegnung mit der feindlichen Flotte nicht berichtigt wurde und die auf der türkischen Seite eine merkwürdige Entsprechung hatte, auf die Entschlüsse der christlichen Führer ausübte.

Die ersten Tage des Oktober blieb die Armada in Gomenitsa. Don Juan nahm eine gründliche Besichtigung der Galeeren vor und ließ sie mehrere Male in Schlachtlinie auffahren. Auch das Salvenschießen und das Errichten der Schanzkleider wurde geübt.[17] Das Zusammenordnen von Hunderten von Fahrzeugen ganz verschiedener Herkunft, die sich erst vor zwei Wochen vereinigt hatten, bereitete noch große Schwierigkeiten, obwohl Don Juan seit seiner Ankunft in Messina daran gearbeitet hatte. – Und dann stellte ein neues Ausbrechen des spanisch-venezianischen Gegensatzes das Gelingen des Feldzuges, ja den Bestand der Liga in Frage. Am Tage nach der Besichtigung sahen die Spanier plötzlich drei Soldaten an den Rahen einer venezianischen Galeere aufgehängt. In wenigen Augenblicken wurde bekannt, daß es Kameraden, italienische Soldaten in spanischem Solde, seien, die der venezianische Generalkapitän unter Überschreitung seiner richterlichen Befugnisse wegen einer Geringfügigkeit zum Tode verurteilt hatte.[18] Zwischen Soldaten einer der italienischen Kompanien, die Don Juan auf die. venezianischen Schiffe verteilt hatte, und Venezianern war es zu einem Raufhandel gekommen, wie sie nach Venieros Bericht an <122> den Senat[19] häufig waren;

17 Servia, Relación etc. S. 365.
18 A. de Herrera S. 26, Torres y Aguilera S. 64, Sereno S. 166 etc.
19 Bei Molmenti S. 309.

man gab den Fremden die Schuld, sie sollten verhaftet und vor das Gericht des venezianischen Generalkapitäns gebracht werden. Die Soldaten, darunter ein Hauptmann, behaupteten, sie könnten nur von einem spanischen Richter verurteilt werden und leisteten den Gerichtsdienern mit der Waffe Widerstand, es fielen Schüsse. Nachdem zwei von Veniero ausgesandte Schiffe ohne die zu Verhaftenden zurückgekehrt waren, kam er, aufs Äußerste erbittert, mit seinem Flaggschiff selbst längsseit der von den Widerspenstigen terrorisierten Galeere. Sie wurden überwältigt, der Hauptmann schwer verwundet; nach einer überstürzten Verhandlung ließ Veniero sie hängen. Ein von Don Juan, der inzwischen benachrichtigt worden war, mit spanischen Profosen abgeschicktes Boot kam zu spät. Es wurde von Niemandem bestritten, daß Veniero in seinem Greisenzorn seine Befugnisse in zweierlei Betracht überschritten hatte. Denn erstens konnte ein Todesurteil nur von dem Generalissimus der Liga gefällt werden, und zweitens unterstanden die Schuldigen als Soldaten der spanischen Krone auf alle Fälle der Gerichtsbarkeit Don Juans.

Don Juan war außer sich vor Zorn, als er die Nachricht erhielt. Für einen Augenblick verließ ihn alle Selbstbeherrschung. Die ganze unbändige Kraft, die er bis zum Tage der Entscheidung zurückhalten und verheimlichen zu können gehofft hatte, schien nun vor der Zeit losbrechen zu wollen. Sein äußerst fein entwickeltes Ehr- und Selbstgefühl war tief verletzt. Er hatte also Unrecht daran getan, so mußte er sich sagen, wenn er in Messina und bis heute den Bescheidenen gespielt hatte und immer wieder vor den älteren Generälen zurückgetreten war. Dieser beschränkte Greis hatte es für bare Münze genommen und hielt ihn wirklich für einen ängstlichen, ohnmächtigen Prinzen, dessen Rechte man ungestraft antasten konnte. Dazu kam die Überlegung, daß gerade Veniero am allerwenigsten Grund zu derartigen Eigenmächtigkeiten hatte. Mit havarierten, ungenügend bemannten Schiffen war er in

Messina eingetroffen, Don Juan hatte ihm spanische Truppen überlassen und sich seiner Interessen <123> auch sonst aufs liebenswürdigste angenommen; das war nun der Dank!

Bald wußte man auf der „Real", daß der junge Generalissimus Veniero verurteilen und bestrafen lassen wollte;[20] doch konnte man mit Sicherheit annehmen, daß die Venezianer, mochten sie das Verhalten ihres Führers auch noch so sehr mißbilligen, diesem Verlangen Don Juans nicht nachgeben konnten. Bald war der ganze spanische Kriegsrat versammelt, die Sitzung, zweimal unterbrochen, dauerte bis in den Morgen des nächsten Tages.[21] Don Juan, dessen ständig wachsende Erregung alle sehr beunruhigte, konnte zu keinem Entschluß kommen. Er nahm Einzelne bei Seite, stieg allein in seine Kajüte herab, kehrte nur verstörter zurück. Er wußte genau, daß in diesem Augenblick alles, der Feldzug, die Liga, seine eigene Zukunft auf dem Spiele standen; aber die Versuchung, einmal seinem Haß und Zorn nachzugeben, war gewaltig. – Es sind noch einige derartige Zornesausbrüche Don Juans aus der späteren Zeit bekannt. Sie waren selten und erregten um so größeren Schrecken. So wenn er, wie Caracciolo erzählt, im Herbst des nächsten Jahres dem treuen d'Andrade, den er zusammen mit Colonna der Nichtachtung seiner Befehle beschuldigte, mit dem Henker drohte und dessen Freundschaft dadurch für immer verlor.[22] Oder wenn er im Wortwechsel mit seinem zum neapolitanischen Vizekönig ernannten alten Feind, dem unerträglich stolzen Marqués de Mondjar, mit der Hand nach dem Dolche fuhr, im Castelnuovo, vor vielen Zeugen.[23]

Von dem Gedanken an eine sofortige Bestrafung Venieros ließ sich Don Juan bald abbringen; sie mußte aufgeschoben und, wenn überhaupt, in Rom verhängt werden. Requesens,

---

20 Rosell S. 92.
21 Fernandez-Duro im Boletín etc. S. 208 ff.
22 F. Nicolini, Asp etti etc. S. 79 f.
23 F: Nicolini, Aspetti etc. S. 116 f.

Doria und einigen Anderen schien nur sofortige Trennung von den Venezianern und Heimfahrt auf gradestem Wege möglich. Es habe sich gezeigt, daß ein Zusammenwirken mit ihnen nicht zu erreichen sei. Die spanischen Soldaten würden nach dieser Beleidigung <124> bei jeder Gelegenheit Händel mit den Venezianern suchen. Aber die von Santa Cruz und Colonna geführte Mehrheit des Rates war der Ansicht, daß man den Übergriff Venieros, der einfach als eine ungeheuerliche Tollheit, nicht als bewußte Beleidigung Spaniens anzusehen sei, zunächst hinnehmen und die Fahrt gemeinsam fortsetzen müsse. Mit großartigem Ernst erinnerte Santa Cruz wieder an die Größe der Verantwortung, an die einzigartige Bedeutung des Augenblicks. Die Feindschaft zwischen Spaniern und Venezianern würde bei einer Fortsetzung der Fahrt über den gemeinsamen Kriegsschicksalen rasch abnehmen, sonst aber unaufhaltsam wachsen; man würde sich gegenseitig die Schuld am Abbruch des Feldzuges zuschreiben und sich nie mehr vergeben, das Bündnis auflösen. Auch sei eine Umkehr zu diesem Zeitpunkt strategisch sehr gefährlich. Der Feind könne die getrennt segelnden Flotten verfolgen und mit großer Überlegenheit einzeln angreifen. – Der Graf von Priego, Don Juans Majordomo, sah in dem Zwischenfall eine Anstiftung des Teufels, um das dem Himmel so wohlgefällige Unternehmen zu verhindern; es sei Christenpflicht, dieser Versuchung zu widerstehen. Man bestürmte Don Juan, seinen Groll fahren zu lassen, die sonst so stolzen und gemessenen Männer begannen zu bitten. Don Juan wehrte ab, vor Beschämung errötend. Er sah mit immer größerer Verwirrung, daß er jetzt ganz derjenigen Partei des Kriegsrates angehörte, von der einen gewissen Abstand zu bewahren, er sich von Anfang an zum Gesetz gemacht hatte. Um 4 Uhr morgens, als Requesens ihn der Form halber darauf aufmerksam machte, daß die Gruppe, die den Feldzug fortsetzen wolle, in der Mehrheit sei, überwand sich Don Juan; wie Santa Cruz' unbekannter Biograph erzählt, sagte er plötzlich mit großer Entschlossenheit: „Dann also vorwärts, folgen wir der Meinung des Marqués.[24]

Noch mehr als Santa Cruz scheint Colonna zu dieser Umstimmung Don Juan's beigetragen zu haben. Während der Marqués nur das wiederholte, was er schon in Messina gesagt hatte, fand der Römer sogar eine Art von Lösung, die Don Juan und <125> den Spaniern einen Schein von Genugtuung verschaffte.[25] Er wurde erst spät auf das Flaggschiff gerufen, als der spanische Kriegsrat schon längere Zeit um Don Juan versammelt war. Er erzählte[26], daß die Spanier ihn zuerst einzuschüchtern versuchten, indem sie von ihm verlangten, er dürfe seine Meinung nur als spanischer Vasall, nicht als päpstlicher General äußern. Er ging nicht darauf ein und schloß sich der Partei des Marqués an. Veniero, meinte er, sei nicht recht gescheit und verdiene an sich gewiß eine Bestrafung.[27] Doch sei er sicher, daß Barbarigo das Verhalten seines Vorgesetzten aufs schärfste mißbillige und dringend eine Besprechung mit den Spaniern wünsche; er bitte um Erlaubnis, den Provveditore aufsuchen zu dürfen. – Als Colonna die „Real" gegen Mitternacht verließ und zu seinem Flaggschiff zurückkehrte, mußte er feststellen, daß sich ein Gefecht zwischen den spanischen und venezianischen Galeeren vorzubereiten begann. Die Laternen waren angezündet, man machte sich an den Geschützen zu schaffen, die Nacht war voll Waffenlärm. Barbarigo erwartete ihn schon voll Sorge in seiner Kajüte. Die Beiden faßten den Plan, Veniero zu bitten, vorläufig nicht mehr an den Beratungen der drei Generalkapitäne teilzunehmen und sich durch Barbarigo vertreten zu lassen. Zu ihrer Verwunderung war Veniero, als sie ihn unmittelbar darauf aufsuchten und ihm den Zorn Don Juans schilderten, bald mit ihrem Plan einverstanden. Wenn Don Juan ihn nicht mehr zum Freunde

24 Angel de Altolaguirre y Duvale, Don Alvaro de Bazán, primer Marqués de Santa Cruz. Madrid 1888. S. 64, 526.

25 Gugliemotti S. 199 f.

26 Molmenti S. 359.

27 Fernandez-Duro im Boletín. S. 211.

wolle, murmelte er, wolle er ihn darum nicht zum Feinde.[28] Colonna kehrte – es war inzwischen 3 Uhr morgens – zu Don Juan zurück und beschwor ihn, diese Lösung, die einzige im Augenblick mögliche, anzunehmen. Sereno erzählt, er habe sich zuletzt vor dem Kaisersohn auf die Knie geworfen. Don Juan erklärte, sich mit der Ausschließung Venieros vom Kriegsrat begnügen zu wollen, und dankte Colonna herzlich für seine Vermittlungsbemühungen. Er behielt ihn bei sich, bis die Armada am frühen Morgen des 3. Oktober die Anker lichtete und den unheilvollen Hafen von Gomenitsa verließ.

<126> Die Fahrt ging an der Südspitze von Corfu vorbei, die Inseln Paxos und Antipaxos blieben westlich.[29] Man passierte die Südwestspitze der Insel Santa Maura mit dem leukadischen Felsen, von dem sich Sappho ins Meer gestürzt. Am Morgen des 4. 10. kam Cephalonia in Sicht, die Armada fuhr in den engen Kanal zwischen dieser Insel und dem östlich gegenüberliegenden Ithaka ein und ankerte in dem alten Pilgerhafen Guiscardo, dem heutigen Phiskardo. Man erfuhr, daß die türkische Flotte sich immer noch in Lepanto befinde. Die Beratungen der Generäle rissen nicht ab, doch kam es zu keinerlei neuen Entschlüssen. Am nächsten Tag brachte eine Barke aus Candia die Nachricht vom Falle Famagostas, der letzten venezianischen Feste auf Zypern. Die schon den ganzen Winter über von Mustafa Pascha blockierte, seit Monaten von einem gewaltigen Heere belagerte Stadt hatte am 1. 8. kapituliert. Den Belagerten wurde freier Abzug gewährt, sie sollten von türkischen Galeeren nach Candia gebracht werden. Doch benutzte der Pascha die Weigerung des Kommandanten Bragadino, ihm einen jungen venezianischen Nobile auszuliefern, um die Kapitulation zu brechen und fast die ganze Besatzung niedermetzeln zu lassen. Bragadino wurde auf das Entsetzlichste mißhandelt und endlich lebendigen Leibes

28 Relation Venieros bei Molmenti S. 309 f.
29 Vgl. die 3. Kartenskizze im Anhang zu Jurien de la Gravière, Bd. 1.

geschunden, seine Haut, mit Heu ausgestopft, zusammen mit der Siegesnachricht nach Konstantinopel geschickt. – Die Nachricht vom endgültigen Verlust der Insel und von der Grausamkeit des Paschas erbitterte die Venezianer aufs Äußerste, heftiger denn je verlangten sie nach dem Kampf. Sie verstärkte im Kriegsrat die Bereitschaft zu schlagen und den Wunsch, daß sich die Gelegenheit dazu in allernächster Zeit bieten möge. Denn jetzt konnte man fürchten, daß der bisher mit der Blockade Famagostas beschäftigte andere Teil der türkischen Flotte Befehl erhielt, sich mit Ali zu vereinigen.[30] Es mußte also alles daran liegen, diesen vorher allein zur Schlacht zu stellen. Aber würde es gelingen, die türkische Flotte aus dem Hafen und vor die Castelle an der Meerenge hinauszulocken?

30 Normann a.a.O. S. 32.

5. DIE BEGEGNUNG DER FLOTTEN

In der Nacht zum Freitag, dem 5. Oktober, herrschte stürmisches Wetter, die Armada versuchte vergeblich, den südlichen Ausgang des Kanals und das offene Meer zu erreichen. Sie mußte etwas weiter südlich erneut vor Anker gehen. Erst Samstag abend bei Sonnenuntergang flaute der Wind ab, die Flotte setzte sich in Marsch. Nachdem der Kanal passiert war, steuerte man nach Nordosten, um von Norden her die Durchfahrt zwischen der Festlandsküste und den Curzolarischen Inseln, den antiken Echinaden, zu suchen.[1] Die vielen Inseln und Riffe machten die Navigation äußerst schwierig. Hinter der Insel Petala nahm man einen kurzen Aufenthalt, dann wurde die Fahrt langsam fortgesetzt; das Geschwader Dorias fuhr an der Spitze, wie es die Marschordnung vorschrieb. Die Mündung des Flusses Aspropotamo, des sagenberühmten antiken Achelous, wurde passiert. Bei Sonnenaufgang fuhr die christliche Flotte eben durch den schmalen Kanal zwischen der Insel Oxia und dem Kap Skropha in den Golf von Patras ein, als vom Mastkorb der „Real" das Auftauchen zweier türkischer Segel im Osten, ungefähr zehn Seemeilen entfernt, gemeldet wurde.[2] Aus den zwei Segeln wurden bald mehrere, in kurzer Zeit war die ganze türkische Flotte in Sicht. Die Schiffe Alis hatten also den Hafen von Lepanto verlassen,

1 Vgl. die 2. Kartenskizze bei Jurien de la Gravière Bd. 2.

2 José Aparici, Colección de documentos inéditos relativos a la celebre batalla de Lepanto. Madrid 1847. Relación de lo que hizo la armada etc. (Der gleich nach der Schlacht im Auftrage D. J.s für Philipp II. geschriebene Bericht.) Ein Fragment davon und zwei andere Berichte, die fast wörtlich mit diesem offiziellen übereinstimmen, in der Colección de documentos ineditos, Bd. 3. Stirling-Maxwell 2, S. 348.

man brauchte sich keine Gedanken mehr über die Castelle an der Meerenge zu machen. Auf der „Real" wurde ein Schuß gelöst, das Signal zum Kampfe. Die Armada begann sich in der vorgeschriebenen Weise in Schlachtlinie zu entfalten.

„In denselben Regionen, in denen einst zwischen Octavianus und Antonius, von denen der eine die occidentalischen, der <128> andere die orientalischen Kräfte des römischen Reiches um sich versammelt hatte, entschieden wurde: in der Mitte der Gestade der östlichen und westlichen Welt bei den Curzolaren kam es aufs Neue zu einer universal-historischen Entscheidung. Es war ein Kampf zwischen der Levante, wie sie nunmehr war, und der westlichen Welt." So beschreibt Ranke die geschichtliche Atmosphäre des Raumes, in dem sich die beiden Flotten begegneten. Daß der Schauplatz der Schlacht bei Actium nur wenig entfernt war, wird von fast allen zeitgenössischen Schilderern erwähnt und war vielen auf der Armada bewußt. Dort, bei La Prevesa, hatte 1538 das für die Christen unglückliche Seegefecht zwischen Barbarossa und Andrea Doria stattgefunden. Schon die Lage und Gestalt dieser Meeresgegend schien Sereno[3] voll sinnbildlicher Bedeutung, hier war kein gewöhnliches Kriegsereignis möglich, sondern nur eine jener feierlichen Austragungen eines uralten Gegensatzes, wie sie sich nur alle paar Jahrhunderte ereignen. Durch die ätolische und achäische Küste auf der einen, die großen jonischen Inseln Zante (Zakynthos), Kephalonia und Santa Maura (Leukas) auf der anderen Seite sei der Raum wie ein Amphitheater, eine antike Naumachia, kreisförmig abgeschlossen.

Es müssen hier einige Angaben über die türkische Flotte gemacht werden. Sie war Mitte Juni in der Adria erschienen und hatte Cattaro eingeschlossen. Während das Gros der Flotte mit der Belagerung beschäftigt war, drang ein Geschwader unter Uluch Ali weiter nach Norden; Zara, Curzola, Lesina[4]

3 S. 185.

4 Am 19.August. Molmenti S. 84.

wurden überfallen und verwüstet. Uluch Ali kehrte nach Cattaro zurück, dessen Belagerung abgebrochen wurde. Die vereinigte Flotte wendete sich südwärts, zuletzt nach Valona, von wo Uluch Ali noch einmal nach Norden, dann nach Westen, der Ligaflotte entgegen, gesandt wurde.[5] Ali Pascha selbst erschien Ende August vor Corfu, von wo er, als ihm eine rasche Eroberung der Castelle nicht glückte, bald nach Lepanto segelte, wo er am 26. oder 27. Oktober eintraf. Er wollte dort die weiteren Befehle <129> des Sultans abwarten; es läßt sich nicht ermitteln, wann er sie erhielt. Der durch die ihm eben bekannt gewordene Einnahme Famagostas ermutigte Großherr befahl seinem Admiral, die christliche Flotte unter allen Umständen anzugreifen und Schiff für Schiff gefangen ins Goldene Horn zu bringen.

An Schiffszahl waren die Türken überlegen, die Zahl ihrer Galeeren betrug mindestens 230, dazu kam eine Menge mittlerer und kleiner Fahrzeuge.[6] Sie war es wahrscheinlich auch an Soldaten. Die Stärke des christlichen Gegners wurde von den Paschas unterschätzt. Der Falschmeldung Andrades entsprach auf ihrer Seite die des Korsaren Kara-Khodja, der, als Fischer verkleidet, die Ligaflotte im Hafen von Gomenitsa beobachtet, aber eine große Anzahl von Schiffen übersehen hatte.[7] Sein Bericht deckte sich mit den Aussagen einiger christlicher Soldaten, die dort beim Wasserholen gefangen genommen worden waren. Ein merkwürdiger Zufall fügte es, daß Kara-Khodja auch bei späteren Aufklärungsfahrten keinen Grund bekam, an seiner ersten Zählung zu zweifeln.

Trotz aller dieser Umstände, trotz der gebieterischen Weisung des Sultans war ein Teil der türkischen Generäle durchaus gegen eine Schlacht. Alle Berichte über den Lepantofeldzug wissen viel über die Beratungen der Paschas zu erzählen; sie haben dabei wohl zum Teil, wie es Torres y Aguilera

5 Torres y Aguilera S. 57.
6 Rosell S. 201. Jurien de la Gravière 2. S. 108. Serrano 1. S. 130. A. 3.
7 Rosell S. 94.

ausdrücklich erwähnt, Berichte von Gefangenen benutzt.[8] Ähnlich wie im Kriegsrat von Messina wollten die Älteren, vor allem der Beglerbeg von Algier, Uluch Ali, der bedeutendste Kopf unter den türkischen Führern, dann der alte General der Landtruppen, Pertau Pascha, Mahomet Bey, Sandschak von Negroponte (Euböa), Scirocco Pascha, der Sandschak Bey von Alexandria etc. eine Schlacht vermeiden. Die christliche. Flotte, meinten sie, müsse außerordentlich stark und des Sieges fast sicher sein, wenn sie <130> es wage, sich zu dieser Jahreszeit so weit von ihren Häfen zu entfernen. Allein die Gegenwart Don Juans beweise, daß die Christen eine außergewöhnliche Kraftanstrengung unternommen hätten; denn einer schlecht gerüsteten Flotte würde König Philipp von Spanien das Leben und das Ansehen seines Bruders, seines kostbarsten Besitzes, gewiß nicht anvertrauen. Es sei besser, im Hafen von Lepanto und hinter der befestigten Meerenge zu warten, bis die Stürme die christliche Flotte zur Umkehr zwängen; man könne sie dann auf der Heimfahrt verfolgen, vielleicht unter für sie weit ungünstigeren Umständen angreifen.

Unter den Jungen, die für die Schlacht stimmten, trat besonders Hassan Pascha, der Sohn Barbarossas, hervor. Er sprach dem Kapudan-Pascha, dem jungen ritterlichen Ali, aus dem Herzen. Die Schlacht von Lepanto erhält ein besonderes Gepräge durch den Umstand, daß auch die türkische Flotte von einem ehrgeizigen jungen Mann befehligt wurde, der, ohne geordnete militärische Laufbahn, seinen Willen einer Schar ergrauter Heerführer verschiedenster Herkunft aufnötigen mußte. Wie Don Juan war Ali mit einem jähen Sprung zu seiner hohen Stellung gelangt. Piali, der noch im vorigen Jahre die türkische Flotte befehligt hatte, wie schon bei Dscherba und auf Malta, war plötzlich in Ungnade gefallen. Durch seine

8 Am eingehendsten beschäftigte sich Jurien de la Gravière (2. S. 101 f.) mit den verschiedenen Nachrichten über den türkischen Kriegsrat. Er hat auch das Werk des türkischen Historikers Haddschi Chalfa (1609-57) über die Seekriege der Osmanen herangezogen.

Verwandtschaft mit der Favoritin des Sultans war Ali, der, armgeboren, als Knabe vom Minarett zum Gebet gerufen hatte, sein Nachfolger geworden.[9] Es scheint, als seien die beiden jungen Feldherren von einem ritterlichen Verlangen, einander im Kampfe kennen zu lernen, erfüllt gewesen. Die Nachricht, sein Gegner habe bei der Erstürmung des türkischen Admiralschiffes den Tod gefunden, stimmte Don Juan sehr traurig, er soll dem Soldaten, der ihm triumphierend Alis abgeschlagenes Haupt brachte, bittere Vorwürfe gemacht haben.[10] Nach der Schlacht bat er, die beiden in Gefangenschaft geratenen Söhne des Gefallenen ihm zu überlassen.[11] Er nahm sich ihrer mit großer Sorgfalt an und setzte es durch, daß der jüngere – der ältere der beiden <131> Knaben erlag in Neapel einer Krankheit – mit seinem Erzieher auf die Bitten der Validé Fatima nach Konstantinopel zurückgeschickt wurde. Am Hofe des Sultans konnte man, wie Fatima schrieb, die Großmut Don Juans nicht genug rühmen.

Es wurde beschlossen, der christlichen Flotte entgegenzufahren; man wollte sie in dem engen Kanal zwischen den Inseln Ithaka und Cephalonia angreifen.[12] Die Christen wären an dieser Stelle, die sie nur eine Nacht früher verließen, ohne Zweifel in eine sehr gefährliche Lage geraten. In Lepanto waren die Truppen ergänzt worden, die Gesamtzahl der auf der Flotte vereinigten Mannschaften – Soldaten, Matrosen und Ruderer – soll hunderttausend beträchtlich überschritten haben.[13] Diese Zahlen und die gewaltigen Verluste auf beiden Seiten zeigen, daß bei Lepanto ganz außergewöhnlich große Truppenmassen aufeinanderstießen. Die türkische Flotte lichtete am 6. Oktober die Anker und passierte in der Nacht die beiden Castelle an der Meerenge.

Für die Flottenbegegnung, die sich am frühen Sonn-

9 Quarti, La battaglia di Lepanto etc. S. 29.
10 Stirling-Maxwell 1. S. 352 A. 2.
11 Stirling-Maxwell 1. S. 364.
12 Sereno S. 182. F. de Herrera S. 344.
13 Jurien de la Gravière 2. S. 107. Serrano 1. S. 130 A. 4.

tagmorgen bei klarem Wetter und ruhiger See – nur anfangs wehte eine leichte Brise, die die Türken begünstigte – vollzog, ist zweierlei charakteristisch. Erstens war keiner der beiden Gegner daran gefaßt, den anderen an dieser Stelle, deren Eignung für eine Schlacht Beide dann rasch erkannten, anzutreffen. Die Türken vermuteten die Ligaflotte noch im Kanal von Cephalonia, während Don Juan Ali erst durch sein Erscheinen vor der Meerenge zum Verlassen des Hafens von Lepanto nötigen zu können hoffte. Beide Flotten begegneten sich auf dem Marsche. Zweitens befand man sich auf beiden Seiten im Irrtum über die Stärke des Feindes. Don Juan stützte sich auf die Meldung d'Andrades, daß Uluch Ali sich mit 60 Galeeren von dem Gros der Flotte getrennt hätte, Ali auf die Zählungen seines Spähers Kara-Khodja. Auf beiden Flotten gab es Augenblicke der Bestürzung, als ein feindliches Segel nach dem andern auftauchte und die Zahl, mit der man gerechnet hatte, schon längst überschritten war. Von Ali wird berichtet, ihn habe vor allem die <132> große Zahl der spanischen Galeeren, der gefürchteten „Ponentinas" in Sorge versetzt.

Für die Dauer des Kampfes bot der Ausgang des Golfes von Patras beiden Gegnern ungefähr die gleichen Bedingungen. Im Falle einer Niederlage aber war die Lage der Türkei unvergleichlich günstiger, sie konnten sich hinter die Meerenge und die Castelle und unter die Batterien des stark befestigten Lepanto zurückziehen. Für die Christen aber mußte eine Niederlage zur völligen Katastrophe werden. Sie besaßen keine befestigten Stützpunkte in der Nähe. Das gefährliche Inselmeer, durch das der Weg nach Norden führte, mußte einen geordneten Rückzug sehr erschweren und den rascheren und ortskundigeren Verfolger begünstigen. Ging die Flotte verloren, so waren vor allem die Küsten des spanischen Reiches im nächsten Jahre einer türkischen Landung schutzlos preisgegeben. Auch wenn es gelang, eine türkische

Invasion in Italien abzuwehren: die türkische Flotte würde auf viele Jahre hinaus das Mittelmeer bis in den äußersten Westen beherrschen. Don Juan setzte also alles aufs Spiel, da angesichts der mindestens gleichstarken feindlichen Flotte von der "fast gänzlichen Gewißheit des Sieges", die König Philipp zur Bedingung des Schlagens gemacht hatte, nicht die Rede sein konnte. Er hat seinen Instruktionen entgegengehandelt.[14]

Derartige Gedanken bewegten einige der hohen christlichen Offiziere, die sich, während die Galeeren ihre für die Schlachtordnung vorgeschriebenen Plätze einnahmen, zu einem letzten Kriegsrat auf der „Real" einfanden. Die unvermutete Stärke des Feindes hatte sie in eine beklommene Stimmung versetzt. Mit grausamer Schärfe schildert Sereno[15] „die persönlichen Ratgeber Don Juans, die wie bezauberte Schlangen in die Schlacht gelockt wurden; weil sie, durch ihre wenn auch ungern gegebene Zustimmung zu dem großen Entschluß gebunden, nicht offen zurückweichen konnten, versuchten sie den heldenmütigen Jüngling mit vielen Reden zu umgarnen". Sie rieten, den Aufmarsch zur Schlacht abzubrechen; noch könne man sich mühelos vom <133> Feinde lösen. Fernando de Herrera weiß zu berichten,[16] daß auch Veniero, den alle nur als ungeduldigen Dränger zur Schlacht kannten, im letzten Augenblick zu zweifeln begann und daß etwas davon im Kriegsrat auf der „Real", an dem er selbst nicht teilnahm, bekannt war. In seinem Rechenschaftsbericht[17] erwähnt Veniero selbst derartige Gerüchte; schon seit der Abfahrt von Cephalonia habe sich unter den Spaniern die Lügenmär verbreitet, daß die Venezianer sich im letzten Augenblick anders besonnen hätten und den Kampf vermeiden wollten.

Don Juan scheint alle derartigen Erörterungen kurz abgeschnitten zu haben. „Sein königlicher Geist bemerkte das

14 Serrano 1. S. 129.
15 S. 181.
16 S. 348 f.
17 Molmenti S. 102 A. 1; S. 302.

verborgene Gift." (Sereno) Er erinnerte kurz an den gemeinsamen Beschluß. Man müsse zu ihm stehen, es sei zu spät, einen neuen zu fassen. „Genug des Beratens! Jetzt können wir nur noch kämpfen!", lauteten seine fast übereinstimmend berichteten Schlußworte.[18] Er scheint ganz ohne Schroffheit, eher mit nachsichtiger Heiterkeit gesprochen zu haben. Bis zu diesem Zeitpunkt hätte er es sich nie gestattet, in dieser Weise über die Ansichten seiner Ratgeber hinwegzugehen. Aber jetzt durfte er es; er hatte genau die große Gelegenheit gefunden, die er ersehnt hatte; fast schien es ihm, diese weite Meeresarena im Traume schon einmal gesehen zu haben. Er kannte sich hier genau aus, er alleine war hier der Meister.

Als die Teilnehmer am Kriegsrat wieder auf ihre Schiffe zurückkehrten, mag manchem vor dem jungen Generalissimus geschaudert haben. Wäre die Ligaflotte bei Lepanto unterlegen, so hätte sein – formal unanfechtbares – Verhalten in dieser letzten Ratssitzung Don Juans Laufbahn gewiß zerstört. Auch so hat es mancher gewiß sein Leben lang nicht vergessen, daß ihn der Vierundzwanzigjährige im entscheidenden Augenblick kaum angehört und wie einen säumigen Soldaten, der Ausflüchte macht, auf seinen Posten zurückgeschickt hatte.

Doch darf es nicht den Anschein gewinnen, als hätte Don <134> Juan am Morgen des Lepantotages plötzlich mit seinem Entschluß zu kämpfen, allein gestanden. Von allen Seiten wurden ihm Zustimmung und Ermunterung zuteil. Er fand sie überall dort, wo er sie erwartet hatte, bei den Soldaten und Hauptleuten, bei Barbarigo, Colonna und Santa Cruz, bei fast allen adligen Freiwilligen. Auf eine großartige und ganz eigene Art scheint Santa Cruz sein Einverständnis bekundet zu haben. Er kam allein an Bord, in vergoldeter Rüstung, einen gewaltigen Federbusch am Helm.[19] Mit lachender Miene

18 F. de Herrera S. 349. A. de Herrera S.30. Sereno S. 188. Cabrera 2, S. 109.

19 Fernandez-Duro im Boletín etc. S. 212. Altolaguirre y Duvale, Don Alvaro de Bazan S. 73.

begrüßte er Don Juan. Große Fürsten, sagte er, müßten große Gelegenheiten suchen. Er hoffe auf einen gewaltigen Sieg und wünsche, mit dem von ihm befehligten Geschwader entscheidend dazu beitragen zu können. Die Worte Santa Cruz' waren wahrscheinlich die einzigen, die Don Juan in diesen Stunden höchster Spannung ganz in sich aufnahm.[20]

Wenn man von der kurzen Zwiesprache mit Santa Cruz absieht, so wird Don Juans Haltung unmittelbar vor dem Beginn der Schlacht von Lepanto am besten durch das von Sereno gebrauchte Bild des Schlangenbeschwörers umschrieben. Auch die Führer, die nach der Schlacht verlangten und die Gelegenheit dazu begrüßten, konnten sich anscheinend des Gefühls nicht erwehren, daß der junge Feldherr sie weiter geführt hatte, als sie gehen wollten und nach dem Willen ihrer Herrscher und den Regeln der Kriegskunst durften. So einfach und großartig zugleich hatten sie sich die Begegnung mit der türkischen Flotte nicht vorgestellt. Die ruhige Heiterkeit, die sich gleich nach dem Auftauchen der ersten türkischen Segel über Don Juans ganzes Wesen verbreitete,[21] bewies ihnen, daß ihn etwas wie das Gefühl einer gelungenen Überraschung erfüllen mußte. Er schien ihre Ungewißheiten, Hoffnungen und Befürchtungen nicht mehr <135> zu teilen, sondern mit der Meeresgegend, die ihm doch genau so fremd war wie ihnen, mit dem Wetter, dem Ablauf des Tages, ja fast mit den Absichten des Feindes seit langem im geheimen Einverständnis zu stehen. Sie hatten gleichsam nicht gemerkt, daß er ihnen weit voraus geeilt war, daß er nicht zusammen mit ihnen in diesen Tag eintrat, sondern sie schon auf dessen Schwelle erwartete, sie darin willkommen hieß.

20 Fernando de Herrera weiß nichts von dem Besuch Santa Cruz' auf der „Real“. Nach ihm war der Marqués zu dieser Zeit ausgeschickt worden, um die Herkunft eines im Rücken der Ligaflotte aufgetauchten unbekannten Schiffes festzustellen. Er verspätete sich dabei und konnte die Aufstellung seiner Galeeren erst im letzten Augenblick beenden.

21 F. de Herrera S. 348.

6. DIE AUFSTELLUNG

Auf beiden Flotten hatte man gleich nach der Sichtung des Feindes mit den Vorbereitungen zum Kampfe begonnen. Es geschah mit großer Ruhe und Umsicht, die beiden Gegner ließen sich dabei ganz unbehelligt. Einmal schien es Ali, als wollten die Christen abschwenken und sich dem Kampfe entziehen; er ließ einen Kanonenschuß lösen, gleichsam eine Frage, auf den das Flaggschiff Don Juans antwortete; der Pascha wußte jetzt, daß er sich geirrt hatte. Es dauerte fast vier Stunden, bis die Aufstellung der beiden Flotten beendet war. Die Galeeren bewegten sich während dieser Zeit nur ganz langsam aufeinander zu, der Zusammenprall erfolgte erst am hohen Mittag. Den Bewohnern der Küste mußte es scheinen, als wollten die beiden Flotten nur gegenseitig ihre Parade abnehmen oder ein prächtiges Kampfspiel miteinander aufführen. – Auf den Rat Dorias nahm man allen christlichen Galeeren den Rammsporn ab[1], um ein wirkungsvolleres Feuern der Buggeschütze zu ermöglichen. Er war so konstruiert, daß er den Schiffskörper beim Auffahren auf den Feind weit aus dem Wasser heraushob, sodaß die unbeweglichen Buggeschütze wirkungslos über das Deck des gerammten Schiffes hinwegfeuerten. Dieser Anordnung vor allem verdankte die Artillerie der Ligaflotte ihre Überlegenheit. Die Buggeschütze der türkischen Galeeren, deren Vorschiffe außerdem bedeutend höher waren als die der christlichen, taten in der Schlacht keinerlei Dienste.[2] – Die Rahen wurden auf halbe <136> Masthöhe herabgelassen und in der Richtung des Kieles fest gemacht, die Schanzkleider erhöht.

1 Cabrera 2, S. 104.
2 Normann S. 47.

Die sich entfaltende Ligaflotte bot einen Anblick von großartiger kriegerischer Pracht. Schnellruderboote, von denen aus die Chefs der einzelnen Geschwader ihre Schiffe ordneten, glitten zwischen den Galeeren hin und her.[3] Von vielen Schiffen erscholl kriegerische Musik, die großen seidenen Fahnen der Kompanien wurden entfaltet, am Heck wehten große Banner, von den Mastspitzen Wimpel mit langen flatternden Enden. Auf den Decks drängten sich die Soldaten, Lunten glommen auf, Piken wurden geschärft. Man entledigte die christlichen Ruderer ihrer Ketten und verkürzte die Fesseln der türkischen.

Die Schlachtlinie verlief fast genau von Nord nach Süd und lehnte sich mit dem linken Flügel eng an die Küste an. Der linke, von Barbarigo befehltigte Flügel bestand zum großen Teil aus venezianischen Galeeren. Barbarigo selbst befand sich am äußeren Ende, Marco Quirini am entgegengesetzten. Die beiden diesem Flügel zugeteilten Galeassen wurden von Ambrosio und Antonio Bragadino befehligt. Von Arkebusen und Geschützen starrend, wurden sie von Galeeren langsam an ihre Plätze vor der Schlachtordnung geschleppt. – Auf dem von Doria befehligten rechten Flügel waren die Schiffe der einzelnen Ligastaaten am gleichmäßigsten vermischt. Die „Capitana" des spanisch-sizilianischen Geschwaders mit Cardona, dem Führer der Vorhut, und das Flaggschiff Dorias befanden sich an den beiden Enden, dazwischen reihten sich venezianische, päpstliche, savoyische und neapolitanische Galeeren. Hier waren auch die meisten von der spanischen Krone gemieteten Schiffe genuesischer Reeder eingeteilt. – Im Zentrum überwogen die spanischen Galeeren, deren Kampfwert allgemein höher angeschlagen wurde als der der venezianischen. Am linken Flügel standen genuesische Galeeren, darunter die „Patrona" der von der Republik auf eigene Kosten Ausgerüsteten. Dann folgten Schiffe des spanischen

3 Cabrera S. 109. Rufo a.a.O. S. 123.

Geschwaders mit der Capitana d'Andrades und die genuesische Capitana unter Spinola, auf der sich Farnese mit seinem Gefolge <137> einquartiert hatte. Neben ihr rangierte die Capitana Venedigs mit Veniero. In der Mitte, Bord an Bord mit dem Schiff Venieros stand die „Real" Don Juans, die rechts von der Capitana Colonnas flankiert wurde. Es folgte die savoyische Capitana, auf der sich der Prinz von Urbino befand, dann eine päpstliche Galeere mit dem General der päpstlichen Infanterie usw. Am rechten Ende standen die drei Galeeren des Malteserordens. Die kleineren Fahrzeuge hielten hinter den Galeeren, gedrängt voll von Soldaten, die als Reserven für den Enterkampf bestimmt waren. Die Flaggschiffe Don Juans, Colonnas und Venieros hatten außerdem je zwei vollbemannte Galeeren hinter sich, mit denen sie starke Taue verbanden. Die Galeassen Francesco Duodos und Andrea Pesaros deckten diesen Teil. Don Juan scheint mit großer Aufmerksamkeit über die Aufstellung der sechs Galeassen gewacht zu haben. Er fürchtete, sie würden ihre Plätze nicht mehr rechtzeitig erreichen und entsandte immer wieder Boote mit Mahnungen zur Eile.[4] Bei der aus 35 Schiffen bestehenden Nachhut unter Santa Cruz, deren langsames Herankommen ebenso die Besorgnis Don Juans erregte, befanden sich nur wenige venezianische und zwei päpstliche Galeeren.

Die türkische Flotte hatte begonnen, sich in der Form eines flachen Halbmondes, ihrer üblichen Schlachtordnung, aufzustellen. Doch gliederte sie sich dann nach dem Vorbild der christlichen in drei Geschwader.[5] Die meisten der türkischen Galeeren stammten aus Konstantinopel und den kleinasiatischen Häfen; die nordafrikanischen Orte und die einzelnen Korsaren hatten nur kleinere Schiffsgruppen gestellt. Die Zahl der kleinen Fahrzeuge, der Galeoten, Fusten und Brigantinen,

4 Aparici, Colección etc. S. 31. Colección 3, S. 263.

5 F. de Herrera 5.355. Colección 3. 5.263. Jurien de la Gravière (2. S. 109 f.) gibt die gewiß mit Vorsicht aufzunehmende Liste der einzelnen türkischen Schiffe, die Girolamo Catena, der Biograph Pius' V., aufgestellt hat, wieder.

war bedeutend höher als auf der christlichen Seite. – Man lebte an Bord der türkischen Galeeren viel einfacher und disziplinierter als auf den christlichen.[6] Das Gepäck des einzelnen Soldaten war viel geringer <138> und mit großer Sorgfalt im Schiffsraum verteilt, jedem sein Platz zugewiesen, den er nicht verlassen durfte. An Artillerie war die türkische Flotte der christlichen weit unterlegen. Den Kern der eingeschifften Truppen bildeten, ähnlich wie beim Landheer, die Janitscharen und Spahis. Durch ihre hohen weißen Filzmützen, ihre langen Leibröcke von weitem kenntlich, erregten die Janitscharen die besondere Aufmerksamkeit der christlichen Soldaten. Sie waren mit Arkebusen bewaffnet, während die übrigen türkischen Krieger sich noch des Bogens bedienten; man war auch auf christlicher Seite nicht allgemein von der Überlegenheit der Handfeuerwaffen im Seegefecht überzeugt.[7] Doch bewies der Sieg von Lepanto, den die Christen vor allem ihrem Musketen- und Arkebusenfeuer verdankten, den türkischen Generälen, daß sie sich im Irrtum befunden hatten. Spahis und Janitscharen bildeten aber nur einen kleinen Teil der aus den zum Beglerbegat des Meeres gehörigen Sandschaks zusammengerufenen, sehr verschiedenartig und ungleichmäßig zusammengesetzten türkischen Marinetruppen.

Das Verzeichnis der hohen türkischen Würdenträger, die bei Lepanto mitfochten[8], ihrer Geburtsorte oder Amtssitze, zeigt, welche Riesenländer hier in ihren Kriegern zugegen waren. Unter den höheren Offizieren befanden sich viele Renegaten, die damals den türkischen Adel fast ganz aus Heer und Verwaltung verdrängt hatten.[9] In diesem Zusammenhang sei kurz an den Umstand erinnert, daß auch die Matrosen auf den türkischen Galeeren fast ausschließlich Christen waren, die nicht nur aus den unterworfenen christlichen Provinzen

6 Joh. Wilh. Zinkeisen, Geschichte des osmanischen Reiches in Europa. Gotha 1855, Bd. 3, S. 311 f.
7 Zinkeisen, Geschichte des osmanischen Reiches, Bd. 3, S. 309.
8 Colección 3, S. 251 f.
9 Jorga, Geschichte des osmanischen Reiches 3, S. 169.

stammten.[10] Dasselbe gilt von den Schiffsbauleuten. Die Türken waren kein Seefahrervolk, das ganze Schiffswesen lag in der Hand von Griechen, venezianischen Untertanen, besonders Candioten, Flüchtlingen und Deserteuren aus aller Herren Länder. Schließlich waren die Ruderer zum großen Teil kriegsgefangene Christen. Es zeigt sich der merkwürdige Mischcharakter der türkischen <139> Staats- und Heeresmacht. Neben dem Fremdesten fanden die Soldaten Don Juans auf den feindlichen Schiffen Bekanntes und Gewohntes.

Das von Ali befehligte Zentrum der türkischen Flotte bestand aus zirka 90 Galeeren und war bedeutend stärker als die beiden Flügel, von denen Scirocco Pascha, der Statthalter von Alexandria, auf dem rechten, an die Nordküste des Golfes angelehnten, Uluch Ali auf dem linken, Doria gegenüberstehenden kommandierten. Auch die Türken hatten eine Reserve aufgestellt, die aber nur aus wenigen und kleinen Schiffen bestand und in der Schlacht nicht weiter hervortrat. Die besondere Aufmerksamkeit der Christen erregten die türkischen Galeeren, deren Achterhütte von einer kunstvoll gearbeiteten großen Laterne gekrönt wurde. Sie bezeichnete, daß sich ein Pascha an Bord befand. – Die Schlachtordnungen der beiden Flotten waren, wenn man von der Verwendung der Galeassen auf christlicher Seite absieht, nur vom Gedanken des frontalen Zusammenstoßes beherrscht. Der Kampf von Schiff gegen Schiff sollte gleichzeitig und gleichmäßig auf der ganzen Länge der Schlachtordnung entbrennen. Erst später verrieten die beiden Befehlshaber der türkischen Flügelgeschwader besondere taktische Absichten.

Die Schwerfälligkeit, mit der sich die Aufstellung seiner Galeeren vollzog, begann Don Juan zu beunruhigen. Die Sonne stand schon fast in Mittagshöhe, die feindliche Flotte war fertig formiert und schien sich jetzt rascher zu nähern. Es schmerzte ihn, auf seinem Schiff von der übrigen Armada

10 Zinkeisen a.a.O. 3. S. 299.

abgesondert zu sein und machtlos zusehen zu müssen, wie die Boote mit seinen Ordonnanzen absetzten und wieder anlegten, wie seine Befehle langsam und ungleichmäßig ausgeführt wurden. Zusammen mit seinem Sekretär de Soto und D. Luis de Cordoba, einem Edelmann seines Hauses, stieg er in ein Schnellruderboot[11], um die Aufstellung der Galeeren aus der Nähe zu sehen und zu den Soldaten zu sprechen. Am Bug der Schiffe hin fuhr er nach links, anscheinend bis zur Mitte des linken Flügels, längs der Hecks kehrte er zurück. Von einem zweiten Boot aus besichtigte <140> Requesens gleichzeitig die rechte Hälfte der Schlachtordnung. Währenddessen traf Manrique auf der „Real" die Vorbereitungen zu einem letzten Gottesdienst. Don Juan wollte sich, bevor der Pulverqualm alles verhüllte, seinen Soldaten noch einmal zeigen, sie für sich entflammen und zur selben Zeit gleichsam Abschied nehmen, um dem Gebet der Mönche, dem kirchlichen Segen und der dadurch gekräftigten Tapferkeit seiner Soldaten das Feld zu überlassen. „Was mir aufgegeben war, habe ich getan. Jetzt ist es an euch!" So werden seine Worte übereinstimmend berichtet. Er erinnerte an die Gebete des Papstes, an die Erwartung der gesamten katholischen Christenheit. Sie sollten tapfer kämpfen, damit der Feind, wenn er Sieger bliebe, sie nicht höhnend frage: wo ist euer Gott?

Don Juan hat den Zauber, der ihm innewohnte, vielleicht nie stärker und bewußter wirken lassen als in diesem Augenblick. Alle Erzähler sprechen von der Bewunderung, die die Soldaten der Ligaflotte seiner Schönheit und Grazie entgegenbrachten. Er war prächtig gerüstet und trug die fröhlichste Zuversicht zur Schau. Rufo fragt sich, ob es unter denen, die den General damals sahen, wohl einen gegeben, der ihn nicht schon für den Sieger gehalten hätte.[12] F. de Herrera vergleicht ihn mit Alexander, als er die asiatische Veste zum ersten Male betrat. – Von allen Galeeren rief man Don Juan

11 F. de Herrera S. 349. Cabrera 1. S. 109. Torres y Aquilera S. 67 etc.
12 S. 125.

zu, er solle angreifen, alles sei bereit. Das Boot hielt am Heck von Venieros Capitana. Der greise Venezianer war barhaupt und trug einen nach römischem Vorbild gearbeiteten Panzer, sein junger Neffe Lorenzo Veniero stand neben ihm. Als er Don Juan erblickte, trat er an die Reeling und begrüßte ihn, den er wegen des ihm bei Gomenitsa auferlegten Verbotes schon mehrere Tage lang nicht mehr gesehen hatte, mit vergnügter, unbefangener Miene. „Werden wir kämpfen?" rief Don Juan herauf. „Es ist notwendig, wir müssen's wagen," war die Antwort.[13]

Nach der Rückkehr Don Juans wurde am Heck der „Real" das von Pius V. gestiftete Banner der heiligen Liga entfaltet und von Manrique gesegnet. Der Inquisitor der Armada verlas die <141> päpstliche Bulle, die allen Teilnehmern an dieser Schlacht völligen Ablaß gewährte. Dann erteilte er, mit der einen Hand ein Cruzifix erhebend, mit der anderen Weihwasser umhersprengend, allen Mannschaften die Absolution. Dasselbe taten die auf den Galeeren verteilten Ordensgeistlichen. Dann knieten Soldaten, Matrosen und christliche Rudersklaven zum Gebet nieder, Don Juan verrichtete das seine in voller Rüstung und weithin sichtbar auf dem Vorkastell seines Schiffes. Das Banner wurde beim Klange von Trompeten und Kesselpauken und unter den Viktoriarufen der Soldaten geheißt und eine Gewehrsalve abgegeben. Auf jedem Schiff herrschte „unglaubliche Freudigkeit".[14] Es ist schwer, sich ein großartigeres Bild der „ecclesia militans" vorzustellen!

Kurz nach 11 Uhr legte sich der Wind, mit dem die türkische Flotte herangekommen war, das Meer wurde spiegelglatt, „wie Milch". Dann kam ein leichter südlicher Wind auf, die türkischen Segel wurden geborgen. Beide Flotten bewegten sich mit mäßig raschem Ruderschlage aufeinander zu. Schon konnte man von den türkischen Galeeren her schrille Flötenmusik und wüstes Geschrei hören – die läh-

13 Molmenti S. 106, 311.
14 Torres y Aguilera S. 67.

mende Wirkung, die es auf die Christen ausüben sollte, wird vielfach erwähnt.[15] Don Juan hatte den ihm für die Dauer des Gefechtes vorgeschriebenen Platz, das Achterkastell, noch nicht eingenommmen. Seine Heiterkeit war jetzt in fast wilde Ausgelassenheit übergegangen. „Während sich die beiden Flotten einander allmählich näherten, stand Ihre Hoheit, um ihre Freude zu zeigen und die anderen zu ermutigen, am Bug; sie bestieg das Vorderkastell und gebärdete sich zusammen mit Don Lope de Figureoa und anderen Rittern, die dort ihre Posten hatten, beim Schall der Pauken so lustig, als sei sie des Sieges, den Gott schenken sollte, schon völlig gewiß.“[16] Man kann sich Don Juan gut vorstellen, wie er mit den Händen den Takt zur Musik klatscht oder sich, die Füße im Tanzschritt bewegend, an den Schultern seiner Nebenmänner hält, die lachend aufhören, die feindlichen Galeeren zu <142> zählen.[17] Eben noch hatte er inbrünstig gebetet; jetzt, da jeden Augenblick der erste Schuß aufblitzen konnte, scherzte er wie auf einer Maskerade: ein Beispiel für die weiten Spannungen, die Don Juans Gemüt ohne jede Anstrengung beherrschte.

---

15 Zinkeisen 3. S. 311.
16 Torres y Aguilera S. 67.
17 Stirling-Maxwell nach Ferrante Caracciolo. 1. S. 349.

7. DIE SCHLACHT

Kurz nach 12 Uhr mittags eröffneten die Galeassen, die nicht weiter als eine Meile vor der christlichen Schlachtlinie standen, das Feuer. Die beiden zum rechten Flügel gehörigen waren anscheinend nicht mehr rechtzeitig an ihre Plätze gelangt, ihre Artillerie kam nicht zur vollen Auswirkung. Um so mehr die der vier übrigen: es scheint, daß sie einige türkische Galeeren sofort zum Sinken brachten. Einen Augenblick lang schien die türkische Schlachtordnung in Verwirrung zu geraten, einzelne Schiffe versuchten auszuweichen und gerieten mit ihren Rudern in die der benachbarten. Doch gelang es dann, mit beschleunigtem Ruderschlage in mehreren Abteilungen zwischen den Galeassen hindurchzufahren und sich nach dem Passieren dieses Feuergürtels wieder zusammenzuschließen, so daß sie als einheitliche Front mit der christlichen zusammenstießen. Ihren eigentlichen Zweck hätten die Galeassen nur erreicht, wenn die Türken sich auf ein Feuergefecht mit ihnen eingelassen oder sie zu entern versucht hätten. In dieser Erwartung waren sie außerordentlich stark mit Musketieren und Arkebusieren bemannt worden. Sereno berechnet, daß der Gegner zu ihrer Eroberung je 8 seiner Galeeren gebraucht hätte. Über die Rolle, die die Galeassen im weiteren Verlauf der Schlacht spielten, berichten die Quellen nicht übereinstimmend.[1] Doch scheint es, daß sie, weil sie sich aus eigener Ruderkraft nur äußerst langsam fortbewegen konnten, meistens untätig im Rücken des Feindes liegen blieben.[2]

1 Vgl. die Zusammenstellung bei Serrano 1. S. 134 A. 1.
2 Jurien de la Gravière 2. S. 163.

Kurze Zeit darauf erfolgte der Zusammenstoß der beiden Schlachtfronten. Auf beiden Seiten schossen die Buggeschütze <143> erst auf allerkürzeste Entfernung. Garcia de Toledo hatte Don Juan empfohlen[3], sie erst im Augenblick des Rammens abzufeuern. Wenn dieser Rat auch nicht befolgt wurde, so hatte sich doch der Pulverqualm der ersten Schüsse noch nicht von den Schiffen gehoben, als sie auch schon mit großer Wucht aufeinanderstießen. Doch richteten die wenigen Kanonenschüsse, aus so großer Nähe abgefeuert, entsetzliche Verheerungen an, rissen die Boote, große Teile der Kastelle und Schanzkleider weg, töteten die Ruderer bankweise.

Ali Pascha und Don Juan hatten beide ihren Steuerleuten befohlen, auf das an seinem Flaggenschmuck kenntliche feindliche Admiralsschiff zuzuhalten. Wie an einer Schnur gezogen, sagt Fernando de Herrera, flogen die beiden prächtigen Galeeren aufeinander zu. Rufo vergleicht sie mit gepanzerten Schlachtrossen, die aufeinander losstürmen, noch bevor die Reiter sich gegenseitig erkannt haben, mit Stieren, die in der Brunft unbewußt demselben Kampfplatz zustreben. Die Galeere Alis drang mit ihrem Rammsporn bis zur vierten Ruderbank in den Rumpf der „Real" ein und verfing sich mit ihrem viel höheren Vorkastell in deren Takelwerk.[4] Es war ihr unmöglich, sich abzulösen, beide Schiffe bildeten, auch ohne die Enterhaken, die jetzt von beiden Seiten geworfen wurden, einen einzigen Kampfplatz.[5] Auch auf den anderen Galeeren ging das Rammen fast immer gleich in den Enterkampf über, es scheint nirgends geglückt zu sein, den Feind mit einem einzigen Rammstoß zu versenken. Rings herum legten sich türkische und christliche Galeeren mit splitternden Rudern in allen Richtungen aneinander. Venieros Capitana blieb an der Seite der „Real" und stieß mit dem Bug gegen die Mitte von Alis Schiff, die

3 Colección 3, S. 25.
4 Fernando de Herrera S. 357
5 Jurien de la Gravière 2, S. 172.

Verbindung zwischen dessen Vor- und Hinterkastell mit seinem Musketenfeuer beherrschend.

Die Galeere Mahomet Beys, auf der sich die beiden Söhne Alis befanden, war zwischen die päpstliche und die savoyische Capitana eingedrungen. Die beiden wohlgeordneten Schlachtlinien waren bald aufgelöst, es bildeten sich mehrere Knoten von ineinander <144> verkeilten Schiffen wie der um die „Real",[6] beide Flotten schienen eine einzige Masse zu bilden. Erst wenn eins von zwei kämpfenden Schiffen erstürmt war, konnten sie sich voneinander lösen; manchmal begann dann das eine, leckgeschossen, sofort zu sinken, es war nur von dem anderen über Wasser gehalten worden. Der dichte erstickende Pulverqualm, der sich bald über die kämpfende Flotte legte und den sonnigen Mittag in die finsterste Mitternacht verwandelte,[7] verhinderte jeden Überblick. Don Juan wußte lange Zeit nichts über den Stand der Dinge bei den anderen Geschwadern. Jeder Offizier war auf seinem Schiff allein wie ein im dichten Wald verirrter Jäger, sagt Diedo.[8] Alle Erzähler sprechen von dem entsetzlichen Getöse: mit dem Krachen der Salven vereinte sich das Splittern des Holzes, die Rufe der Verwundeten und Ertrinkenden, das gräßliche Feldgeschrei der Türken. Da von beiden Seiten Brandgeschosse, Pechkränze und dergl. geschleudert wurden – eine von Serbelloni, dem Artilleriegeneral der Liga, der in allen derartigen Erfindungen hervorragte, verwendete Art von griechischem Feuer soll bei Lepanto gute Dienste geleistet haben[9] – brachen auf vielen Schiffen Brände aus, von denen die Funken weithin flogen. Wolken von Pfeilen gingen über die Christen nieder, von denen bald die Verdecke, Schanzkleider und Masten wie Igel starrten. Sereno erzählt[10], daß sich ihm, als er sich viele Jahre später, in der Stille des Klosters Monte Cassino, beim

6 Cabrera 2, S. 113.
7 Sereno S. 195.
8 Molmenti S. 116.
9 Pastor 8, S. 590 A. 3.
10 S. 183.

Schreiben seines Geschichtswerkes an die Einzelheiten dieser Seeschlacht erinnerte, die Haare sträubten; „die Hand, die die Feder hält, zittert mir, Furcht überkommt mich, die ich damals, als ich den großen Tag miterlebte, nicht kannte".

Während der Kampf im Zentrum fast zwei Stunden lang keine Entscheidung brachte, schien es anfangs, als würden die beiden Flügel der christlichen Flotte unterliegen. Der linke von Barbarigo befehligte stieß mit besonderer Wucht und etwas früher <145> als die anderen Treffen mit dem Feinde zusammen.[11] Obwohl Barbarigo, dessen Galeere am linken Ende seines Flügels stand, bestrebt war, sich so nahe wie irgendmöglich an der Küste zu halten, gelang es einer von Scirocco Pascha geführten Gruppe von türkischen Galeeren, deren Steuerleute die Küste besser kannten als die Christen, vom äußersten rechten Flügel der türkischen Schlachtordnung aus vorzustoßen und sich zwischen das Land und die Schiffe Barbarigos zu drängen. Der Provveditore erkannte die Gefahr, er vermochte es, indem er eine entschlossene Wendung zur Küste hin vollzog, diese Bewegung abzuriegeln.[12] Es gelang nur einem halben Dutzend türkischer Galeeren, ihn in der Flanke zu fassen. Im Kampf mit ihnen und dem von vorn angreifenden Gros gerieten aber seine Capitana und die ihr benachbarten Schiffe einen Augenblick lang in eine sehr kritische Lage. Er selbst wurde tödlich verwundet, ein Pfeil drang ihm ins linke Auge. Im letzten Augenblick entsetzte sein Neffe Contarini, vom rechten Flügel des Geschwaders herbeieilend, die Capitana des Provveditore. Allmählich gelang es noch anderen venezianischen Galeeren, sich aus dem Enterkampf zu lösen und an die bedrohte Stelle zu rudern. Das Schiff Sciroccos ergriff die Flucht, wurde gestellt und erobert, der Pascha fand den Tod. Nach dem Tode des Führers gaben die Türken ihre Sache an dieser Stelle verloren. Marco Quirini drang am rechten Flügel des Geschwaders erfolgreich

11 Jurien de la Gravière 2, S. 164 f. Normann S. 44.
12 Vgl. die 5. Kartenskizze bei Jurien de la Gravière Bd. 2.

vor und begann den Feind landwärts zu drängen. Zu diesem Zeitpunkt scheint auch eine der vor diesem Flügel liegenden Galeassen mit ihren Geschützen einen Augenblick in den Kampf eingegriffen zu haben.[13] Die Türken begannen, ihre Schiffe beim Kap Skropha – damals noch ein zum großen Teile freistehendes Riff – auf den Strand zu setzen. Die Mannschaften der gestrandeten Schiffe versuchten, an Land zu schwimmen, viele versanken oder wurden von rasch ausgesetzten Booten der Venezianer aus getötet. – Es ist schwer festzustellen, wann die Entscheidung auf diesem Flügel fiel; <146> wahrscheinlich geschah es noch, bevor das Viktoriageschrei im Zentrum erscholl, auf keinen Fall später. An der letzten Phase der Schlacht haben die Galeeren Barbarigos nicht mehr teilgenommen, ihre Bemannungen waren bis in den Abend mit der Plünderung der eroberten und gestrandeten türkischen Schiffe beschäftigt.

Im Zentrum[14] brachte die Eroberung des türkischen Flaggschiffes die Entscheidung. Die Soldaten aus Moncadas und Figueroas tercio, die der „Real" zugeteilt worden waren, zum großen Teil Sarden, drangen zweimal bis zum mittleren Mastbaum von Alis Schiff, wurden aber jedesmal von den Janitscharen zurückgeworfen. Dann überschwemmten die Türken einen Augenblick lang das Vorderdeck der „Real". Lope Figueroa, der dort befehligte, mußte zurückweichen und um Verstärkung bitten.[15] Don Juan selbst, der weithin sichtbar mit den Edelleuten seines Hauses auf dem Achterdeck unter der Fahne stand,[16] drängte sich ins Getümmel. Vergebens bat ihn Requesens, sich nicht derartig zu exponieren, sich in die Achterhütte zurückzuziehen oder unter Deck zu gehen. Immer wieder machte Don Juan Miene, sich am Handgemenge zu beteiligen.[17] Mit Hilfe der von den beiden hinter

13 Vgl. den Bericht Gerolamo Diedos bei Jurien de la Gravière 2. S. 168 f.
14 Jurien de la Gravière 2, S. 167 ff. Normann S. 47 f.
15 Aparici a.a.O. S. 34. Colección 3, S. 219.
16 Cabrera 2, S. 114.
17 Serenos S. 206.

der „Real“ liegenden Schiffen hastig herüberkletternden Verstärkungen gelang es, die Türken wieder auf auf Alis Schiff zurückzudrängen. In diesem Augenblick legte sich die Galeere Colonnas, die, ohne sich von der „Real“ zu trennen, schon mit der Galeere Pertau Paschas und der des Sandschak von Negroponte gekämpft und eine dritte erobert hatte[18], neben Alis Flaggschiff. Spanier und Italiener sprangen gemeinsam an Deck und eroberten es Stück für Stück. Ali Pascha, der, mit einem Bogen bewaffnet, bald am Großmast, bald auf dem Achterdeck heldenmütig gekämpft hatte[19], fiel. Bald war das ganze türkische Admiralschiff im Besitz der Christen. Das gewöhnlich in Mekka aufbewahrte, mit Koransprüchen bestickte heilige Banner[20] <147> wurde niedergeholt und dafür die Kreuzesfahne geheißt. Don Juan ließ seine Soldaten den Viktoriaruf erheben, der sich von Schiff zu Schiff fortpflanzte. Der Kampf der beiden Admiralschiffe hatte über anderthalb Stunden gedauert.[21] Die Galeeren des türkischen Zentrums kämpften noch lange weiter, doch verschlechterte sich ihre Lage rasch. Als die „Real“ noch einmal überraschend angegriffen wurde[22], erkannte Santa Cruz die plötzliche Gefahr und kam Don Juan mit einem Teil seiner Galeeren zu Hilfe. Gleich darauf wandte sich Don Juan mit der Capitana Colonnas und ungefähr einem Dutzend anderer Galeeren nach rechts, wo die Sache der Christen eine Zeitlang sehr schlecht stand und schon ein großer Teil von Santa Cruz‘ Reserve eingesetzt worden war.[23]

Ein ganz anderes Gesicht trugen die Vorgänge auf dem rechten christlichen Flügel.[24] Hier standen sich zwei erfahrene Seeleute gegenüber, Uluch Ali und Doria. Während sich bei

18 Guglielmotti S. 221 f.
19 F. de Herrera S. 363.
20 Beschreibung Colección 3, S. 270 f.
21 Aparici S. 34 f. Colección 3, S. 244.
22 Fernandez-Duro im Boletín. S. 213.
23 Aparici S. 35 f. F. de Herrera S. 368. Colección 3. S. 220, 245.
24 Jurien de la Gravière 2. S. 189 ff. Normann S. 52 f.

den übrigen Geschwadern die Seeschlacht alsbald in einen Infanteriekampf verwandelte, verhielten sich der Genuese und der berühmte Korsar lange beobachtend, sie versuchten, die Beweglichkeit ihrer Schiffe auszunutzen und sich gegenseitig auszumanöverieren. Doria hatte schon früh bemerkt, daß der ihm gegenüberstehende Flügel der Türken ihm um ungefähr 30 Galeeren überlegen war, sich beträchtlich weiter nach Süden dehnte und ihn zu überflügeln drohte. Er hielt darum mit seiner Capitana, die am äußersten rechten Flügel der Ligaflotte stand, südwärts ab und befahl seinem Geschwader, ihm zu folgen, was anscheinend nicht gleichmäßig und rasch genug geschah. Don Juan konnte diese ihm unverständliche Bewegung noch vor dem Beginn des Enterkampfes bemerken und sandte ein Boot ab, um Doria aufzuhalten.[25] Uluch Ali ahmte seinerseits die Bewegung Dorias nach. Während die beiden anderen Geschwader schon im Kampfe begriffen waren, ruderten seine und Dorias Schiffe <148> außer Schußweite nebeneinander her nach Süden, Doria immer ängstlich darauf achtend, daß die feindliche Spitzengruppe keinen Vorsprung gewann und ihn nicht mit einer plötzlichen Wendung in der Flanke faßte.

Man hat Doria schon gleich nach der Schlacht zum Feigling stempeln wollen, vor allem von venezianischer Seite; neuere italienische Historiker haben ähnliche Vorwürfe erhoben.[26] Er soll mit Uluch Ali im Einverständnis gewesen sein oder die Erhaltung seiner eigenen Schiffe – deren sich 11 in der Ligaflotte, aber zum größten Teil bei den anderen Geschwadern befanden – im Auge gehabt haben. Man hat in seinem Verhalten eine Kritik an der Schlachtordnung der Ligaflotte sehen wollen (Manfroni), die doch zum großen

25 F. de Herrera 3. S. 56.

26 Z. B. Guglielmotti S. 228 f. Camillo Manfroni in der „Rassegna naziovale" 1901 Rd. 23 S. 38 f. Dagegen B. Veroggio, Gianandrea Doria nella battaglia di Lepanto. Genua 1886. Jurien de la Gravière kritisiert Doria ebenfalls heftig. Vgl. auch Serrano 1. S. 137 A. 2.

Teil sein eigenes Werk war. Der spanische Hof hat Doria die Rolle, die er bei Lepanto spielte, nie zum Vorwurf gemacht; allerdings war das Einverständnis mit Doria ein Erfordernis der spanischen Politik dem unruhigen Genua gegenüber. Doch hätte Don Juan, der allen Eigenmächtigkeiten gegenüber sehr empfindlich war, Doria nie zu seinem Freunde gemacht, wenn er in dessen Verhalten bei Lepanto etwas anderes als ein nur an Ulach Alis List zu Schanden gewordenes kluges Manöver gesehen hätte. – Die von Dorias Geschwader vollzogene Bewegung war zweifellos sehr gefährlich und mit den Instruktionen von Messina kaum vereinbar. Doch ist sein Bestreben, sich noch eine Weile seine Handlungsfreiheit zu bewahren, an sich sehr verständlich. Er war von der Überlegenheit der Türken überzeugt, die freudige Zuversicht Don Juans fehlte ihm völlig; noch am Morgen hatte er davor gewarnt, sich zu schlagen. Vielleicht wußte er, wie schlecht die Sache der Christen anfangs am linken Flügel stand, und sah einen Rückzug, einen Abbruch der Schlacht voraus, bei dem er mit seinem noch nicht engagierten Geschwader wichtige Dienste leisten zu können hoffte.

Uluch Ali, der gegen die Annahme der Schlacht gestimmt <149> hatte, sich den übrigen türkischen Führern mit Recht überlegen fühlte und dem jungen Admiral wenig zutraute, war es vielleicht im ersten Augenblick sehr lieb, daß ihn die Galeeren Dorias nicht angriffen. Als Beglerbeg von Algier, als Besitzer zahlreicher Schiffe, die alle bei seinem Geschwader eingeteilt waren, nahm er eine sehr selbständige Stellung ein, die eine gewisse Ähnlichkeit mit der Dorias aufweist. Ein eigenmächtiges Verhalten in der Schlacht konnte ihm das Todesurteil eintragen; es konnte ihm aber auch, wenn die beiden anderen Geschwader unterlagen und er die Galeeren des seinen unversehrt nach Konstantinopel zurückbrachte, die Gunst des Großherrn, die Ernennung zum Nachfolger Alis verschaffen. – Doch bald hatte er seinen Entschluß gefaßt. Der Abstand zwischen dem Zentrum und dem rechten Geschwader der Ligaflotte sollte laut den Instruktionen von Messina nur die Breite weniger Galeeren betragen; die Lücke maß jetzt fast einen Kilometer und wuchs noch beständig. Während die Capitana Uluch Alis bisher wie die Dorias an der Spitze ihrer Division südwärts gerudert war, blieb sie plötzlich zurück, während der größte Teil der übrigen Galeeren die Bewegung fortsetzte, das Vorhaben des Korsaren verschleiernd. Dieser sammelte seine stärksten und schnellsten Schiffe um sich und wandte sich mit größter Schnelligkeit und ohne von Doria bemerkt zu werden, nordwärts gegen das linke Ende von dessen Flügel und das rechte des Zentrums, die er mit überlegenen Kräften angriff. Der große Erfolg dieses Manövers läßt sich nur durch den Umstand erklären, daß sich dieser Teil von Dorias Division schon in Verwirrung befand. Cardona mit der sizilianischen Capitana und den 8 Galeeren der Vorhut, der an diesem Ende stehen sollte, war bei der Entfaltung der christlichen Flotte von der Strömung abgetrieben worden[27] und hatte, als der Rechtsabmarsch Dorias begann, seinen Platz noch nicht erreicht. Uluch Ali fand also keine gänzliche Lücke vor, sondern einzelne Schiffsgruppen, die sich ihm teils entgegenstellten, teils, wie die Galeeren Cardonas, noch im Anzug begriffen waren. Er war stark genug, um sowohl sie wie das rechte Ende des christlichen Zentrums, an dem die drei Galeeren des Malteser-Ordens <150> standen, im ersten Anlauf zu überrennen. Auf der Capitana der Malteser waren, nachdem sie Uluch Ali später wieder abgejagt worden war, nur noch der Prior und zwei Ritter am Leben, alle drei schwer verwundet. Ähnlich war es auf der päpstlichen „Fiorenza“, die man manövrierunfähig umhertreibend fand, auf der „San Giovanni“, der savoyischen „Piemontesa“ usw. Einige von diesen Schiffen scheinen, ohne geentert zu werden, nur durch aus nächster Nähe abgegebenes

27 F. de Herrera S. 367 f. Aparici S. 35.

Hakenbüchsenfeuer und Schwaden von Pfeilen, die über sie niedergingen, mehr als die Hälfte ihrer Besatzung verloren zu haben. Der ganze Vorgang spielte sich in allerkürzester Zeit ab. Als Cardona, der inzwischen herangekommen war, sich den Türken entgegenwarf, geriet er in eine verzweifelte Lage, seine Schiffsgruppe wurde von 15 Galeeren Uluch Alis angegriffen. Wenn zu dieser Zeit die Entscheidung im Zentrum nicht schon gefallen gewesen wäre, so daß erst ein Teil der Reserve unter Alonso de Bazán, dem Bruder Santa Cruz‘[28], dann Don Juan mit ungefähr einem Dutzend Galeeren zur Hilfe kommen konnten, hätte dieser Überfall Uluch Alis eine entscheidende Wendung herbeiführen können. Er stellt wohl die einzige wirklich große taktische Leistung des Tages von Lepanto dar.

Wann Doria die Täuschung bemerkte und ob er zu dieser Zeit mit denjenigen türkischen Galeeren, die mit ihm weiter südwärts gefahren waren, zu kämpfen begonnen hatte, läßt sich nicht feststellen. Als er umkehrte und Uluch Ali im Rücken angriff, waren Bazán und Don Juan schon zur Stelle. Der Korsar mußte jetzt den Kampf abbrechen; er ließ die Taue, mit denen seine Galeeren die erbeuteten christlichen hinter sich herschleppten, kappen, das Focksegel setzen und entkam mit einem großen Teil der Schiffe, die ihn bei seinem Überfall begleitet hatten.

Auf dem linken Flügel wurde noch gekämpft. Don Juan, Santa Cruz, der auch zur Abwehr Uluch Alis herbeigeeilt war, und Doria wandten sich dorthin.[29] Auch hier hatte Santa Cruz schon einmal einen Teil seiner Reserve unter Martin de Padilla[30] <151> eingesetzt. Don Juan bemerkte eine größere Anzahl türkischer Galeeren, die ihre Segel setzten und nach Westen zu entkommen suchten. Mit den Galeeren Dorias und Santa Cruz‘ um die Wette rudernd, nahm er ihre Verfolgung

28 Fernandez-Duro im Boletín S. 213.
29 Aparici S. 36 f. Colección 3. S. 222, 245.
30 Fernandez-Duro im Boletín S. 213.

auf[31], es gelang ihm, sie vom Ausgang des Golfes abzuschneiden, so daß die meisten von ihren Kapitänen auf den Strand gesetzt wurden.[32]

Gegen 5 Uhr nachmittags war der Sieg der Christen überall gesichert. Weniger als ein Fünftel der türkischen Flotte entkam. Über 100 Galeeren[33] waren im Enterkampf genommen worden; man sah sie, von Plünderern wimmelnd, neben den christlichen liegen oder in deren Schlepptau langsam über das Schlachtfeld ziehen. Viele andere waren gesunken oder trieben brennend umher. Die Verluste der Türken[34] werden mit zwanzig-, fünfundzwanzig, ja dreißigtausend Mann angegeben. Die Zahl der Gefangenen betrug fast 3500. Viele hohe türkische militärische Würdenträger fanden den Tod, über deren Namen und Stellung die Quellen nicht übereinstimmend berichten.[35] Eine bedeutende Anzahl war in Gefangenschaft geraten und wurde der Obhut Don Juans übergeben. Viele Hunderte von christlichen Sklaven hatten ihre Freiheit wiedergewonnen; auf manchen Galeeren zerbrachen sie, als die Christen enterten, ihre Ketten und fielen den Verteidigern in den Rücken. Auch die Rudersklaven der Ligaflotte, die im Laufe der Schlacht oft losgekettet und bewaffnet worden waren, hatten viel zum Siege beigetragen.[36] Bis in die Nacht hinein wetteiferten sie mit den Soldaten beim Morden und Plündern, viele mußten von den Aufsehern mit Gewalt an ihre Ruderbänke zurückgebracht werden.

31 F. de Herrera S. 369.

32 Diese letzte Phase der Schlacht von Lepanto wird von den meisten Berichten und allen späteren Historikern mit der Flucht Uluch Alis in Eins gesetzt. Doch waren die Schiffe des Korsaren schon längst hinter dem Kap Skropha verschwunden, als diese geschlossene Gruppe von einigen Dutzend türkischer Galeeren auszubrechen versuchte.

33 Colección 3. S. 227.

34 Jurien de la Gravière 2. S. 218. Serrano 1. S. 137.

35 Eine Aufstellung z. B. Colección 3. S. 253.

36 Aparici S. 39. Colección 3. S. 247.

Aber auch die Verluste der Christen waren gewaltig.[37] Die <152> Kritiker Don Juans wiesen vor allem auf ihre ausserordentliche Höhe hin, die eine Fortsetzung des Feldzuges und eine Ausnutzung des Sieges von vornherein unmöglich machten. Die Zahl der Toten wird meistens mit 7500 angegeben, doch war sie zweifellos höher; so zählte niemand die gefallenen Ruderer, die noch in der Nacht nach der Schlacht durch türkische Gefangene ersetzt wurden. Von den venezianischen Rudermannschaften kamen allein über 2000 um. Die Verluste der Venezianer waren auch sonst am größten und bei der schwierigen Lage der Markusrepublik besonders empfindlich. 17 Schiffskapitäne waren tot, zum großen Teil aus alten venezianischen Geschlechtern.[38] Von den Maltesern und der Besatzung der Ordensgaleeren lebten nur noch wenige.[39] Die meisten Generäle, Spinola, Santa Fiore, Veniero waren verwundet, Don Juan selbst leicht. – Die Wunden von Lepanto standen bald hoch im Kurs. Sereno spottet über die Soldaten, die ihre Verletzungen, gerade wenn sie unbedeutend waren, künstlich offen hielten, damit möglichst stattliche Narben daraus würden.

Ein Rückblick auf den Verlauf der Schlacht zeigt, daß die Entscheidung im Zentrum fiel.[40] Bis zur Einnahme von Alis Flagschiff war der Ausgang noch völlig ungewiß. Erst drohte der linke Flügel der Christen zu unterliegen; dann, als der Angriff Scirocco Paschas zum Stehen gekommen war, erfolgte die Ausmanövrierung Dorias und der furchtbare Schlag Uluch Alis gegen das rechte Ende des christlichen Zentrums und die Nachzügler von Dorias Geschwader. Zu diesem Zeitpunkt aber war die „Real" der Galeere Alis Herr geworden; der Verlust der heiligen Fahne, das christliche Viktoriageschrei entmutigte die Türken, ohne sie zum Weichen

37 Rosell S. 109. Jurien de la Gravière 2. S. 211 ff. Serrano 1. 5. 138
38 Colección 3. S. 254 f.
39 Jurien de la Gravière 2. S. 214.
40 Serrano 1. S. 135. Merriman S. 139 etc.

zu bringen. Don Juan[41] erkannte, daß der Kampf der beiden mittleren Geschwader zwar noch lange dauern, aber keine Wendung zu Ungunsten der Christen mehr bringen konnte. Es gelang ihm, einen Teil seiner Galeeren aus dem Enterkampf zu ziehen und mit ihnen Uluch Ali Einhalt zu <153> gebieten. Doch wäre diese Umgruppierung und die vorausgehende Entscheidung im Zentrum unmöglich gewesen ohne die Unterstützung durch Santa Cruz. Die Aufstellung einer starken Reserve und die Ernennung des Marqués zu ihrem Befehlshaber war vielleicht die glücklichste Maßnahme Don Juans und des Kriegsrates von Messina. Man hatte es ganz der Einsicht Santa Cruz' überlassen, wann und wo er seine Galeeren einsetzen sollte.[42] Er beobachtete eine geraume Zeit lang die Entwicklung der Schlacht und wartete, ob die Türken an irgendeiner Stelle die Oberhand gewinnen würden. Immer, wenn dies der Fall war, erkannte er es rechtzeitig und sandte einen Teil seiner Schiffe hin. Auf dem linken Flügel ließ er Padilla eingreifen, er selbst eilte der „Real" zu Hilfe, als sie kurz nach der Bezwingung von Alis Galeere überfallen wurde, und schickte gleichzeitig seinen Bruder in die durch Uluch Alis Angriff entstandene Bresche, wo er selbst noch vor Don Juan eintraf. Trotz dieser Dreiteilung war das Eingreifen der Reservegaleeren überall von sofortigem Erfolg begleitet.

Daneben hatten die Christen den Sieg ihrer Bewaffnung und Kampfesweise zu verdanken. Die altberühmten spanischen tercios aus der Schule der Generäle Karls V. zeigten sich den Türken im Infanteriekampf von Schiff zu Schiff von Anfang an überlegen.[43] Fast alle Quellen berichten von der verheerenden Wirkung ihres regelmäßigen Arkebusen- und Musketenfeuers. Den Türken fehlten Panzer und Helme,

41 Dieser Augenblick wird besonders deutlich in der Relation, die D. J. für Philipp II. schreiben ließ. Aparici S. 35.

42 Nach A. de Herrera (2. S. 32) hatte Doria Don Juan kurz vor Beginn der Schlacht noch einmal besonders darum gebeten, den Marqués nicht gleich eingreifen zu lassen.

43 Jurien de la Gravière 2. S. 8.

sie fochten nicht im Schutze von Schanzkleidern wie die Christen. Die Galeeren der Ligaflotte waren alle gleichmäßig stark bemannt; auf türkischer Seite hatten die Fanal-Galeeren viel mehr Soldaten an Bord als die gewöhnlichen. Auf beiden Seiten wurde mit einer Erbitterung gekämpft, über die sich Veteranen und Neuling später gleichermaßen entsetzten. Nur gegen Ende der Schlacht begann man, Gefangene zu machen.

Am Abend begann sich das Wetter rasch zu verschlechtern. <154> Die Winde, dichtet Porreno,[44] die dem Kampf aus den Höhlen des felsigen Ufers zugesehen hatten, eingeschüchtert von dem Getöse der Schlacht, faßten wieder Mut und bliesen über das Wasser. Schweres Regengewölk zog auf, es wurde rasch dunkel. Brennende Schiffe erhellten die Nacht, überall erschollen festliche Trompeten, ausgelassene Lieder, Hammerschläge und Kettenklirren: die gefangenen Türken wurden an die Ruderbänke gefesselt. Das Meer war dicht mit Schiffstrümmern bedeckt, an denen sich Türken festhielten. Sie klammerten sich auch an die Ruder der christlichen Galeeren, wie Polypen an den Fels, sagt Rufo. Man schüttelte sie ab, erschlug sie von Booten aus. – Da es immer stärker stürmte, beschloß Don Juan, mit der Flotte in dem Naturhafen hinter der Insel Petala, der schon am Morgen berührt worden war, Zuflucht zu suchen. Auf der „Real“ schlief niemand in dieser Nacht: Don Juan, die Prinzen, die Hauptleute und adligen Freiwilligen taten kaum etwas anderes, erzählt Sereno[45], als sich immer wieder zu umarmen. Farnese, della Rovere, Colonna, Veniero, alle anderen Generäle und hohen Offiziere kamen an Bord, um Don Juan zu seinem Siege zu beglückwünschen. Er antwortete mit Danksagungen, Scherzen, er pries ihre Tapferkeit, zeigte sich über die Leistungen jedes einzelnen schon aufs Genaueste unterrichtet. Vor allem dem jungen Michele Bonelli, dem päpstlichen Nepoten, konnte er gar nicht genug Liebe erweisen. Als Veniero sich an Deck zeigte, hinkend, mit

44 S. 119.
45 S. 210.

verbundem Bein, lief Don Juan freudig auf ihn zu, nannte ihn Vater, umarmte und küßte ihn.[46] Nach dem Zeugnis des Kapitäns Soranzo[47] versicherte er ihm, „er habe sehr wohl gesehen, was die venezianischen Galeeren geleistet hätten, er und alle spanischen Edelleute seien nicht aus dem Staunen herausgekommen".

Angesichts des Sturmes hatte es Don Juan nicht für nötig gehalten, den Ausgang des Golfes durch einige Galeeren bewachen zu lassen. So konnte Uluch Ali, der am Nachmittage in <155> Richtung auf Santa Maura geflohen war, ungehindert zurückkehren, das Schlachtfeld passieren und den Hafen von Lepanto, wo sich auch die übrigen Reste der türkischen Flotte zusammenfanden, erreichen. Die Zukunft der Liga und Don Juans hätte völlig anders ausgesehen, wenn es gelungen wäre, Uluch Alis Vereinigung mit den nach Lepanto geflüchteten Resten der feindlichen Flotte zu verhindern, so daß er nicht als Retter eines Teiles der osmanischen Seemacht nach Konstantinopel zurückkehren konnte.

Es ist vielleicht nützlich, sich an dieser Stelle kurz den Aufstieg des kalabresischen Fischersohnes zur letzten Höhe der Macht zu vergegenwärtigen, der mit seinem Eintreffen in Lepanto begann. Als die christliche Armada sich in Corfu auflöste, war er mit dem Rest der türkischen Flotte nach Konstantinopel unterwegs. Selim II., der glaubte, bei Lepanto seine ganze Seemacht verloren zu haben, war freudig überrascht, als eines Tages doch noch ein stattliches Geschwader – Uluch Ali hatte anscheinend die noch vor Zypern liegenden Galeeren und alles, was ihm sonst an Schiffen begegnet war, an sich gezogen, die Dardanellen passierte. Bald gelang es diesem und seinen Freunden, den Sultan über das wahre Ausmaß der Niederlage von Lepanto zu täuschen. Er wurde zum Kapudan-Pascha ernannt und erhielt den Beinamen Kilidsch, d.h. „das Schwert". Sofort begann er mit dem

46 Molmenti S. 127.
47 Molmenti S. 127 A. 1.

Neubau der Flotte, wobei ihn Sokolli unterstützte.[48] Selten haben die Christen jener Zeit sich mehr vor den ungeheuren Reichtümern und Machtmitteln des osmanischen Reiches entsetzt als im Jahre nach Lepanto, das schon wieder eine türkische Flotte von weit über 200 Galeeren an der Westküste Moreas erscheinen sah. Gleichzeitig reformierte Uluch Ali die Bewaffnung der Marinetruppen, indem er die Lehren aus der Katastrophe von Lepanto zog. Der Bogen wurde abgeschafft, die Bestückung der Galeeren verdoppelt. Auch die Matrosen nahm der Korsar in seine eiserne Zucht, erst er soll die Türken die wahre Kunst des Schiffbaues und des Seekrieges gelehrt und das Seewesen von der Vorherrschaft der griechischen und italienischen Schiffer <156> befreit haben.[49] Die Flotte, die im Sommer 1572 auslief, war nicht mit der bei Lepanto vernichteten zu vergleichen und durfte der christlichen auf keinen Fall in offener Schlacht gegenübertreten. Aber es gelang der großartigen Kriegsführung Uluch Alis, die Ligaflotte unter Vermeidung einer Schlacht im alten Kriegsgebiet zu fesseln und sie im Verein mit den türkischen Landtruppen von jeder Eroberung abzuhalten. Allerdings geriet er, als er in Modon blockiert wurde, in eine sehr gefährliche Lage[50], die, wenn sie den Führern der Ligaflotte bekannt gewesen wäre, leicht zu seiner Vernichtung hätte führen können.

Der Sonderfrieden Venedigs und der Zerfall des christlichen Dreibundes waren die Frucht dieses Feldzuges. Im Winter 1572/73 ließ der französische Hof Uluch Ali zu seinen meisterhaften Operationen Glück wünschen und ihm versichern, man denke im Louvre jetzt weniger denn je an den Beitritt zu einem gegen die Pforte gerichteten Bündnis.[51] Bald erkannte man in Paris, daß Uluch Ali eine der Hauptstützen der französischen Partei in Konstantinopel war und seinen

48 Defontin-Maxange, Eudj'Ali. S. 156.
49 Jorga a.a.O. 3. S. 226.
50 Sereno S. 322 f.
51 Serrano 2. S. 280.

Seekrieg wie seine algerischen Pläne mehr und mehr in die große antispanische Koalition eingliedern wollte. Der ehemalige Korsar zeigte großes Interesse für die inneren Verhältnisse Frankreichs, für die Hof- und Religionsparteien.[52] Auf diese Anteilnahme an der abendländischen Politik gründeten sich auch die vergeblichen spanischen und päpstlichen Hoffnungen, Uluch Ali zum Abfall vom Sultan und zur Abtretung Algiers an Spanien zu bewegen, die im Winter 1571/72 zu ausgedehnten Unterhandlungen führten, an denen auch Don Juan durch einen eigenen Agenten eifrig Anteil nahm.[53]

Als die Flotte Don Juans 1573 nach Tunis segelte, fühlte sich Uluch Ali noch nicht stark genug, um sie auf der Fahrt anzugreifen oder die italienischen Küsten in ihrer Abwesenheit heimzusuchen. Seine Galeeren erschienen zweimal kurz vor der kalabresischen und der apulischen Küste, hielten sich aber meistens <157> zwischen den jonischen Inseln auf.[54] Dafür ergriff er im nächsten Jahr, als Spanien durch die genuesischen Wirren und die neue Zuspitzung in den Niederlanden gelähmt war, die Offensive und versetzte der Seemacht Philipps II. einen entscheidenden Schlag: zusammen mit Sinan Pascha machte er durch die Eroberung der Festung Serbellonis und La Golettas, der berühmten Eroberung Karls V., die tunesische Unternehmung Don Juans zunichte.

Nach der Einnahme von Tunis, das er 1570 schon einmal erobert hatte, erreichte Uluch Ali die höchste Stufe der Macht. Nächst dem Sultan und dem Großvesir war er der einflußreichste Mann im osmanischen Reiche.[55] Gewaltige Pläne beschäftigten ihn: er wollte ganz Nordafrika zu einer großen Herrschaft zusammenfassen; 1581 rüstete er zu einem

52 Defontin-Maxange a.a.O. S. 193.

53 Fernández-Duro, Armada española. 2. S. 184. H. Forneron, Histoire de Philippe II. Paris 1881. Bd. 2. S. 207 f. Co. di. 4. S. 516.

54 Sereno S. 335. Vgl. die Berichte Marcello Dorias, den Don Juan zur dauernden Beobachtung des Feindes nach Osten geschickt hatte: Colección 3. S. 119 L. 130 f.

55 Defontin-Maxange S. 164.

Kriegszug gegen Marokko;[56] ein Aufstand in Arabien zwang ihn zum Aufschub. Er wollte die Landenge von Suez durchstechen, um die Portugiesen im Indischen Ozean angreifen zu können. Bei der Kanonengießerei in Konstantinopel baute er auf eigene Kosten eine großartige Moschee.

Das Wenige, was über seine Wesensart berichtet wird, läßt ihn vielfach als eine Art Antipoden Don Juans erscheinen; der Unterschied beider Naturen ist von fast sinnbildlicher Kraft, große menschliche und weltgeschichtliche Gegensätze verkörpern sich in ihnen. Don Juan war schön an Antlitz und Gestalt, seine Sprache wohlklingend. Uluch Ali sprach stets heiser, mit leiser Stimme.[57] Er war klein, sein Gesicht von grobem Schnitt und blatternarbig. Don Juan war von zarter Gesundheit, sein Leben verzehrte sich rasch. Auch der Korsar kränkelte, doch eignete ihm die Zähigkeit des Galeerensträflings; im Alter von 72 Jahren soll sein Haar noch kaum ergraut gewesen sein. Beide waren <158> allein, auf sich selbst gestellt. Aber Don Juan suchte unermüdlich nach Freundschaft und Teilnahme; wo er hinkam, bildete sich ein Kreis um ihn, erstehen ihm „Apostel und Apostelinnen“, wie Garcia de Toledo einmal schreibt.[58] Uluch Ali war sich selber genug, wortkarg und barsch im Umgang. Er lebte einsam in seinem außerhalb Konstantinopels am Schwarzen Meer gelegenen Palast, um ihn seine Arbeiter und eine große Schar von Renegaten, unter denen er sich seine Offiziere heranbildete. Oft suchten ihn Anwandlungen von Schwermut, die auch Don Juan nicht fremd waren, heim. Während Don Juan mit jeder Faser an der höfisch-ritterlichen Kultur seines Lebenskreises hing, scheint Uluch Ali der türkischen Welt innerlich ganz fremd geblieben zu sein. Er zog sie anderen Völkern und Reichen nur aus einem einzigen Grunde vor: hier allein konnte ein von Seeräubern geraubter bettelarmer Fischer

56 Ch. André Julien, Histoire de l'Afrique du Nord. Paris 1931. S. 534.
57 Stirling-Maxwell 2. S. 74 nach Haedo.
58 Colección 3. S. 125.

zum mächtigsten Mann im Staate aufsteigen. Don Juan liebte ein prunkvolles, üppiges Dasein und besaß fast nie die dazu nötigen Mittel. Uluch Ali war persönlich ohne alle Bedürfnisse und verfügte über ungeheure Reichtümer.

Er kannte die Macht des Geldes und vertraute ihr mehr als der Tapferkeit und Anhänglichkeit seiner Soldaten. Der Alferez Pedro de Aguilar[59] hat ihn uns geschildert wie er in den Laufgräben vor La Goletta die Schanzenden ermunterte, indem er ihnen aus einem großen Geldbeutel Münzen zuwarf, während sein Mitfeldherr Sinan mit anfeuernden Reden und Drohungen längst nicht so viel erreichte. Arbeit und Technik galten ihm als die wichtigsten Teile der Kriegskunst. – Beide wachten über die Reinheit ihrer Ritterehre; für Don Juan ergab sich dies ohne weiteres aus Stand und Erziehung, bei Uluch Ali stand es im Widerspruch zu Geburt und Anfängen. Es war der einzige Zügel, den er seinem grenzenlosen Machthunger anlegte, dies allein konnte ihn anderen Menschen verpflichten. Schon als einfacher Korsar wollte er nie sein Wort gebrochen haben. Nach dem Fall der tunesischen Festungen protestierte er gegen den Bruch der Kapitulation, den sich Sinan zu Schulden kommen ließ.[60]

59 Memorias del cautivo etc. S. 53.
60 Stirling-Maxwell 2. S. 74.

8. DER ABBRUCH DER OPERATIONEN

Am Morgen des 8. Oktober ließ der Sturm nach, Don Juan kehrte mit einigen Galeeren auf den Schauplatz der Schlacht zurück und ließ eine Zählung der noch dienstfähigen Mannschaften durchführen. Sich und alle Generäle lud er zu einem Frühstück auf der Capitana Dorias ein – die einzige, auf der es noch heiles Geschirr gab. Im Anschluß daran befragte er den Kriegsrat über die weiteren Operationen der Ligaflotte. Es stand für ihn außer Frage, daß der Sieg energisch ausgenutzt werden müsse.

König Philipps Befehl, die spanische Flotte solle nach Messina zurückkehren, schloß den Gedanken an einen Winterfeldzug, dem Don Juan an sich sehr zuneigte, aus. Ebenso wenig durfte man die Flotte in einem noch zu erobernden türkischen Hafen oder in Corfu überwintern lassen, um im nächsten Jahre der erste im Felde zu sein. Um so dringender war es geboten, die kurze Zeit, die die spanische Flotte noch ohne Überschreitung der Instruktionen mit der venezianischen und päpstlichen zusammenwirken konnte, zu einer Unternehmung gegen eine der großen türkischen Festungen Griechenlands zu benutzen. Am nächsten lag der Gedanke einer Belagerung von Lepanto, wohin sich die Reste der türkischen Flotte zurückgezogen hatten. Voraussetzung dafür war die Einnahme der beiden die Meerenge beherrschenden Castelle. Don Juan wünschte dringend, daß gleich Anstalten dazu getroffen würden.[1] Als aber die anderen Generäle zu

1 Don Juan an Philipp. Petala 10. 10. Aparici S. 26. Stirling-Maxwell 1. S. 369; allerdings spricht Don Juan hier auch von anderen Möglichkeiten. Molmenti S. 182 nach einem Brief Requesens an seinen Bruder, Corfu 25. 10.

seinem Vorschlag Stellung nahmen, sah er mit Bestürzung, daß die Mehrheit, Colonna, Doria und fast alle Spanier, den Feldzug als abgeschlossen betrachteten und sobald wie möglich nach Hause wollten. Don Juans Ansicht wurde nur, wie es nicht anders zu erwarten war, von Santa Cruz geteilt.[2] Auch Veniero zeigte entschiedene Neigung, den Feldzug fortzusetzen, doch <160> äußerte er sich anscheinend sehr unbestimmt. Der übrige Kriegsrat begründete die Forderung heimzukehren, vor allem mit dem Befehl König Philipps, der seine Galeeren nach Messina zurückrief.[3] Die Spanier deuteten auch an, daß man in Madrid kein großes Interesse daran habe, den griechischen Besitz der Venezianer, denen ja nach dem Ligastatut alle Eroberungen zufallen mußten, zu erweitern. Die Markusrepublik sei jetzt, nach der Vernichtung der türkischen Flotte, durchaus imstande, auf eigene Faust einen Winterfeldzug durchzuführen oder eine wichtige türkische Festung zu belagern. Das mächtigste Argument bildete aber der Hinweis auf die verringerte Kampfkraft der Ligaflotte, auf die Havarien der Galeeren und die hohe Zahl der Verwundeten.

Don Juan gab nach. Ohne einen endgültigen Beschluß zu fassen, kam man überein, den Golf von Lepanto zu verlassen und nach Norden zu steuern. Noch am Abend desselben Tages ankerte die Ligaflotte auf der Reede von Santa Maura.[4] Man war froh, das Schlachtfeld verlassen zu können, das jetzt, da die Leichen der Ertrunkenen an die Oberfläche des Meeres aufzusteigen begannen und, soweit das Auge reichte, den Strand bedeckten, einen noch sehr schrecklicheren Anblick als am Abend des vorigen Tages bot. Mit der Fahrt nach Santa Maura war ein Angriff auf Lepanto, Modón, Coron oder Navarino – nur diese Operationen hätten der Größe des Sieges einigermaßen entsprochen – unwahrscheinlich geworden. Großartigere Pläne, wie man sie in Italien und Spanien nach

2 Altolaguirre a.a.O. S. 75.
3 Serrano 1. S. 141 f.
4 Molmenti S. 174.

dem Empfang der Siegesnachricht vielfach schmiedete, z. B. die Besetzung der Dardanellen, waren anscheinend überhaupt nicht ernstlich erwogen worden.[5]

„Außerdem hängt sich nun das ganze Gewicht des sinnlichen Menschen mit seinen Bedürfnissen und Schwächen an dem Willen des Feldherrn. All die Tausende, welche unter seinem Befehl stehen, haben das Bedürfnis nach Ruhe und Stärkung, haben das <161> Verlangen, die Schranken der Gefahr und Arbeit vorderhand geschlossen zu sehen", so schildert Clausewitz die Situation nach einem großen Sieg. Auf der Ligaflotte gewannen die vielen Keime des Zerfalls, die Don Juan bisher mit soviel Glück niedergehalten hatte, neues Leben. „Alles befand sich in einer solchen Unordnung und Verrottung", bekannte Colonna im folgenden Monat dem venezianischen Gesandten in Rom[6], „daß es völlig unmöglich war, noch etwas zu unternehmen; es gab keinen Gehorsam mehr, es wurde kein Recht mehr gesprochen, alles ging schief". Die Soldateska verlangte danach, ihre Beute zu Geld zu machen. Täglich starben viele von den Verwundeten. – Es wurde mit der Verteilung der ungeheuren Beute an Galeeren und Sklaven gemäß den Verhältniszahlen des Ligastatutes begonnen. Als die Teile festgesetzt waren, glaubte sich jede Partei von der anderen übervorteilt.[7] Die Spanier beschuldigten die Venezianer, viele Sklaven in ihren Galeeren verborgen und so der Zählung entzogen zu haben, während diese behaupteten, die Spanier hätten sich den Löwenanteil zugeschlagen. Über die vornehmen Gefangenen konnte man sich überhaupt nicht einigen; es wurde beschlossen, den Papst als Schiedsrichter anzurufen.[8]

Veniero zeigte sich wieder sehr schwierig. Meistens saß er alleine in seiner Kajüte, seine Beinverletzung pflegend; nur

5 Nach Costiols Chronica hat Don Juan den Dardanellenplan zur Sprache gebracht und lebhaft verteidigt. (Serrano 1. S. 140).
6 Pastor 8, S. 594. Colección 3. S. 234 f.
7 Molmenti S. 173. Serrano 1. S. 140.
8 Guglielmotti S. 252. A. 444.

widerwillig äußerte er sich über die weiteren Unternehmungen der Ligaflotte. „Alle staunten, als sie seinen großen Mut und feurigen Geist sich vor einer solchen Kleinigkeit beugen sahen.“[9] Er kränkte Don Juan durch die Bitte, ihn doch jetzt schleunigst von den ihm in Messina aufgenötigten italienischen Söldnern zu befreien[10], und durch die eigenmächtige Absendung einer Galeere mit der Siegesnachricht nach Venedig. Eine Zeitlang dachte er daran, den Feldzug ohne die Spanier fortzusetzen, vielleicht die Eroberung von Negroponte zu versuchen.[11] Doch wollte er <162> bald nichts mehr von diesen Plänen hören und bestand hartnäckig auf dem Abbruch der Operationen und der Auflösung der Armada. Vergebens bat ihn der vom venezianischen Senat der Ligaflotte mit 13 schweren Galeeren nachgesandte Filippo Bragadino, der, am Schlachttage durch widrige Winde bei Corfu festgehalten, erst bei Santa Maura zu ihr stieß, ihm 50 venezianische Galeeren anzuvertrauen; er versprach Veniero, mit diesem kleinen Geschwader noch große Dinge an der griechischen Küste auszurichten. Wenn etwas Derartiges möglich wäre, war die unwirsche Antwort, hätte er sich schon längst selbst dazu entschlossen.

Der schon gleich damals vielfach getadelte Beschluß, die Operationen für dieses Jahr abzubrechen, hätte doch kaum anders ausfallen können. Zunächst steht fest, daß sich Mannschaften und Galeeren in der schlimmsten Verfassung befanden und daß es ein großes Wagnis bedeutete, die Flotte den Herbststürmen noch länger ohne sicheren Hafen auszusetzen.[12] Auch verbanden sich mit der Müdigkeit und Unlust wohl noch andere, edlere Empfindungen. Jedermann wußte um das ganz außergewöhnliche Ausmaß des Sieges; er konnte

9 v. d. Hammen S. 185.
10 Jurien de la Gravière 2. S. 208.
11 Molmenti S. 172.
12 Als Garcia de Toledo von dem Siege hörte, schien es ihm selbstverständlich, daß die Flotte gleich darauf die Heimfahrt antreten würde. (Colección 3. S. 32).

nur durch ein wirklich großes Unternehmen, wie einen Angriff auf Konstantinopel, gekrönt werden. Alles andere empfand man als kleinsinnige Verkennung des eigenen Erfolges, als Undank gegenüber der Vorsehung. Es stand christlichen Rittern schlecht an, die große Gabe, die ihnen zuteil geworden war, gleich durch irgend einen kleinen Handel an der griechischen Küste vermehren und ausnutzen zu wollen. Schon die Tatsache, daß keine der Instruktionen die jetzige Lage vorausgesehen hatte, schien zu zeigen, daß die üblichen militärischen Verhaltungsmaßregeln hier ihre Gültigkeit verloren hatten. Außerdem sehnten sich Soldaten, Offiziere und Generäle gleichermaßen nach dem Triumph, den ihnen ihre Heimatstädte schuldeten. Der Tag von Lepanto konnte nur durch farbenprächtige Aufzüge, Dankgottesdienste, Freudenmähler und Tanzmusiken <163> abgelöst werden und nicht durch die schleichende Belagerung einer türkischen Festung.

Man darf wohl annehmen, daß solche Gefühle Don Juan besonders stark bewegten und daß er ihnen gerne den Sieg über die politisch-militärischen Erwägungen einräumte. Auch ist es sehr fraglich, ob es ihm, wenn er entschlossen den Kampf gegen die Mehrheit des Kriegsrates aufgenommen hätte, wirklich gelungen wäre, eine Fortsetzung des Feldzuges zu erzwingen. Da sowohl die Generäle der beiden anderen Ligamächte als auch sein spanischer Kriegsrat dagegen stimmten, waren ihm die Hände gebunden; um eine andere Verteilung der Stimmen zu erreichen, hätte es ähnlich wie in Messina eines fein ausgesonnenen Planes bedurft. Don Juan hatte sich nichts dergleichen zurechtgelegt und fühlte auch, daß es sich nicht wiederholen ließ, besonders jetzt.

Die Zeitgenossen machten dem Feldherrn der Ligaflotte die tatenlose Heimkehr vielfach zum Vorwurf.[13] Die Siegesnachricht hatte ein allgemeines Pläneraachen zur Folge, mancher rechnete mit der Befreiung ganz Griechenlands, mit

13 Serrano 1. S. 141. A. 2.

dem Fall von Konstantinopel und war bitter enttäuscht, als sich die italienischen Häfen schon Anfang November mit den zurückgekehrten Ligagaleeren zu füllen begannen. Die heftigsten Anklagen wurden gegen Veniero erhoben, nicht zuletzt von seinen Landsleuten. Don Juan schien vielen entschuldigt, weil er Ordre hatte, mit dem spanischen Geschwader in Messina zu überwintern. Eine an den venezianischen Senat gerichtete anonyme Denkschrift[14] gibt ein gutes Bild von den phantastischen Hoffnungen, zu denen man sich nach Lepanto berechtigt glaubte. Veniero, heißt es darin, hätte auch ohne die Spanier Bedeutendes ausrichten, mindestens die Heimkehr Uluch Alis nach Konstantinopel verhindern können. Tenedos, Mytilene, Negroponte hätten wieder venezianisch werden können, bei einer Besetzung der Dardanellen wäre man auf keinerlei Widerstand gestoßen, eine Belagerung von Konstantinopel hätte, da sich keinerlei Lebensmittel in der Stadt befanden und die Christen viel Einverständnis <164> unter den Sklaven besaßen, sichere Aussichten auf Erfolg gehabt und wahrscheinlich nicht länger als acht Tage gedauert. Der Verfasser der Denkschrift beruft sich dabei auf das Urteil Barbaros, des venezianischen Bailo in Konstantinopel. Die Undurchführbarkeit der beiden letzten Vorschläge braucht nicht bewiesen zu werden. Anders ist es mit der Blockierung von Lepanto, der Eroberung von Negroponte usw. Zweifellos hätte ein jüngerer und tatkräftigerer Admiral als Veniero versucht, Teile des alten venezianischen Kolonialreichs wieder zu erobern. Als der Senat Veniero im Januar 1572 einen zweiten Generalkapitän, Foscarini, an die Seite setzte, der an seiner Stelle das venezianische Geschwader der Ligaflotte befehligen sollte[15], kam er nicht nur einer Bitte des Papstes nach; er brachte damit wohl auch eine Mißbilligung von Venieros Verhalten nach Lepanto zum Ausdruck.

---

14 Molmenti S. 178.
15 Molmenti S. 189. A. 2. Serrano 1. S. 157.

Die Vorwürfe wurden aber auch auf Don Juan und die anderen Generäle der Liga ausgedehnt.[16] Man wollte sichere Nachrichten darüber besitzen, daß sich die Griechen Moreas bei der ersten Landung der Ligatruppen gegen die türkischen Unterdrücker erheben wollten. Die Festungen Modón, Navarino etc., die einen großen Teil ihrer Besatzungen an die Flotte Alis abgegeben hatten, wären mit Leichtigkeit zu erobern gewesen. Die Lebensmittelbestände der Ligaflotte hätte man aus den türkischen Magazinen ergänzen können, außerdem wären die mit Proviant beladenen Transportschiffe, auf denen sich noch an die 3000 Mann frische Truppen, hauptsächlich Deutsche[17], befanden, in Corfu zur Abfahrt bereit gewesen. In diesen Zusammenhang gehören auch die zweifellos stark übertriebenen Berichte über die Entmutigung, die sich der Türken bemächtigt haben sollte, als sich die Kunde von der Vernichtung ihrer Flotte verbreitete, und über die in Konstantinopel herrschende Bangigkeit.

Don Juan hatte Serbelloni und della Corgnia beauftragt, festzustellen, ob das Castell von Santa Maura, in dem eine türkische Besatzung lag, rasch und ohne größere Vorbereitungen erobert <165> werden könne. Währenddessen fuhr man fort, über die Möglichkeit weiterer Operationen zu beraten. Bald stand endgültig fest, daß in diesem Jahr nichts mehr unternommen werden würde. Don Juan scheint seinen Widerstand bald aufgegeben zu haben; hätte er noch länger darin beharrt, besäßen wir gewiß Nachrichten darüber.

Die Rekognoszierung ergab, daß die Belagerung von Santa Maura eine Angelegenheit von Wochen sei; das Castell beherrsche die Brücke zum Festland hinüber und werde von dorther immer wieder neue Verstärkungen empfangen. Da die Bedeutung der Feste in keinem Verhältnis zu der für die Belagerung nötigen Zeit stand, kam man rasch überein, diesen Plan aufzugeben. Jetzt war es nur noch der heftige Südwind, der

16 Sereno S. 218. Torres y Aguilera S. 77 ff. Cabrera 2. S. 119 etc.
17 Colección 3. S. 209 f.

die Ligaflotte in der Bucht von Santa Maura zurückhielt. Erst am 23. Oktober war die Weiterfahrt nach Corfu möglich, wo man noch bis zum 28. zusammenblieb.[18] Don Juan widmete sich in diesen Tagen besonders den Venezianern, mit denen er die Operationen des nächsten Jahres besprach. Veniero schien alle Zwistigkeiten vergessen zu haben und weinte, als sich der junge Generalissimus von ihm verabschiedete. Eine plötzliche Besserung des Wetters beschleunigte den Aufbruch der Spanier. Nachdem die in mehreren getrennten Gruppen segelnde Flotte schon die Hälfte des Kanals von Otranto durchquert hatte, geriet sie in einen wütenden Äquinoctialsturm.[19] Schon am 1. November traf Don Juan, der den größten Teil der Flotte beim Kap Spartivento zurückgelassen hatte, in Messina ein. Als am nächsten Tage die ganze Flotte in Sicht war, fuhr er ihr entgegen und kehrte an ihrer Spitze unter Kanonendonner und türkischer Musik in den Hafen zurück. Auf den erbeuteten Galeeren, die ihre Fahnen im Wasser hinter sich herschleiften, waren die Gefangenen zur Schau gestellt.[20] Als Don Juan und Colonna an Land gingen, wurden sie vom Klerus der Stadt Messina empfangen und zur Kathedrale geleitet, wo der Erzbischof die Messe zelebrierte.

Heer und Flotte lösten sich rasch auf. Das Geschwader <166> Santa Cruz' ging nach Neapel ab, zusammen mit den Galeeren Colonnas, der sich in Erwartung des Triumphs, den ihm die Stadt Rom bereiten wollte, auf sein Gut Marino begab. Auch die meisten nicht verabschiedeten deutschen und spanischen Söldner gingen nach Neapel in die Winterquartiere, wo der Kardinal Granvella mit ihnen fertig zu werden sehen sollte. Don Juan hoffte, daß sie dort durch ihr Geld mehr nützen als durch ihre Zuchtlosigkeit schaden würden.[21] Der große Teil der Truppen blieb im spanischen Solde, nur zwei

18 Colección 3. S. 29.
19 Fernández-Duro, Armada 2. S. 164.
20 Sereno S. 225.
21 Colección 3. S. 38.

Coronelias wurden aufgelöst. Viele Soldaten unternahmen eine Wallfahrt nach Loreto. Der Erlös der Lepantobeute war rasch ausgegeben, bald zeigten sich wieder überall die altgewohnten Bilder soldatischen Elends. Das Erste, was die Römer von dem siegreichen Heer sahen, war ein Haufen bettelnder, barfüßiger Männer, denen man, da sie ihre Waffen und Beutestücke längst verkauft hatten, kaum noch die Soldaten ansah: die bei der Soldauszahlung aufs schändlichste betrogenen entlassenen päpstlichen Truppen.[22] Della Corgnia (der noch im selben Winter plötzlich starb), Santa Fiore, die meisten Obersten hatten von Don Juan Urlaub erbeten, die Prinzen waren schon auf dem Weg in ihre Staaten. Requesens, zum Gouverneur von Mailand ernannt, machte sich ebenfalls gleich auf die Reise; er blieb einige Wochen in Rom, um seinen Bruder Zuñiga bei den ersten Besprechungen mit dem Papst und den Kardinälen über die nächsten Operationen der Ligaflotte zu unterstützen.[23] Dort fanden sich auch viele der großen italienischen Herren ein, die bei Lepanto mitgefochten hatten. Der Malteserkomthur Romégas, ein Gascogner, der Oberaufseher der päpstlichen Galeeren, hatte Pius V. als erster ausführlichen Bericht über die Schlacht erstattet; er bekam Zimmer im Vatikan angewiesen, der Papst ließ ihn immer wieder rufen, um ihn über Einzelheiten auszufragen.[24] – Am 4. Dezember feierte dann Marcantonio Colonna seinen römischen Triumph.[25] Er sollte erst wie ein antiker Imperator auf vergoldetem <167> Wagen einziehen, mit dem Lorbeer gekrönt; man verzichtete darauf, weil diese Erneuerung heidnischer Bräuche Pius V. mißfallen hätte, vielleicht wollte man diese Ehrung auch für Don Juan aufheben. Niemand ahnte, daß der Lepantosieger den römischen Boden niemals betreten sollte. Der Titus- und der Konstantinsbogen, unter denen

22 Sereno S. 227.
23 Rosell S. 217.
24 Jurien de la Gravière 2. S. 244.
25 Guglielmotti S. 265 f. Pastor 8. S. 596 f.

Colonna hindurchritt, trugen Inschriften, die zur Eroberung Konstantinopels, zur Befreiung Jerusalems aufriefen. Dem Triumphator folgten im langen Zuge Stadtmilizen und römische Edelleute, Abordnungen der Zünfte, der verschiedenen Stadtviertel und gefangene Türken an einer langen Kette. Nach einem Gottesdienst in der Peterskirche wurde Colonna in der Sala Regia des Vatikans vom Papst empfangen.

Ein venezianischer Kurier brachte die Siegesnachricht am Nachmittag des 29. Oktober, dem Tag des Allerheiligenfestes, nach Madrid.[26] Er trug Briefe bei sich, in denen der spanische Gesandte in Venedig und der Doge König Philipp von dem Siege Nachricht gaben. Gleich nach seiner Ankunft eilte er ins Schloß und ließ sich zum König bringen, der gerade auf der Empore der Palastkapelle dem Vespergottesdienst beiwohnte. Der diensttuende Kammerherr, den der Kurier mit ein paar Worten ins Bild gesetzt hatte, stürzte, Gottesdienst und Etikette vergessend, zum König und rief ihm mit lauter Stimme zu, ein Kurier sei da mit der Nachricht von einem großen Siege Don Juans. Philipps Gesicht blieb unverändert, er machte keine Bewegung. Mit seinem gewohnten „Beruhigt euch!" und dem Ausdruck leichten Tadels bat er den Kammerherrn, sich zu fassen. Er ließ den Boten kommen und leise Bericht erstatten; bis zum Schlusse wohnte er dem Gottesdienst, dem er ein Tedeum folgen ließ, bei. Am nächsten Tag zelebrierte der päpstliche Legat Kardinal Alexandrino in der Klosterkirche S. Felipe el Real ein Hochamt für den ganzen Hof.[27] – Doch dann vergingen Wochen, bis sich die Nachricht bestätigte. Der Maestro de campo Lope de Figueroa, den Don Juan mit einem <168> Brief und einem ersten Bericht[28] nach Madrid abgesandt hatte, war in der Schlacht verwundet worden und mußte seine Reise oft unterbrechen. Eine venezianische Galeere setzte ihn in Otranto an Land. Er mußte Garcia

26 Stirling-Maxwell 1. S. 381 f.
27 Serrano 1. S. 165.
28 Don Juan an Philipp. Petala 10.10. Aparici S. 26. Stirling-Maxwell 1. S. 369.

de Toledo besuchen und ihm ausführlich erzählen. Überall wurden ihm Feste gegeben, man ließ ihn nicht weiterziehen, wollte, wie er Don Juan aus Madrid schrieb[29], „Reliquien aus ihm machen“. Er reiste auf dem Landwege, über Avignon, wo er an großen Kirchenfesten teilnehmen mußte; erst am 22. November war er in Madrid. „Der König fragte eine halbe Stunde lang nur: Und mein Bruder, ist er wirklich wohlauf?“ Der Hof sprach von nichts Anderem als von Galeeren und Türkenkrieg. Es müßten tausend neue Schiffe gebaut werden, meinte Lope, um alle, die sich Don Juan im nächsten Jahr anschließen wollten, nach Italien hinüberzubringen. Der Bischof von Cordoba erklärte, er verzichte gerne auf sein neues Bistum, wenn er Don Juan beim nächsten Feldzug als Kaplan dienen könne. Auch die ältesten Dueñas wollten nicht fehlen, als Figueroa der Königin von der Schlacht erzählte. Der von der Reise erschöpfte und noch nicht von seinen Wunden genesene alte Soldat mußte den ganzen Tag über Besuche empfangen und an zahllosen Festmählern teilnehmen, die, wie er Don Juan treuherzig versicherte, besser bestellt waren als das Zwiebackbankett auf der „Real“ nach der Schlacht. Es gehörte bald zum guten Ton, mit der größten Zuversicht von der Einnahme Konstantinopels und der Befreiung des heiligen Grabes zu sprechen. Damit war nicht ausgeschlossen, daß Don Juans Verhalten als Feldherr manche Tadler fand. „Ich will nicht verschweigen“, schrieb der Nuntius Castagna nach Rom[30], „was ich einige maßgebliche Männer sagen hörte: man sieht hier in dem Entschluß Don Juans, die türkische Flotte so spät im Jahr und mit geringerer Streitmacht in ihren Heimatgebieten aufzusuchen, ein sehr großes Wagnis, wenn nicht eine Tollkühnheit und glaubt, daß ohne die Gebete unseres Herrn (des Papstes), den <169> Gott beglücken wollte, nichts Gutes daraus geworden wäre. Danach kann man vermuten, daß, wenn einer der älteren und kaltblütigeren

29 Rosell S. 208.
30 Co. di. 4. S. 548.

hiesigen Militärs den Oberbefehl innegehabt hätte, überhaupt nichts unternommen worden wäre. Im Übrigen verringert dies alles das Ansehen Don Juans und seine Lobpreisung in keiner Weise; es macht sie vielmehr wachsen, der König spricht von ihm mit großer Liebe und Innigkeit."

9. DIE FRAGE NACH DEN FOLGEN DER SCHLACHT VON LEPANTO

Eine Darstellung der Schlacht darf nicht ohne einen kurzen Ausblick auf ihre politisch-militärischen Folgen schließen. Schon die zeitgenössischen Historiker stellten mit schmerzlichem Erstaunen fest, daß wohl nie ein großes kriegerisches Ereignis weniger Spuren hinterlassen hat als die mit großen Anstrengungen unternommene, ungeheuer verlustreiche, aber durch den glänzendsten Sieg gekrönte Kriegsfahrt der Ligaflotte im Jahre 1571. Die neueren Darsteller erinnern in diesem Zusammenhang oft an das Wort Voltaires im „Essai sur les moeurs" (Kap. CIX): „Es schien, als ob die Türken die Schlacht von Lepanto gewonnen hätten."

Die bedeutendste Ursache dieser Folgenlosigkeit ist in dem eingangs geschilderten raschen Zerfall der heiligen Liga zu sehen, der mit dem für die Christen unglücklichen Ausgang der Operationen des Jahres 1572 in engem Zusammenhang steht. Die Mißerfolge der christlichen Flotte sind vor allem auf jene schon erwähnte Erneuerung der türkischen Seemacht durch Uluch Ali und auf dessen überlegene Kriegführung zurückzuführen; doch lagen sie zum Teil auch schon in den Verhältnissen im christlichen Lager begründet, so in der Zwietracht zwischen Don Juan und Colonna, die aus der Teilung der Ligaflotte entstanden war. Es gelang nicht, die feindliche Flotte zum Kampf zu stellen, die Belagerung von Navarino mußte abgebrochen werden. Durch den Konflikt mit Colonna war Don Juan stark an die Seite der Spanier gedrängt worden, seine Stellung hatte den schwebenden Charakter verloren, der ihr im Lepantojahr so große Macht verliehen <170> hatte. Doch war der Nachteil der Christen, rein militärisch gesehen, ohne Bedeutung und hätte durch eine glücklichere Kriegführung im nächsten Jahr völlig ausgelöscht werden können.

Nach der Auflösung der heiligen Liga war der Zustand, der vor ihrer Gründung und der Schlacht von Lepanto herrschte, wieder hergestellt. Ein Unterschied bestand nur darin, daß die Flotten der beiden Gegner, die sich jetzt noch allein gegenüberstanden, Spaniens und des osmanischen Reiches, viel stärker als damals waren. Doch sollte Lepanto gerade jetzt eine gewisse bedeutsame Frucht tragen, vielleicht die einzige. Das Ansehen der siegreichen spanischen Waffen war nach Lepanto so groß, daß Don Juan bei dem Unternehmen gegen Tunis im Jahre 1573 auf keinerlei Widerstand stieß. Die tunesischen Mauren und Türken zogen sich vor den spanischen tercios kampflos ins Innere des Landes zurück, Uluch Ali wagte nicht, die spanische Flotte fern von den Festungen Moreas anzugreifen oder sie durch eine Landung in Italien zurückzurufen. Die Anstalten, die Don Juan in Tunis zur Errichtung einer wirklichen christlichen Herrschaft traf und die eine ganz neue Epoche der nordafrikanischen Politik einzuleiten schienen, die Unterstützung, die er dabei trotz der furchtbaren Plünderungen der Stadt bei einzelnen Eingeborenen fand, lassen sich nur aus der Nachwirkung des Sieges von Lepanto erklären. Doch dann zeigte es sich, daß Spanien allein nicht in der Lage war, den Türken im Mittelmeer offensiv entgegenzutreten, wie es bei der Eroberung von Tunis einen Augenblick möglich schien. Die Tatsache, daß die neu angelegte Festung und La Goletta schon im nächsten Jahre wieder verloren gingen, spricht als solche noch nicht unbedingt für die Unterlegenheit der Spanier zur See. Die Katastrophe wurde durch das Zusammentreffen einer Menge ganz verschiedenartiger Umstände verursacht, von denen nur die wichtigsten genannt sein mögen: Das Versagen der spanischen Verwaltung, die den Bau der neuen Festung nicht genügend unterstützte und versäumte, die Besatzung rechtzeitig zu verstärken; die falsche Zuversicht Serbellonis, des Erbauers und heldenmütigen Verteidigers der Festung von Tunis; die Fehler, die bei der Verteidigung von La Goletta gemacht wurden; vor allem die <171> Abwesenheit Don Juans, den Philipp zur Beobachtung der genuesischen Wirren in die Lombardei gesandt hatte, und die daraus entstehende Verwirrung der Befehlsverhältnisse. Wäre die Besatzung der beiden tunesischen Festungen so stark, wie man es vorgesehen hatte, und der Bau der neuen Forts bei der Landung der Türken beendet gewesen, hätten sich die Spanier, wie die türkischen Feldherrn später selbst zugaben, sehr gut bis zur Wiedereinschiffung des Feindes halten können. Wichtiger sind die allgemeinen Bedenken, die laut wurden, als Don Juan Ende August 1574 auf die Nachricht von der Landung der Türken hin die Lombardei eigenmächtig verließ und sich in großer Hast dazu vorbereitete, die vor La Goletta ankernde feindliche Flotte anzugreifen und die Türken dadurch zur Aufhebung der Belagerung zu zwingen; sie zeigen deutlich, wieweit sich die Spanier drei Jahre nach Lepanto der türkischen Flotte unterlegen fühlten. Schon bevor er Messina und Palermo erreichte, wo er möglichst viele spanische Galeeren zu versammeln suchte, hatte Don Juan einen Brief Philipps II. erhalten, der ihm einen direkten Angriff auf die feindliche Flotte und die persönliche Teilnahme an der geplanten Fahrt verbot.[1] Die bevorstehende Unternehmung sei bei der offenbaren Unterlegenheit der spanischen Armada so gefährlich, daß Don Juans Name nicht mit ihrem Ausgang in Verbindung gebracht werden dürfe. Die meisten Mitarbeiter Don Juans urteilten ähnlich. Sein Plan, die türkische Flotte bei der Heimkehr zu verfolgen, fand ebenfalls allgemeinen Widerspruch.

1 Stirling-Maxwell 2. S. 61.

Die Galeeren Don Juans mußten sich nun wieder mit der Verteidigung der Küsten und der Sicherung des Seeverkehrs zwischen den einzelnen Ländern der spanischen Krone begnügen. Don Juan selbst war der erste, der es klar aussprach, daß die Zeit der großen Angriffs- und Eroberungspläne nun zunächst vorbei sei.[2] Der Türke sei nun wieder zu so großer Macht gelangt, schrieb er einen Tag, nachdem er die Katastrophe erfahren, an seinen Bruder, – der selbst noch längere Zeit an <172> eine neue Landung an der tunesischen Küste, an die Besetzung von Biserta und Porto Farina dachte, – daß man das Vergangene vergessen und nur noch auf die Abwehr der in Zukunft von Konstantinopel her drohenden Gefahr denken müsse. Als Don Juan sich zwei Monate später entgegen dem ausdrücklichen königlichen Verbot nach dreijähriger Abwesenheit wieder am Madrider Hof einstellte, um seinem Bruder eine Fülle von Reformvorschlägen zu unterbreiten, brachte er auch damit zum Ausdruck, daß sich der Ruhm von Lepanto, soweit er praktisch nutzbar war, verbraucht hatte, daß seine und der Armada Stellung im spanischen Staat ganz neu begründet werden mußte. Er war entschlossen, von nun an eine Flottenpolitik zu treiben, die das Kräftevermögen Spaniens nicht überstieg, aber auf lange Sicht festgelegt und gegen jeden Wechsel, der in der spanischen Politik und Verwaltung eintreten mochte, gesichert war.[3]

---

2 Don Juan an Philipp. Trapani 4.10.1574. Anhang zu den „Memorias del cautivo“ etc. S. 271 ff.

3 In den Instruktionen für Don Juan vom 22.5.1575 (Rodriguez-Villa S. 396 ff.) werden noch einmal Operationen an der tunesischen Küste ins Auge gefaßt. Don Juan beschäftigte sich selbst immer wieder mit derartigen Plänen. Im Frühling 1576 erhielt Santa Cruz Befehl, die Befestigungen von Biserta zu zerstören, doch kam es nur zu einer Razzia auf der Insel Cherchel (Altolaguirre a.a.O. S. 83). Doch handelt es sich stets nur um kurze, überfallartige Aktionen; nie wieder wird wie 1573 an die Aufrichtung einer wirklichen spanischen Herrschaft in Tunesien oder anderswo gedacht. Die meisten bisherigen Darstellungen lassen Don Juan auch nach der Katastrophe von Tunis hartnäckig auf seinen nordafrikanischen Reichsplänen beharren.

Die Folgelosigkeit der Schlacht von Lepanto erklärt sich schließlich noch aus einer anderen mächtigen Ursache, die auch an allen bisher aufgezählten teilhat. Der spanische Staatshaushalt war nicht dazu fähig, die Flotte beständig auf dem Stande, den das Ligastatut vorgeschrieben hatte, zu erhalten, geschweige denn das Ausscheiden der venezianischen Seestreitkräfte durch neue Rüstungen auszugleichen. Die Tatsache, daß zum Beispiel das neapolitanische Geschwader im Jahre 1559 sechs, im Jahre 1573 aber 50 Galeeren zählte, zeugt von der Größe der unternommenen Anstrengung.[4] Von da an hört man nichts mehr von neuen Schiffbauten, dagegen nimmt die Zahl der wirklich verfügbaren Einheiten beständig ab. Ein sehr anschauliches <173> Bild von dem raschen Verfall der ruhmreichen spanischen Lepantoflotte vermittelt der Bericht des Venezianers Girolamo Lippomano vom Jahre 1575.[5] Die Armada bestehe, erzählt er, im Augenblick aus 130 schlecht gerüsteten Galeeren. Don Juan wisse, daß er mit dieser geringen Streitmacht seinen Ruhm viel eher vermindern als mehren könne; düstere Befürchtungen quälten ihn, wenn er auch äußerlich die gewohnte Heiterkeit bewahre. Wie solle er sich bei einer Herausforderung durch die überlegene Flotte Uluch Alis verhalten? – Um so anspruchsvoller waren freilich die Flottenbaupläne und Zukunftsträume Don Juans, in die der Venezianer eingeweiht worden sein will.

Wer die Nachwirkung der Schlacht von Lepanto gründlicher untersuchte, dürfte sich nicht auf den unmittelbar anschließenden Zeitraum beschränken. Nirgends, so könnte man es überspitzt ausdrücken, ist der große Sieg Don Juans d'Austria weniger spürbar als in den militärisch-politischen Ereignissen der nächstfolgenden Jahre. Obgleich noch die Möglichkeit bestand, ihn unter ähnlichen Umständen zu wiederholen, war er, wenn ihn auch alle beständig im Munde führten, schon fast unwirklich geworden. Die Bedeutung der

4 Braudel a.a.O. S. 402.

5 Albert, Relazioni etc. II, 2. S. 301.

Schlacht tritt erst hervor, wenn sie in die großen Zusammenhänge der abendländischen Geschichte eingeordnet wird. Sie erscheint dann als das mächtige Denkmal eines geschichtlichen Wendepunktes, das in seiner einfachen Anschaulichkeit ganz einzig dasteht; gerade auch die vielbeklagte Folgelosigkeit wird da um vieles verständlicher.

Schon die Feststellung der Seekriegsgeschichte, daß bei Lepanto die Ruderschiffe ihre letzte große Schlacht schlugen, ist vielsagend. Obwohl die Galeere im Mittelmeer bis ins 18. Jahrhundert vielfach zur Anwendung kam, gehörte die Zukunft jetzt ganz dem Segelschiff, dem das Mittelmeer nur noch ein Nebenmeer bedeutete. Es wurde gezeigt, daß die Artillerie und die Handfeuerwaffen bei Lepanto eine verhältnismäßig untergeordnete Rolle spielten, daß das Entern und Rammen, die uralten Kampfmittel der Galeeren, den Ausschlag gaben. Der Unterschied zwischen der Schlacht von Lepanto und der von Salamis ist kein grundlegender. Unter diesem Gesichtspunkt <174> betrachtet, schließt der Sieg Don Juans einen gewaltigen Zeitraum ab. Das Zurücktreten der Galeere liegt weniger in ihrer technischen Unterlegenheit gegenüber dem Segelschiff als in der Tatsache begründet, daß die Veränderung der Welthandelswege, die schon ein Jahrhundert vor der Schlacht von Lepanto begonnen hatte, nun auch im politisch-militärischen Bereich mit vollem Gewicht wirkte. Das Mittelmeer trat vor dem Ozean zurück und lag nicht mehr im Mittelpunkt des Weltgeschehens. Die atlantischen Seemächte, die Rivalen Spaniens, sind die eigentlichen Nutznießer des Sieges von Lepanto.[6] Spanien hatte seine Stellung auf den Schauplätzen der künftigen europäischen Machtkämpfe durch die gewaltigen Anstrengungen in den Jahren der Liga nicht verstärkt, für das Unternehmen gegen England mußte eine völlig neue Flotte gebaut werden. Auch im Kanal versuchten die Spanier, den Feind zu entern; aber die schnellsegelnden

6 Kretschmayr 3. S. 76.

Schiffe Drakes und Hawkins hatten Befehl, sich unter keinen Umständen auf den ungleichen Kampf mit der spanischen Infanterie einzulassen. Garcia de Toledo riet Don Juan 1571, die Buggeschütze erst im Augenblick des Rammens abfeuern zu lassen; die Engländer von 1588 beschossen die Schiffe der unüberwindlichen Armada aus der Ferne, auch die Galeassen Duodos wären gegen die weittragenden Geschütze ihrer Breitseiten nicht aufgekommen. Der Gegensatz zwischen der Schlacht von Lepanto, in der, wenn man vom Verhalten einzelner Führer wie Santa Cruz und Uluch Ali absieht, die Galeeren wie Geschwader von Panzerreitern aufeinanderprallten, und den Gefechten der unüberwindlichen Armada, die schon ganz das Gepräge des modernen Seekriegs tragen, zeigt mit besonderer Eindringlichkeit die Stelle, die der Sieg Don Juans in der abendländischen Geschichte einnimmt. Als dann in der Mitte des 17. Jahrhunderts das Mittelmeer wieder zum Schauplatz der Kämpfe zwischen den atlantischen Mächten wurde – 1654 erschien die Flotte Blakes an der italienischen Küste – war die Lage von Grund auf verändert.

Eine Beschäftigung mit der Bedeutung der Schlacht von Lepanto muß auch länger in Konstantinopel verweilen. Es zeigt sich <175> dann, daß die glänzende Erneuerung der türkischen Flotte nach der Niederlage nur trügerisch, von kurzer Dauer und ganz an die Person Uluch Alis gebunden war. Mit dem Sturz des Renegaten beginnt der rasche Verfall der türkischen Seemacht, der wohl doch, so viel andere Ursachen auch dabei mitgewirkt haben mögen, in der Hauptsache auf die Niederlage von Lepanto zurückzuführen ist.[7] Doch es war nicht nur die für die militärische Kraft der Türken nie ausschlaggebende Marine, die bei Lepanto getroffen wurde. Mit der Regierung Soleimans des Prächtigen befindet sich das osmanische Reich auf dem Höhepunkt seiner Machtent-

7 Die Historiker des osmanischen Reiches stimmen in dieser Frage nicht völlig überein: Zinkeisen 3. S. 322. Jorga 3. S. 147. A. de la Jonquière, Histoire de l'empire ottoman. Paris 1914. Bd. 1. S. 211 usw.

faltung. Wenn auch der große Sultan selbst nicht mehr lebte: es waren sein Heer, seine Flotte, seine Generäle, der Glanz seines Zeitalters, die bei Lepanto geschlagen wurden; so wie in Don Juan und den vielen kaiserlichen Soldaten das Zeitalter Karls V. im Golf von Patras zugegen war und sich in dem Siege, wenn man es so ausdrücken darf, vollendete und befestigte. So ist, der Tag von Lepanto aufs engste mit der entscheidenden Wendung in der Geschichte des osmanischen Reiches verbunden.

Doch nicht nur die Verfolgung solcher weltgeschichtlichen Zusammenhänge ist lehrreich. Fruchtbarer wäre es vielleicht noch, die Seeschlacht in die großen g e i s t i g e n Bewegungen des Zeitalters der Gegenreformation einzuordnen. Bei Betrachtung der Stellung, die das Papsttum in der Liga einnahm, wurde kurz gezeigt, wie eng der Krieg gegen die Türken mit den Bemühungen um die Erneuerung und Wiederausbreitung des katholischen Glaubens zusammenhing. In dieser Hinsicht ist es besonders aufschlußreich zu lesen, wie die europäischen Höfe die Nachricht von Lepanto aufnahmen. In dem Siege Don Juans erblickte man vor allem einen großen moralischen Erfolg der katholischen Mächte und maß dieser Tatsache eine weit größere Bedeutung zu als der Vernichtung der türkischen Flotte. Nur die von antiken Erinnerungen erfüllten Dichter, vor allem Fernando de Herrera in seinem Dankeshymnus[8], versuchten es, <176> das Andenken der Schlacht vor der Verflechtung in die religiösen und politischen Gegensätze des damaligen Europa zu bewahren. Sie sahen, das Andenken von Salamis und Actium heraufbeschwörend, nur den großen Zusammenstoß zwischen Morgen- und Abendland. Bei den englischen, deutschen und niederländischen Protestanten rief die Siegesnachricht große Niedergeschlagenheit hervor.[9] Sie bestärkte Karl IX. von

8 Clásicos Castellanos Bd. 26. Madrid 1914. S. 25.
9 Merriman S. 132.

Frankreich in seiner antispanischen Haltung, steigerte den Einfluß Colignys und beschleunigte die neue Annäherung zwischen England und Frankreich.[10] Beide Mächte unterstützten die Wassergueusen bei der Eroberung von Briel (1.4.1572), einem Unternehmen, mit dem der Aufstand der Niederlande in eine neue Phase trat. Es waren nicht nur die Türkei und der Sultan, die bei Lepanto geschlagen wurden, sondern alle die Mächte, die der katholische Historiker Janssen unter dem Namen „die internationale Revolutionspartei“ zusammenfaßt.

Die letzte Sinngebung des Tages von Lepanto gewannen wir auch so noch nicht. An die Seite solcher Überlegungen muß wohl die Ahnung treten, daß der Tag von Lepanto zu den seltenen Ereignissen gehört, die, wenn man es so ausdrücken darf, auf einer höheren Ebene der Geschichte liegen und bei denen die Frage nach den tatsächlichen Folgen im letzten nicht angemessen ist. Nur materiell betrachtet, gehörte der Sieg freilich wohl zu den – im Verhältnis zu dem Erfolge – allzu verschwenderischen Blutopfern, an denen vor allem auch die deutsche Geschichte so reich ist. In dieser Hinsicht ist manche aus den unmittelbar folgenden Jahren erhaltene Äußerung aufschlußreich. Das ideale Bild der Schlacht aber, die noch überall, in den Galeeren im Hafen, in den Waffen und Narben gegenwärtig war, löste sich rasch aus dem Gefüge menschlicher Planungen; es war ganz in sich abgeschlossen, man konnte keinerlei Abwandlungen und Fortsetzungen ersinnen.

Wir berühren da dasselbe, was man auch gegenüber der Zukunft Don Juans ahnen mochte. Sein Leben schien mit dem Siege von Lepanto schon erfüllt; es war schwer, so viel man sich auch damit beschäftigen mochte, eine Weiterentwicklung oder <177> Steigerung zu erdenken. Der Sieg im Golf von Patras war keine Hervorbringung, der sich andere anfügen ließen. Vielleicht kann man es gleichnishaft so ausdrücken: Don Juan und die Schlacht waren wie zwei seit langem für einander

10 Droysen a.a.O. S. 179.

bestimmte Wesenheiten gleichmäßig aufeinander zugewachsen und hielten sich jetzt wechselseitig fest. Don Juan blieb ein Gefangener seines Sieges und konnte nicht in seine Eigenständigkeit zurückkehren. Hier müßte eine Biographie wahrscheinlich ihr zentrales Problem sehen: Lepanto, der verheißungsvolle Anfang, die erste selbständige Tat, verursachte zugleich das Stehenbleiben und das Scheitern Don Juans, wie es sich dann in weniger als einem Jahrzehnt mit furchtbarer Folgerichtigkeit vollziehen sollte. Niemand hat das tiefer erkannt als Ranke, wenn er die Veränderung schildert, die gleich nach dem Siege im Wesen Don Juans vor sich ging, die zerstörerische Unruhe, die ihn nun stets zunehmend erfüllte.[11] Zur Erklärung der Wünsche und Unternehmungen Don Juans in der Zeit bis zu seiner Berufung in die Niederlande erscheinen uns Begriffe wie Ehrgeiz, Verlangen nach Selbständigkeit, nach Einfluß im spanischen Staat, so stark dies alles auch mitgewirkt haben mag, nicht ganz zureichend. Don Juan wollte und wünschte unendlich viel für sich, aber nur für sich als den Sieger von Lepanto: um sich den Sieg wirklich zu eigen zu machen, anstatt ihm zu eignen. Sein Leben mußte auf allen Gebieten dieser großen Leistung fähig und würdig werden, mußte ihr nachwachsen und sie ganz in sich hineinziehen. Deswegen verlangte ihn nach einem eigenen Staat, deshalb wollte er sich die spanische Verwaltung Italiens unterordnen, die Flotte vermehren, den König zwingen, ihm zu folgen. Wenn er, trotzdem ihm einzelnes immer wieder spielend glückte, im ganzen scheiterte, so liegt das ursprünglich nicht an Unglücksfällen und Versäumnissen, an der Abwesenheit vom Hofe, an der Macht seiner Feinde und der Wesensart Philipps II., sondern an jenem nicht näher zu umschreibenden Gefangensein in seiner Tat, die er sich nicht anverwandeln und für die Zukunft fruchtbar machen konnte. Dieser Bann und die vergeblichen Bemühungen, ihn zu brechen, konnten sich von Anfang an

11 Die Osmanen und die spanische Monarchie. 4. Aufl. 1877. S. 139 f.

nur verderblich auswirken. Wer die Ursachen <178> für den frühen Tod Don Juans zeigen wollte, müßte natürlich noch andere Reihen verfolgen, die sich aber alle einmal mit der hier von Lepanto her gezogenen Schicksalslinie berühren.

Don Juan war von Anfang an nicht gesund. „Er besaß mehr animo als Kräfte“, schreibt Granvella, der in den Ausschweifungen Don Juans eine Hauptursache für dessen frühe Entkräftung sah, später einmal an Margareta v. Parma.[12] Schon im Jahre nach dem Lepantofeldzug wird von Erkrankungen Don Juans berichtet.[13] In den Jahren 1574 und 1575 häufen sich dann die Nachrichten über seine schlechte körperliche Verfassung[14]; es wird von einem Magen-, auch von einem Leberleiden und von Aufenthalten in Bädern gesprochen. Deutlicher als seine eigenen Klagen aus den letzten Jahren, die mehr und anderes meinen als körperliche Leiden, spricht vielleicht der Bericht Farneses über sein Wiedersehn mit Don Juan, den er vier Jahre lang nicht mehr getroffen hatte, in den Niederlanden.[15] Er erschrak tief über das kranke und erschöpfte Aussehen seines gleichaltrigen Freundes. „Wie jung er auch war“, so schildert Ranke Don Juan am Vorabend seines Todes[16], „so war die Kraft seines Lebens gebrochen, als sei es vom Alter gebeugt, und viele fürchteten, er habe Gift.“ Doch darf diesen Aussagen keine unbeschränkte Bedeutung beigelegt werden, denn ihnen ließen sich aus jedem Jahr Berichte, in denen die jugendkräftige Frische und Ausdauer Don Juans hervorgehoben wird, gegenüberstellen.

Weiter würde wohl eine Erwägung aller der Stellen führen, die das Seelische berühren, indem sie vor allem von den auffallenden Stimmungsumschwüngen Don Juans erzählen. Schon der Winter nach der Schlacht von Lepanto, den

12 Rodriguez-Villa S. 409.
13 Nicolini a.a.O. S. 75.
14 Z. B. Colección 28. S. 187, 255. Doria-Panphilj a.a.O. S. 59. Törne 1. S. 272. A. 3., S. 279. V. d. Essen 1. S. 196.
15 v. d. Essen 1. S. 200.
16 Die Osmanen und die spanische Monarchie. S. 148.

er fast ohne Begleiter in dem wenig unterhaltsamen Messina verbringen mußte, warf ihn in ein Meer wechselnder Stimmungen, die ihm manchmal sein eigenes Selbst fremd werden ließen. Die Schilderung, die er Gianandrea <179> Doria davon gibt[17], ist wohl das Unmittelbarste und Schönste unter den bis jetzt bekannten Selbstzeugnissen Don Juans. Nur die jungen Männer in Shakespeares Dichtungen können in dieser Art von ihrer Traurigkeit und namenlosen Verliebtheit, von ihren Wünschen und bitteren Erkenntnissen sprechen. Von da an weicht die Schwermut nur für kurze Zeiträume von Don Juan, seine Seele bleibt, sagt Ranke, „in ihrer innersten Tiefe ... von dunklem Mißmuth gefesselt". Gerade der Umstand, daß seine stets sehr angespannte und gleichmäßige Tätigkeit als Flottenkommandant davon ganz unberührt blieb, zeigt, daß es sich dabei um mehr als leichte Schwankungen handelt. Es war die Schwermut Karls V., es regte sich darin vielleicht etwas von der Melancholie der wahnsinnigen Johanna; doch gewinnt dieses Erbe im Gemüt Don Juans ein neues Gepräge, es verliert wohl das eigentlich Krankhafte. Erst die Forschungen Nicolinis[18] haben, um nur noch ein Beispiel zu nennen, gezeigt, welches der Gemütszustand Don Juans war, als ihn im Frühling 1576 die Berufung zum Gouverneur der Niederlande in Neapel erreichte. Im Februar war die Kastellanin Anna di Toledo, die einzige Frau, die eine große Leidenschaft in ihm zu wecken vermochte[19], plötzlich gestorben. Der Schmerz über ihren Tod brachte Don Juan nach Ferrante Caracciolos Zeugnis an den Rand des Wahnsinns. Die Neapolitaner erkannten ihren Liebling nicht wieder, er mied die Stadt, war für niemanden zu sprechen. Seine Galeere wurde bald vor Ischia, bald in Bajä gesehen, nur selten lag sie am Molo vor dem Castel nuovo: dann war Don Juan heimlich in den Gemächern seiner

17 Rodriguez-Villa S. 376.

18 S. 122 ff.-

19 A. Morel Fatio, Lettres de Don Juan d'Autriche écrites des Pays-bas à D. Rodrigo de Mendoza etc., de 1576-1578. D. J. an Rodrigo. Febr. 1577.

toten Geliebten. Dem sich verabschiedenden venezianischen Gesandten Lippomano schilderte er unter Tränen die letzten Augenblicke seiner „carissima comare“, sich aufs rührendste wegen seiner Bewegung entschuldigend. Als die Berufung in die Niederlande eintraf, war schon fast ein Vierteljahr verflossen, aber Don Juan verharrte noch immer in lähmender Traurigkeit. Wie verfehlt aber verallgemeinernde <180> Schlüsse aus diesen Umständen wären, zeigt die Kaltblütigkeit und Berechnung, mit der er dann, die Madrider Verlegenheit erkennend, die Annahme der niederländischen Mission von der Erfüllung einer Reihe von Bedingungen abhängig macht, die für die Verbesserung seiner Stellung von entscheidender Bedeutung waren.[20]

Eine Deutung aller dieser Nachrichten müßte sich leiten lassen von der Überlegung, daß die Gestalt Don Juans unvorstellbar ist ohne den Ausdruck der Jugend. Ein Älterwerden im Sinne äußeren Alterns und zunehmender Jahre scheint mit seinem Wesen unvereinbar. Darum wurde sein Tod an der Schwelle der männlichen Lebenshöhe bei aller Trauer so tief verstanden. Mancher mag es sich damals eingestanden haben, daß er auf dieses Ereignis im Grunde gewartet und mit einer Art von Ungläubigkeit von der Entsendung Don Juans in die Niederlande gehört hatte, mit deren Befriedung und Regierung dem Lepantosieger eine große Strecke neuen Lebens, eine Aufgabe, an der er älter werden konnte, zugefallen zu sein schien. Die Vergleiche mit Achill und Alexander, in denen Don Juan nach Lepanto gefeiert worden war, hatten nun erst ihre volle Schwere erhalten; vorher schienen sie, beständig wiederholt, zur humanistisch-höfischen Gewohnheit, zur schon nicht mehr ganz passenden Triumphbogeninschrift entarten zu wollen. Es ist sehr merkwürdig, wie die wenigen etwas Wesentliches erfassenden Vergleiche und Bilder, die

20 Louis P. Gachard, Correspondence de Philippe II. sur les affaires des Pays bas. Brüssel-Gent-Leipzig 1861. Bd. 4. S. 163 f.

in den Tagen von Lepanto für Don Juan gefunden worden waren, erst in manchen durch seinen Tod veranlaßten Briefen und Dichtungen wiederkehren. Die Lebensstrecke zwischen der großen Schlacht und dem Tode befruchtete die Phantasie der Mitlebenden längst nicht in demselben Maße. Durch fast alle Klagen und Kommentare dringt etwas von der Gewißheit, daß der Tod Don Juans nicht verfrüht war. „Er hatte in kurzer Zeit viel gelebt“, schrieb Granvella an Margarete v. Parma.[21] Am schönsten ist diese Erkenntnis wohl ausgedrückt in den Versen, die sich in der sonst <181> ziemlich wertlosen romanhaften Biographie von Jean Buslé de Montpleinchamp[22] finden:

> Le printemps et l‘automne en lui n‘eurent qu‘un cours,
> Et ses fruits étant murs dès la fleurs de son âge,
> Il mourut en jeunesse et mourut plein des jours.
> . . . . .
> Don Jean, dont tant de gloire accrut la Majesté,
> Languit comme les fleurs aux brulans jours d‘été,
> Et meurt du long ennui de survivre à lui même. –

Die näheren Nachrichten über Don Juans Tod bekräftigen diese Auffassung. Er war, so scheint es zunächst, dem Lepantosieger wenig angemessen: Don Juan starb, wahrscheinlich am Typhus, in einem halbfertigen Lager, in das er sein von einer Seuche geschwächtes, von Madrid vernachlässigtes Heer zurückgenommen hatte; sein Bett stand in einer jämmerlichen Baracke. Doch in seinem nach Aussage aller Augenzeugen fast heiligmäßigem Sterben lag etwas, das von einer langen Vertrautheit mit dem Gedanken an den Tod zu zeugen schien. „Er ging mit einer solchen Heiterkeit hinüber”, schreibt van der Hammen[23], „daß die Soldaten

21 Rodriguez-Villa S. 409.
22 Amsterdam 1683.
23 S. 324.

sagten, er sei nicht wie ein Mensch gestorben, sondern wie ein Engel des Himmels zu Gott geflogen." Der Beichtvater Orantes vergleicht ihn mit einem Vogel, der den Händen der Pfleger entwischte, ohne daß sie es merkten.[24] Aus mancherlei Äußerungen Don Juans geht hervor, daß ihn schon bald nach seiner Ankunft in den Niederlanden Todesahnungen erfüllten[25], die sich aufs innigste mit den Klagen über den schlechten Fortgang der niederländischen Angelegenheiten, über die mangelhafte Unterstützung durch Madrid, über die Bedrohung seines eigenen Lebens vermischten. Er hat seine Entsendung in die Niederlande, die ihm als das „Babylon der Verwirrung", <182> als ein „schon fast entseelter Körper" erschienen[26], nie anders denn als eine unheilvolle Last, eine kaum zu bestehende Prüfung aufgefaßt; doch wußte er schon sehr früh, daß ihm und gerade ihm etwas derartiges bevorstand. Auf seinem Sterbebette soll er, wohl besonders solchen Gedanken nachgehend, viel nach dem Wesen des christlichen Martyriums gefragt haben. Es war kein einfaches Unbehagen, das den erst Dreiundzwanzigjährigen befiel, als er schon 1570 seinen Namen im Zusammenhang mit den Niederlanden nennen hörte.[27] Indem er sich Ende März 1576 Philipp II. gegenüber zur Annahme der niederländischen Mission bereit erklärte, erinnerte er daran, daß er noch vor kurzem durch seinen Sekretär Escovedo in Madrid habe aus einandersetzen lassen, warum er nichts mit den Niederlanden zu tun haben wolle. Auch die Bemühungen Don Juans, Flandern schon nach der Annahme der Genter Pazifikation mit den vertragsgemäß abziehenden Truppen wieder verlassen zu können, gehören in diesen Zusammenhang. Es ist sehr verständlich, daß ein nach kriegerischem Ruhm und raschen Erfolgen trachtender Prinz

24 Stirling-Maxwell 2. S. 288.

25 Z. B. Don Juan an Rodrigo de Mendoza, Luxemburg 9.12.1576. Morel-Fatio S. 112; Mecheln 6. 7. 1577. S. 120 f.

26 Don Juan an Margarete v. Parma. Mailand 11.8.1576. Rodriguez-Villa S. 347.

27 Don Juan an Doña Madalena de Ulloa. August oder September 1570, o. O. Stirling-Maxwell 2. S. 320.

zögerte, eine derartig glanzlose und langwierige Aufgabe wie die Befriedung der Niederlande zu übernehmen. Aber in der unmutigen und doch folgsamen Weise, in der sich Don Juan d'Austria in diesen Auftrag schickte, liegt wohl noch etwas Anderes: Die Ahnung, daß nun eintreten würde, was er [über] sich verhängt wußte. Er schauderte davor zurück und fühlte sich nur um so mächtiger angezogen.

LITERATURVERZEICHNIS

I. Liga und Lepanto

1. Quellen

Pedro de Aguilar. Memories del cautivo en la Goleta de Túnez . . . Publicadas por la Sociedad de bibliófilos espanoles. Madrid 1875.

José Aparici: Colección de documentos inéditos relativos á la celebre batalla de Lepanto. Madrid 1847.

Cabrera de Cordoba: Felipe Segundo, Rey de España. Madrid 1876, Bd. 2.

Colección de documentos inéditos para la Historia de España. Bd. 3. (Madrid 1843), Bd. 21 (1852), Bd. 11 (1847).

Jerónimo de Costiol: Primera Parte de la Chronica del muy alto . . . Don Juan de Austria. Barcelona 1572.

A. Dragonetti de Torres: La Lega di Lepanto nel carteggio diplomatico inedito de Luys de Torres. Turin 1931.

Antonio de Fuenmayor: Vida y hechos de Pio V. etc. Saragossa 1633.

Antonio de Herrera: Primera Parte de la Historia general del mundo etc. Valladolid 1606. Segunda Parte etc. Valladolid 1606.

Fernando de Herrera: Relación de la Guerra de Cipre y suceso de la batalla naval de Lepanto. Sevilla 1572. Neudr. in der Colección etc. Bd. 21.

Bartolomeo Sereno: Comentari della Guerra di Cipro etc. Monte Cassino 1845.

Miguel Serviá: Relatión de los sucesos de la armada etc. 1571 haste 1574. Colección etc. Bd. 11.

Jerónimo Torres y Aguilera: Chronica y recopilación de varios sucessos. etc. Saragossa 1579.

P. Luciano Serrano: Correspondencia diplomática entre Espana y la Santa Sede durante el pontificado de San Pio V. Madrid 1914. 4 Bde.

2. Darstellungen

Angel de Altolaguirre y Duvale: Don Alvaro de Bazán, primer Marqués de Santa Cruz. Madrid 1888.

Baron Giuseppe Arenaprimo di Montechiaro: La Sicilia nella battaglia di Lepanto. Pisa 1886.

A. Cartex: La bataille du 16. siècle. Lépante. Paris 1907.
Cesáreo Fernández-Duro: Armada española desde la unión de los reinos de Castilla y de Aragon. Bd. 2. Madrid 1896.
ders.: Terder centenario de D. A. d. B. etc. in: Boletín de la Real Academia de la Historia. Bd. XII, 208.
Alberto Guglielmotti: Marcantonio Colonna alla battaglia di Lepanto. Florenz 1867.
Paul Herre: Europäische Politik im zyprischen Krieg 1570-1573. Bd. 1. Leipzig 1902.
Jurien de la Gravière: La guerre de Chypre et la Bataille de Lépante. 2 Bde. Paris 1888.
Paolo Molmenti: Sebastiano Veniero e la battaglia di Lepanto. Florenz 1899.
ders.: La battaglia di Lepanto nell'arte, nella poesia e nella storia. Rivista Marittima 1898.
N. Nicolini: La città di Napoli nell' anno della battaglia di Lepanto. Neapel 1929. (Arch. stor. per le provincie nap. 11.)
Eduard von Normann-Friedenfels: Don Juan de Austria als Admiral der heiligen Liga und die Schlacht bei Lepanto. Pola 1902.
Guido A. Quarti: La battaglia di Lepanto nei canti popolari dell'epoca. Mailand 1930.
Cayetano Rosell: Historia del combate naval de Lepanto. Madrid 1853.
P. Luciano Serrano: La Liga de Lepanto. 2 Bde. Madrid 1918, 1919.

II. Don Juan d'Austria

1. Quellen

Eugenio Albéri: Relazioni degli ambasciatori Veneti al senato. Serie II, Bd. 2. Florenz 1841.
Duquesa de Berwick y Alba: Colección de documentos escogidos del archivo de la casa de Alba. Madrid 1891.
Jean Bruslé de Montpleinchamp: Histoire de Don Juan d'Autriche. Amsterdam 1683.
Colección de documentos inéditos etc. Bd. 28. Madrid 1856.
Principe D. Alfonso Doria-Pamphilj: Lettere di Don Giovanni d'Austria a D. Giovanni Andrea Doria. Rom 1896.
Lorenzo van der Hammen y León: Don Juan de Austria. Madrid 1627.
Alfred Morel Fatio: Lettres de Don Juan d'Autriche écrites des Pays-bas à D. Rodrigo de Mendoza et au comte d'Orgaz, de 1576-1578. In: L'Espagne au XVI et au XVII siècle. Heilbronn 1878.
Antonio Rodriguez -Villa ed. Baltasar Porreño: Historia del Serenissimo Señor Don Juan de Austria. (Sociedad de bibliófilos españoles.) Madrid 1899. Anhang mit Briefen Don Juans.

2. *Darstellungen*

Luis Coloma: Jeromin. Bilbao 1921. Deutsch von Luis Villavicencio: Don Juan de Austria, der Sohn Kaiser Karls V. München o. J.
Louis Prosper Gachard: Études et notices historiques concernant l'histoire des Pays-Bas. Brüssel 1890. Bd. 1.
Wilhelm Havemann: Das Leben des Don Juan d'Austria. Gotha 1875.
Paul Herre: Barbara Blomberg, die Geliebte Kaiser Karls V. und Mutter Don Juans de Austria. Leipzig 1909.
Leopold von Ranke: Die Osmanen und die spanische Monarchie im 16. und 17. Jahrhundert. Vierte, erweiterte Auflage des Werkes: Fürsten und Völker von Südeuropa. Leipzig 1877. (Sämtliche Werke Bd. 35, 36.)
William Stirling-Maxwell: Don John of Austria or passages from the history of the sixteenth century 1547-1578. London 1883. 2 Bde.
Per Olaf de Törne: Don Juan d'Autriche et les projets de conquête de l'Angleterre 1568-78. 2 Bde. Helsingfors 1925, 1928.
Angela Valente: La dimora in Italia di Don Giovanni d'Austria. Rivista d'Italia. Bd. XXIX.

III. Zur Zeitgeschichte

Antonio Ballesteros y Beretta. Historia de España y su influencia en la historia universal. Bd. 4. Barcelona 1926.
Victor Bibl: Max II., der rätselhafte Kaiser. Hellerau 1929.
Karl Brandi: Kaiser Karl V. München 1937.
Charles Bratli: Philippe II., Roi d'Espagne. Nouv. éd. rev. et augm. Paris 1912.
Fernand Braudel: Les Espagnols et l'Afrique du Nord de 1492 à 1577. Revue Africaine 1928.
Moritz Brosch: Geschichten aus dem Leben dreier Großvezire. Gotha 1899.
Jakob Burckhardt: Die Kultur der Renaissance in Italien. Jakob Burckhardt-Gesamtausgabe Bd. 5. 1930.
Américo Castro: El Pensamiento de Cervantes. Madrid 1925.
Benedetto Croce: La Spagna nella vita italiana durante la Rinascenza. Bari 1914.
R. Defontin-Maxange: Eudj'Ali. Paris 1930.
Gustav Droysen: Geschichte der Gegenreformation. Berlin 1893.
Enciclopedia Italians di scienze, lettere ed arti. Rom-Mailand (Treccani) 1929.
Enciclopedia universal ilustrada Europeo-Americana. Barcelona 1925.
Léon van der Essen: Alexandre Farnèse. Bd. 1 (1545--1578). Brüssel 1933.
H. Forneron: Histoire de Philippe II. 4 Bde. Paris 1881.
James Fitzmaurice-Kelly: Geschichte der spanischen Literatur. Übersetzt von Elisabeth Vischer. Heidelberg 1925.
Louis Prosper Gachard: Correspondance de Philippe II. sur les affaires des Pays-Bas. Bd. 4. Brüssel-Gent-Leipzig 1861.

Paul Herre: Weltgeschichte am Mittelmeer. Potsdam 1929.
ders.: Papsttum und Papstwahl im Zeitalter Philipps II. Leipzig 1907.
Johannes Janssen: Geschichte des deutschen Volkes seit dem Ausgang des Mittelalters. Bd. 1-4. 19. u. 20. Aufl., besorgt von Ludwig von Pastor. Freiburg 1913-17.
Vte. A. de la Jonquière: Histoire de l'empire ottoman depuis les origines jusqu' à nos jours. Nouv. éd. Paris 1914. 2 Bde.
Neculai Jorga: Geschichte des Osmanischen Reiches. Bd. 3. Gotha 1910.
Ch.-André Julien: Histoire de l'Afrique du Nord. Paris 1931.
Heinrich Kretschmayr: Geschichte von Venedig. Bd. 3. Der Niedergang. Stuttgart 1934.
Roger Bigelow Merriman: The rise of the Spanish empire in the old world and in the new. Bd. 4. Philip the Prudent. New York 1934.
Fausto Nicolini: Aspetti della vita italo-spagnuola nel Cinque- e Seicento. Neapel 1934.
Ludwig von Pastor: Geschichte der Päpste. Bd. 8. Geschichte der Päpste im Zeitalter der katholischen Reformation und Restauration: Pius V. (1566-1572). Freiburg 1920.
Ludwig Pfandl: Geschichte der spanischen Nationalliteratur in ihrer Blütezeit. Freiburg 1929.
Martin Philippson: Westeuropa im Zeitalter von Philipp IL, Elisabeth und Heinrich IV. Berlin 1882.
William Prescott: Geschichte Philipps des Zweiten. Deutsch von Joh. Scherr. 5 Bde. Leipzig 1856-59.
Leopold von Ranke: Die römischen Päpste in den letzten vier Jahrhunderten. 6. Aufl. Leipzig 1874.
G. Toffanin: Il Cinquecento. (Storia letteraria d'Italia.) 3. ed. Rom 1929.
Charles Weiß: Papiers d'étât du cardinal de Granvelle. Paris 1843. Bd. 4.
Joh. Wilh. Zinkeisen: Geschichte des osmanischen Reiches in Europa. Bd. 3. Gotha 1855.

LEBENSLAUF [1]

Ich, Gustav Adolf Felix Hartlaub, wurde am 17.6.1913 als Sohn des Kunsthistorikers Dr. G. F. Hartlaub und seiner Gattin Félicie geb. Meyer in Bremen geboren. Meine Kindheit verbrachte ich in Mannheim, wo ich die Volksschule und das humanistische Gymnasium bis zur Obertertia besuchte. Aus Gesundheitsrücksichten trat ich dann in das Landerziehungsheim Odenwaldschule bei Heppenheim an der Bergstraße ein, wo ich im Herbst 1932 die Reifeprüfung ablegte. Im Wintersemester 1932/33 hörte ich an der Handelshochschule in Mannheim nationalökonomische Vorlesungen. Mitte Februar 1933 besuchte ich Verwandte in Neapel, wo ich bis zum Juni blieb und archäologische, kunstgeschichtliche und Sprachstudien trieb. Anschließend erwarb ich im August das Sprachlehrerdiplom der Fremden-Universität Perugia. Im Wintersemester 1933/34 und im Sommersemester 1934 studierte ich in Heidelberg romanische Philologie und erfüllte meine studentische Arbeitsdienstpflicht; danach nahm ich an einem Lehrgang der Geländesportschule Adelsheim teil. Im Wintersemester 1934/35 bezog ich die Berliner Universität, nachdem ich meine Studienabsichten geändert und Geschichte als Hauptfach gewählt hatte. Im Sommer 1936 erhielt ich von Herrn Prof. Elze das Thema meiner Dissertation. August - September 1938 genügte ich meiner militärischen Dienstpflicht; bei Beginn des Krieges 1939 wurde ich wieder zum Heere eingezogen.

Felix Hartlaub

1 Dieser von Felix Hartlaub verfasste Lebenslauf wurde nur in den (in beschränkter Anzahl 1939 von der Druckerei Tritsch & Huther, Berlin O 17, hergestellten) Belegexemplaren der Dissertation abgedruckt. Hier ist auf der Titelseite auch vermerkt, dass der Tag der mündlichen Prüfung der 16.2.1939 war und der Tag der Promotion der 16.1.1940. Von S. 5 bis S. 186 ist der Satz der von Walter Elze 1940 im Junker und Dünnhaupt Verlag, Berlin, herausgegebenen Buchausgabe der Dissertation mit dem der Belegexemplare identisch.

Nachwort[1]

von Prof. Dr. Wolfram Pyta

I.

Felix Hartlaub hat in einem Brief vom 15. Januar 1943 an seine Freundin Melita Laenebach seine inneren Nöte hinsichtlich einer beruflichen Standortbestimmung formuliert. Hartlaub führte darin aus, dass zwei Herzen in seiner Brust schlügen: Einmal das Herz des Historikers und dann dasjenige des Dichters. Ersterer könne darüber frohlocken, aus nächster Nähe zu beobachten, wie Geschichte gemacht werde. Denn Hartlaub war damit beauftragt, das Kriegstagebuch [KTB] des Oberkommandos der Wehrmacht zu schreiben – für den professionellen Historiker eine einmalige Gelegenheit, der Nachwelt eine unverzichtbare Quelle für geschichtswissenschaftliche Grundlagenforschung zu hinterlassen. In den Worten Hartlaubs klingt diese verlockende Perspektive so: „ein braver zahmer junger Wissenschaftler, der hier [also im Führerhauptquartier, W. P.] natürlich infolge all der Einblicke und der Weite des Horizonts mächtig auf seine Kosten kommt".[2] Als professioneller Historiker **die** wichtigste Dokumentation des Kriegsgeschehens zu erstellen – denn dies war das Kriegstagebuch –, stellte für jeden eingefleischten Geschichtsforscher eine einmalige, unwiederbringliche Gelegenheit dar,

1 Ich danke Herrn Wolfgang Schwiedrzik dafür, dass er mir für den vorliegenden Beitrag seine Exzerpte aus dem Deutschen Literaturarchiv, Marbach zur Verfügung gestellt hat.

2 Hartlaub an Melita Laenebach, 15. Januar 1943, in: Gabriele Lieselotte Ewenz (Hg.), Felix Hartlaub: „In den eigenen Umriss gebannt". Bd. 1, Frankfurt/Main 2007, dritte, revidierte Auflage, hier S. 575.

die Sicherung der materiellen Grundlage des Geschehens zugleich mit dessen Deutung zu verbinden. Diese einmalige Kombination aus Editionsarbeit und damit verknüpfter Forschungsperspektive hat zwar nicht im Falle Hartlaubs, aber im Falle seines Dienstvorgesetzten nachhaltige Spuren hinterlassen. Denn seit Anfang März 1943 war der offizielle Kriegstagebuchführer Percy Ernst Schramm.[3] Der Ordinarius für mittlere und neuere Geschichte an der Universität Göttingen nutzte nach dem Krieg seine direkte Begegnung mit der Zeitgeschichte dazu, um in die erste Reihe der deutschen Militärhistoriker aufzusteigen. Zu diesem Zweck stellte er der Forschung nicht nur die Materialbasis des von ihm nach 1945 edierten Kriegstagebuchs zur Verfügung[4], sondern er legte auch die erste monographische und quellengestützte Studie über „Hitler als militärischer Führer“[5] vor.[6]

Aber der Aufenthalt im Führerhauptquartier wirkte sich auf das zweite Herz Hartlaubs eher produktivitätshemmend aus – nämlich auf den Dichter in ihm. Denn dieser zweite Hartlaub – und jetzt lassen wir ihn wieder selber zu Wort

3 Vgl. zur Person: Hans Cymorek: Schramm, Percy Ernst (1894-1970), in: Rüdiger vom Bruch/Rainer A. Müller (Hg.): Historikerlexikon. Von der Antike bis zur Gegenwart, 2. überarb. u. erw. Aufl. München 2002, S. 299-300; Manfred Messerschmidt: Karl Dietrich Erdmann, Walter Bußmann und Percy Ernst Schramm. Historiker an der Front und in den Oberkommandos der Wehrmacht und des Heeres, in: Hartmut Lehmann/Otto Gerhard Oexle (Hg.): Nationalsozialismus in den Kulturwissenschaften. Bd. 1 Fächer – Milieus – Karrieren, Göttingen 2004, S. 417-443, hier S. 434-443; David Thimme: Percy Ernst Schramm und das Mittelalter. Wandlungen eines Geschichtsbildes, Göttingen 2006, ebd. zu Schramms Tätigkeit während des Zweiten Weltkriegs S. 473-486.

4 Vgl. allerdings zur keineswegs unproblematischen Anlage des Kriegstagebuchs durch Schramm und den dadurch eingeschränkten Quellenwert des Kriegstagebuchs, das die verbrecherischen Aspekte des Krieges bewusst ausklammert: Messerschmidt, Erdmann, S. 441-443.

5 Percy Ernst Schramm: Hitler als militärischer Führer, Frankfurt/Main 1965.

6 Vgl. zu Schramms publizistischer und wissenschaftlicher Auseinandersetzung mit dem Zweiten Weltkrieg Thimme, Schramm, S. 534-548.

kommen – beschrieb sich als „mehr auf ein dichterisches … Anschauen und Fühlen aus“[7] – und dieser dichterische Elan ersticke in der phantasiehemmenden Atmosphäre des „Führerhauptquartiers“, das Eingeweihte als eine Mixtur aus Kloster und Gefängnis beschrieben.

Hartlaub konstatiert also einen unüberbrückbaren Hiatus zwischen dem Historiker und dem Dichter – das, was dem Historiker zum Vorteil gereiche, lege sich lähmend auf die Seele des Dichters. Und zitieren wir zum Schluss noch ein letztes Mal das Schreiben vom 15. Januar 1943, weil Hartlaub darin den Widerstreit zwischen Historie und Literatur in folgende Formulierung kleidet: „Ich habe eben leider zwei ziemlich unverträgliche Brüder in mir unter einem Dache, die sich schon seit Jahren auf das Erfolgreichste befehden und gegenseitig aufheben“.[8]

Doch sollen wir Hartlaub wirklich unbesehen Glauben schenken? Sollen wir ihm abnehmen, dass sich Geschichtswissenschaft und Dichtkunst in seiner Person gewissermaßen paralysiert hätten? Denn diese Selbstaussage zu übernehmen hieße, ein Ausschlussverhältnis zwischen Geschichtswissenschaft und Dichtkunst zu postulieren, das pointiert auf die Aussage zuliefe, dass der Dichter sich die aktenlastige Historie vom Leibe halten und sich umgekehrt der Historiker der Zudringlichkeiten einer ästhetischen Verfeinerung der *res gestae* erwehren müsse.[9] Eine solche These erscheint nicht zuletzt deswegen unhaltbar, weil sie weit hinter den Stand der methodischen Debatte über die erzählerischen Darstellungs-

7 Hartlaub an Laenebach, 15. Januar 1943 in: Ewenz (Hg.), Hartlaub, Bd. 1, S. 575.
8 Ebd.
9 Vgl. die grundlegenden Bestandsaufnahmen zum Verhältnis von Literatur und Geschichtswissenschaft Daniel Fulda/Silvia Serena Tschopp (Hg.): Literatur und Geschichte. Ein Kompendium zu ihren Verhältnis von der Aufklärung bis zur Gegenwart, Berlin 2002; ferner Tamsin Saprgo (Hg.): Reading the Past. Literatur and History, Basingstoke/New York 2000.

formen geschichtswissenschaftlicher Studien zurückfällt. Man muss nicht Hayden Whites Diktum, dass Clio stets auch eine Dichterin sei, ungeprüft übernehmen.[10] Aber dass Historiker sich erzählerischer Muster und produktiver Vorstellungskraft bedienen, wenn sie ihre quellengesättigten Erkenntnisse versprachlichen, ist mittlerweile Gemeingut geworden.[11] Die historische und literaturwissenschaftliche Forschung hat transparent gemacht, inwiefern der Historismus, hier verstanden als Gründungsphase der modernen Geschichtswissenschaft, nach Friedrich Schiller zur einer Synthese gelangte, die durch die Übernahme literarischer Erzähltechniken in Kombination mit an der Philologie geschulter Quellenkritik dazu beitrug, dass diese Wissenschaft zur Leitdisziplin des 19. Jahrhunderts avancieren konnte.[12] Dabei trug nicht zuletzt die Übernahme einer nationalen Perspektive zu einer Bindung an das bürgerliche Publikum bei.[13] Verstärkt nach 1871 formten diese Elemente die großen Geschichtsdarstellungen, die eine protestantisch-

10 Vgl. Hayden White: Auch Klio dichtet oder die Fiktion des Faktischen. Studien zur Tropologie des historischen Diskurses, Stuttgart 1986; ders.: Metahistory. Die historische Einbildungskraft im 19. Jahrhundert in Europa, Frankfurt a. M. 1991.

11 Vgl. Johannes Fried: Wissenschaft und Phantasie. Das Beispiel der Geschichte, in: Historische Zeitschrift 263 (1996), S. 291-316; zur Debatte: Jan Eckel: Der Sinn der Erzählung. Die narratologische Diskussion in der Geschichtswissenschaft und das Beispiel der Weimargeschichtsschreibung, in: ders./Thomas Etzemüller (Hg.): Neue Zugänge zur Geschichte der Geschichtswissenschaft, Göttingen 2007, S. 201-229; kritisch Hans-Ulrich Wehler: Literarische Erzählung oder kritische Analyse? Ein Duell in der gegenwärtigen Geschichtswissenschaft, in: ders., Land ohne Unterschichten? Neue Essays zur deutschen Geschichte, München 2010, S. 114-132; als Überblick Stefan Jordan: Theorien und Methoden der Geschichtswissenschaft, 3. aktual. Aufl. Paderborn 2016, S. 193-198.

12 Vgl. Daniel Fulda: Wissenschaft aus Kunst. Die Entstehung der modernen deutschen Geschichtsschreibung 1760-1860, Berlin/New York 1996; ders.: Schiller als Denker und Schreiber der Geschichte. Historische Gründungsleistung und aktuelle Geltung, in: Hans Feger (Hg.): Friedrich Schiller. Die Realität des Idealisten, Heidelberg 2006, S. 121-150.

13 Vgl. Wolfgang E. J. Weber: Geschichte und Nation. Das ‚nationale Princip' als Determinante der deutschen Historiographie 1840-1880, in: Fulda/Tschopp (Hg.), Literatur, S. 343-365.

borussische Aufstiegserzählung boten und so den langen Weg Preußens zur Großmacht in eine klare Kontinuität mit dem neuen Deutschen Reich stellten,[14] indem sie die Komplexität der Vergangenheit narrativ so anordneten, dass sie auf dessen Gründung hinauslief.[15] Die so gestiftete Kontinuität, die prominente Historiker wie Heinrich von Treitschke vertraten, eröffnete zugleich eine Zukunftsperspektive, die aus der Groß- die Weltmacht hervorwachsen sah.[16] Obwohl diese Erzählung keineswegs den gesamten Geschichtsmarkt des Kaiserreichs vollständig beherrschte und durchaus sozialdemokratisch beziehungsweise katholische Gegenerzählungen kursierten, stand es doch im Zentrum der historiographischen Debatten.[17]

14 Vgl. Wolfgang Hardtwig: Von Preußens Aufgabe in Deutschland zu Deutschlands Aufgabe in der Welt. Liberalismus und borussianisches Geschichtsbild zwischen Revolution und Imperialismus, in: ders.: Geschichtskultur und Wissenschaft, München 1990, S. 103-160; Jörn Leonhard: Vergangenheit als Vorgeschichte des Nationalstaates? Zur retrospektiven und selektiven Teleologie der deutschen Nationalhistoriographie nach 1850, in: Hans Peter Hye/Brigitte Mazohl/Pan Paul Niederkorn (Hg.): Nationalgeschichte als Artefakt. Zum Paradigma „Nationalstaat" in den Historiographien Deutschlands, Italiens und Österreichs, Wien 2009, S. 179-200, bes. S. 189-200.

15 Vgl. Elisabeth Fehrenbach: Die Reichsgründung in der deutschen Geschichtsschreibung, in: Reichsgründung 1870/71. Tatsachen, Kontroversen, Interpretationen. Herausgegeben von Theodor Schieder und Ernst Deuerlein, Stuttgart 1970, S. 259-290; Andreas Fahrmeir: Opfer borussischen Geschichtsmythos? Das 19. Jahrhundert in der Historiographie 1871-1995, in: Tel Aviver Jahrbuch für Geschichte XXV (1996), S. 73-95.

16 Vgl. Andreas Biefang: Der Streit um Treitschkes „Deutsche Geschichte" 1882/83. Zur Spaltung des Nationalliberalismus und der Etablierung eines national-konservativen Geschichtsbildes, in: Historische Zeitschrift 262 (1996), S. 391-422; vgl. aber Hans-Christof Kraus: Geschichtspolitik im Kaiserreich. Wilhelm II. und der Streit um den fünften Band von Treitschkes „Deutscher Geschichte", in: Forschungen zur brandenburgischen und preußischen Geschichte 20 (2010), S. 73-91; Peter Winzen: Treitschke's Influence on the Rise of Imperialist and Anti-British Nationalism in Germany, in: Paul Kennedy/Anthony Nicholls (Hg.): Nationalist and Racialist Movements in Britain and Germany before 1914, London 1981, S. 154-170.

17 Vgl. Dieter Langewiesche: Die Geschichtsschreibung und ihr Publikum. Zum Verhältnis von Geschichtswissenschaft und Geschichtsmarkt, in: ders.: Zeitwende. Geschichtsdenken heute. Herausgegeben von Nikolaus

Nach der Revolution von 1918/19 und der Etablierung der Weimarer Republik hielt die akademische Geschichtswissenschaft primär an dieser Erzählung fest. Die Revolution erschien dagegen als illegitimer Bruch mit ‚deutschen' Traditionen.[18] Nicht zuletzt deshalb blieben demokratische Impulse innerhalb der akademischen Geschichtswissenschaft eher schwach.[19] Den prorepublikanischen Geschichtsmarkt bediente nun verstärkt die sogenannte historische Belletristik. Deren Autoren – insbesondere Emil Ludwig – waren akademisch ungebunden und feierten enorme publizistische und finanzielle Erfolge, nicht zuletzt da ihre Bücher deutlich lesbarer waren als diejenigen ihrer universitären Konkurrenz.[20] Gerade das Beharren der Fachhistoriker auf vermeintlicher Wissenschaftlichkeit gegenüber den angeblich rein literarischen Darstellungsweisen auf dem sich pluralisierenden

---

Buschmann und Ute Planert, Göttingen 2008, S. 85-100, hier S. 86-94.

18 Vgl. Karen Thiessenhusen: Politische Kommentare deutscher Historiker zur Revolution und Neuordnung 1918/19, in: Aus Politik und Zeitgeschichte B 45/69 (08.11.1969), S. 3-63; Bernd Faulenbach: Ideologie des deutschen Weges. Die deutsche Geschichte in der Historiographie zwischen Kaiserreich und Nationalsozialismus, München 1980.

19 Vgl. Andreas Wirsching: Demokratisches Denken in der Geschichtswissenschaft der Weimarer Republik, in: Christoph Gusy (Hg.): Demokratisches Denken in der Weimarer Republik, Baden-Baden 2000, S. 71-95

20 Vgl. Christoph Gradmann: Historische Belletristik. Populäre historische Biographien in der Weimarer Republik, Frankfurt a. M./New York 1993; Eberhard Kolb: „Die Historiker sind ernstlich böse". Der Streit um die „Historische Belletristik" in Weimar-Deutschland, in: ders.: Umbrüche deutscher Geschichte 1866/71 –1918/19 – 1929/33. Ausgewählte Aufsätze. Herausgegeben von Dieter Langewiesche und Klaus Schönhoven, München 1993, S. 311-329; Wolfgang Hardtwig: Die Krise des Geschichtsbewußtseins in Kaiserreich und Weimarer Republik und der Aufstieg des Nationalsozialismus, in: Jahrbuch des Historischen Kollegs 2001, München 2002, S. 47-75; ders.: Geschichte für Leser. Populäre Geschichtsschreibung in Deutschland im 20. Jahrhundert, in: ders./Erhard Schütz (Hg.): Geschichte für Leser. Populäre Geschichtsschreibung in Deutschland im 20. Jahrhundert, Stuttgart 2005, S. 11-32, bes. S. 24-32; Sebastian Ullrich: „Der Fesselndste unter den Biographen ist heute nicht der Historiker." Emil Ludwig und seine historischen Biographien, in: ebd., S. 35-56.

Geschichtsmarkt sorgte dafür, dass die endlose Debatte um das Verhältnis zwischen Literatur und Geschichte in eine neue Runde eintrat. Diesmal allerdings unter den Bedingungen einer pluralistischen Öffentlichkeit, welche die Deutung der (jüngeren) Vergangenheit zu einem zentralen Feld von erbitterten politischen Legitimationskämpfen machte.[21]

Nun mag man an dieser Stelle einwenden, dass die Geschichtswissenschaft zur Zeit Hartlaubs eben einem naiven Positivismus gehuldigt habe und insofern Hartlaub gar nicht anders gekonnt hätte, als einen hohen, unüberwindlichen Zaun zwischen Historie und Dichtung zu errichten. Historie und Dichtkunst wären demnach eben zwei feindliche Brüder. Doch dieses auf den ersten Blick naheliegende Argument fällt in sich zusammen. Denn Hartlaub lieferte seine Dissertation im Fach Geschichtswissenschaft bei einem Historiker ab, der nicht nur für ästhetische Fragen überaus sensibel war, sondern der sich in einem ästhetisch definierten Selbstverständigungszirkel bewegte, für den die Dichtkunst Stefan Georges den alles überstrahlenden Leitstern darstellte. Hartlaubs Betreuer war nämlich Walter Elze, der eine Professur für Militärgeschichte an der Universität Berlin bekleidete und zu den – bislang eher unbekannten – Mitgliedern des George-Kreises zählte.[22]

21 Vgl. Robert Gerwarth: The past in Weimar history, in: Contemporary European History 15 (2006), S. 1-22; ders.: Republik und Reichsgründung. Bismarcks kleindeutsche Lösung im Meinungsstreit der ersten deutschen Demokratie (1918-1933), in: Heinrich August Winkler (Hg.): Griff nach der Deutungsmacht. Zur Geschichte der Geschichtspolitik in Deutschland, Göttingen 2004, S. 115-133; Janina Fuge: Zwischen Kontroverse und Konsens: „Geschichtspolitik“ als pluralistische Bewährungsprobe in der deutsche Nachkriegsgesellschaft in der Weimarer Republik, in: Harald Schmid (Hg.), Geschichtspolitik und kollektives Gedächtnis. Erinnerungskulturen in Theorie und Praxis, Göttingen 2009, S. 123-141; Edgar Wolfrum: Geschichte als Waffe. Vom Kaiserreich bis zur Wiedervereinigung, Göttingen 2001, S. 26-38.

22 Vgl. Wolfram Pyta, Walter Elze und Preußen – Preußische Geschichte

Daher lohnt es sich, die Dissertation Hartlaubs einer Relektüre zu unterziehen und sie in das produktive Austauschverhältnis zwischen Geschichte und Literatur einzuordnen. Es wäre eine Verkürzung, wenn man Hartlaub zurechtstutzen würde auf einen unvollendeten Schriftsteller, der auf tragische Weise in den letzten Kriegstagen der literarischen Welt entrissen wurde. Die auch im Sinne innerfamiliärer Traditionspflege von seiner Schwester Geno Hartlaub betriebene Sammlung seiner literarischen Abhandlungen[23] bleibt zumindest hinsichtlich der Quantität weit hinter dem zurück, was Hartlaub in seiner Eigenschaft als Historiker der Nachwelt hinterließ. Dazu zählte nicht nur seine hier erstmals neuaufgelegte Dissertation, sondern auch seine Tätigkeit beim Verfassen des Kriegstagebuchs. Schließlich drängt sich auch noch die Frage auf, ob und welche Pläne Hartlaub im Feld der Geschichtswissenschaft hegte. Genoss er unter Historikern ein solches Maß an Anerkennung, dass er mit seinem spezifischen Zugang zur Historie in dieser Disziplin – oder zumindest unter ihrem Banner – zu reüssieren gedachte? Wir wollen uns nicht mit den ungeschriebenen Büchern Hartlaubs beschäftigen – allein schon deswegen, weil es unter der Spezies des Historikers nur so von Exemplaren derer wimmelt, die sich über produktive Kollegen mokieren, dass diese *ihre* Bücher geschrieben hätten, obwohl diese eigenen Projekte nie über das Stadium flüchtiger Gedankenskizzen hinaus gelangten. Aber wir wollen an Hartlaub die Frage richten, ob und in welchem spezifischen Feld der Historie er Aussichten gehabt hätte, sich nach Kriegsende oder schon zuvor zu etablieren.

aus dem Geiste des George-Kreises, in: Hans-Christof Kraus (Hg.): Das Thema „Preußen" in Wissenschaft und Wissenschaftspolitik vor und nach 1945, Berlin 2013, S. 119-132.

23 Felix Hartlaub: Das Gesamtwerk. Dichtungen, Tagebücher, hg. von Geno Hartlaub, Frankfurt/Main 1955.

II.

Wenden wir uns also zunächst der Dissertation Hartlaubs zu. Im Wintersemester 1934/35 nahm Hartlaub sein Studium der Neueren Geschichte, Romanistik und Kunstgeschichte an der Friedrich-Wilhelms-Universität in Berlin auf. Zuvor hatte er zwei Semester an der seiner Heimatstadt Mannheim nächstgelegen Universität – also Heidelberg – romanische Philologie studiert. Dass Felix Hartlaub nicht im Fach Kunstgeschichte promoviert wurde, hängt wohl auch damit zusammen, dass er seinem übermächtigen Vater, dem Direktor der städtischen Kunsthalle in Mannheim, aus dem Wege gehen wollte. In diesem Spezialgebiet seines Vaters wurde er zwar – wie es sich damals für ein veritables Rigorosum ziemte – im Rahmen der mündlichen Doktorprüfung durch einen Meister des Faches, Wilhelm Pinder[24], examiniert. Doch seine Inaugural-Dissertation fertigte er schließlich beim ausgewiesenen Militärhistoriker Walter Elze in Berlin an. Alle Anzeichen deuten darauf hin, dass Felix Hartlaub damit auch eine bewusste Entscheidung der Emanzipation vom „Übervater" traf. Jedenfalls ließ er in seinem der Dissertation beigefügten Lebenslauf keinen Zweifel daran aufkommen, dass er den Studienortwechsel von Heidelberg nach Berlin auch mit einem Wechsel der Studienschwerpunkte verband: Er hatte Geschichte als Hauptfach auserkoren.[25]

In der Reichshauptstadt folgte sein weiterer wissenschaftlicher Werdegang den damals üblichen akademischen

24 Vgl. zur Person Magdalena Bushart: Pinder, Georg Maximilian *Wilhelm*, in: Neue Deutsche Biographie. Herausgegeben von der Historischen Kommission bei der Bayerischen Akademie der Wissenschaften. Bd. 20, Berlin 2001, S. 448-450.

25 Lebenslauf in: Felix Hartlaub: Don Juan d´Austria und die Schlacht bei Lepanto, Phil. Diss., Berlin 1939, S. 187; in dieser Ausgabe S. 249.

Gepflogenheiten: In seinem vierten Berliner Semester erhielt er von einem Professor – in diesem Fall von Elze – das Thema seiner Dissertation zugeteilt[26]; für die Anfertigung dieser Qualifikationsschrift benötigte er etwas mehr als zwei Jahre; mit 186 Seiten bewegte sich seine Doktorarbeit durchaus im Rahmen des damals üblichen Umfangs; und zwei ausgewiesene Ordinarien des Faches Geschichte – neben Elze noch der Neuzeithistoriker Wilhelm Schüßler – fungierten als Gutachter.[27] Knapp drei Jahre nach dem Erhalt des Dissertationsthemas legte Hartlaub sein Rigorosum ab[28] und durfte sich danach als promovierter Historiker bezeichnen. Dass sein akademischer Lehrer die Dissertation seines Schülers Hartlaub schätzte, wird dadurch unterstrichen, dass sie als Band 28 in einer von Elze herausgegeben Schriftenreihe inhaltlich unverändert im Jahre 1940 publiziert wurde.[29] Damit war die Promotion endlich vollzogen und Hartlaub „also jetzt Doktor" der Geschichtswissenschaft.[30]

Hartlaub bewegte sich in formaler Hinsicht mithin im gängigen akademischen Muster. Die bisherige Forschung hat seiner Dissertation wenig Aufmerksamkeit gewidmet; und die Biographie von Monika Marose hat den methodisch fragwürdigen Versuch unternommen, das gewählte Thema wie den methodischen Zugang aus der psychischen Verfassung Hartlaubs heraus zu erklären. Dass Hartlaubs wissenschaftliche Visitenkarte „über weite Strecken wie ein autobiographischer Text"[31] gestaltet worden sei, ist eine überaus kühne

26 Ebd.
27 Vgl. die Angaben ebd. neben dem Inhaltsverzeichnis.
28 Am 16. Februar 1939; vgl. das Titelblatt seiner Dissertation.
29 Vgl. Felix Hartlaub: Don Juan d´Austria und die Schlacht bei Lepanto (Schriften der kriegsgeschichtlichen Abteilung im Historischen Seminar der Friedrich–Wilhelms-Universität Berlin), Berlin 1940.
30 Robert Thürling, Phil. Fak der Universität Berlin an Hartlaub (01.02.1940), in: DLA Marbach, NL Felix Hartlaub 93.17.146.
31 Monika Marose: Unter der Tarnkappe. Felix Hartlaub. Eine Biographie, Berlin 2005, S. 74.

Behauptung. Gewagt deswegen, weil Hartlaub kein genuin geschichtswissenschaftliches Interesse unterstellt wird, so dass die These im Kern darauf hinausläuft, er habe eine akademische Qualifikationsschrift genutzt, um lediglich von sich selbst Mitteilung zu machen. Aber selbst wenn man die wissenschaftliche Qualifikationsarbeit Hartlaubs als genuin literarischen Text deutete, wäre der Schluss von der mentalen Befindlichkeit des Autors zum von ihm produzierten Text eine unzulässige Reduktion, die mehr Erkenntnishürden aufstellt als abbaut.

Wissenschaftsgeschichtlich viel naheliegender ist die Frage, ob Hartlaub mit seinem ersten geschichtswissenschaft-lichen Gehversuch nicht auch einen Beitrag zu jener kreativen Verschränkung von Historie und Literatur leistete, der das Markenzeichen derjenigen Historiker war, die sich als Georgeaner der Vorstellung verschrieben hatten, historischen Persönlichkeit dadurch Leben einzuhauchen, ihnen eine literarisch geformte Gestalt zu verleihen. Die Historiker im George-Kreis beherrschten die methodischen Standards der Geschichtswissenschaft – und daher stand die quellenmäßige Absicherung ihrer Befunde nicht zur Debatte. Aber sie setzten einen bewussten Kontrapunkt gegen eine zur Aktenphilologie erstarrten Faktenaufzählung, wie sie gerade in zahlreichen Qualifikationsarbeiten dominierte. Stattdessen versuchten sie, aus dem historischen Rohmaterial gestalterische Antriebskräfte herauszulösen. Sie maßen historische Akteure an deren Selbstbild und entwickelten daraus eine literarisch anspruchsvolle Geschichtserzählung. Dass sie damit heftige Kritik von Fachkollegen hervorriefen, welche ihnen – nicht immer zu Unrecht – vorhielten, sich zu weit über das Belegbare hinauszuwagen, nahmen sie in Kauf. Und die Tatsache, dass sie sich mangels aussagekräftiger und belastbarer Ego-Dokumente gelegentlich in phantasievolle

Spekulationen verstiegen, hat ihren Kritikern dabei wohlfeile Nahrung verschafft.[32]

Nun wäre es unangemessen, Felix Hartlaub als Mitglied des George-Kreises im engeren Sinne darzustellen – sozusagen als Angehörigen der dritten Generation der Jünger des „Meisters". Dem steht schon Hartlaubs eigene Einschätzung entgegen. Denn das Verhältnis gegenüber seinem Doktorvater beschrieb er zwar als „sehr nett", hielt es allerdings nur für wenig „entwicklungsfähig", da er selbst „die georgianische Geschichtsauffassung an vielen Punkten" ablehnte.[33] Doch festzuhalten ist, dass eine gewissermaßen impressionistische Herangehensweise an vergangenes Geschehen im wahrsten Sinne des Wortes Schule machte. Dies bedeutet, dass ein künstlerisch sensibler Historiker wie Hartlaub von Walter Elze[34], einem von insgesamt vier habilitierten Historikern aus der zweiten Generation der Georgeaner (außer ihm noch: Friedrich Wolters[35], Ernst Kantorowicz, Wolfram von den Steinen), Impulse empfing, die typisch für einen – heute würden wir sagen: kulturwissenschaftlichen – Zugriff auf die Historie waren. Denn Elze hatte in Berlin auf eine unaufdringliche Art einen Schülerkreis um sich geschart, dem er in sanften Dosen geschichtstheoretische Lehren auf den Weg gab. Zu diesem Zweck hielt er auch Diskussionskreise ab, welche die Doktoranden einander näher bringen sollte, indem jeder von seinen jeweiligen Sorgen und Nöten beim Abfassen

32 Vgl. Barbara Schlieben/Olaf Schneider/Kerstin Schulmeyer: Geschichtsbilder im George-Kreis. Wege zur Wissenschaft, in: dies. (Hg.): Geschichtsbilder im George-Kreis. Wege zur Wissenschaft, Göttingen 2004, S. 7-15, hier S. 7-11.

33 Hartlaub an Werner Meyer (18.12.1935), in: DLA Marbach, NL Felix Hartlaub 93.17.97. Noch 1938 beklagte er sich über den „Mangel eines wirklichen Lehrers" , Hartlaub an Werner Meyer (05.03.1938), in: ebd.

34 Vgl. hierzu Pyta: Walter Elze.

35 Vgl. zur Person Carola Groppe: Die Macht der Bildung. Das deutsche Bürgertum und der George-Kreis 1890-1933, 2. Aufl. Köln 2001, vor allem S. 268-287.

ihrer jeweiligen Qualifikationsschriften berichten konnte.[36] Ohne missionarischen Eifer legte er es darauf an, seiner überaus stattlichen Zahl von Doktoranden einen Balanceakt beizubringen: Sie sollten auf der einen Seite peinlich darauf bedacht sein, ihre Befunde quellenmäßig abzusichern – denn Elze wusste aus eigener, leidvoller Erfahrung, dass Historiker, die im Geruch standen, mit der Ideenwelt des George-Kreises zu sympathisieren, bei ihren Fachkollegen einen schweren Stand hatten.[37] Auf der anderen Seite sollten seine Schüler – je nach ihrem gewählten Gegenstandsbereich – die Historie zum Klingen bringen, mit farbiger Ausschmückung und anregender Prosa. Gerade erstes bekam auch Hartlaub zu spüren, als er Elze einen Teil seiner Dissertation vorlas, so war dieser „im Ganzen auch wohl befriedigt, fand aber, ich müsse die einzelnen Dinge doch noch genauer belegen und sauberer herausarbeiten, warf mir auch Mangel an wissenschaftlicher Reserve, zu geringen Gebrauch des Coniunctivus vor."[38]

In besonderer Weise hat dieses Programm vor allem der Meisterschüler Elzes eingelöst, der auch für die Einführung Hartlaubs in die Geschichtswissenschaft und seine spätere adäquate Verwendung eine Schlüsselrolle spielte: Wilhelm Heinrich Scheidt.[39] Dieser war in gewisser Weise ein avantgardistischer Kulturhistoriker und einer der ersten, welche die dynamische Beziehung zwischen Ästhetik und Politik in das methodische Zentrum ihrer Forschungen rückten. Seine Dissertation hatte ein Thema zum Inhalt, das an kaum einem anderen Ort als in Berlin als dissertationswürdig für

36 Vgl. Hartlaub an seinen Vater (01.04.1937), in: DLA Marbach, NL Felix Hartlaub 93.17.85/7.
37 Vgl. Pyta: Walter Elze, S. 122-124.
38 Hartlaub an seinen Vater (17.01.1937), in: DLA Marbach, NL Felix Hartlaub 93.17.85/3.
39 Vgl. zur Person Pyta: Walter Elze, S. 129; ders.: Hitler. Der Künstler als Politiker und Feldherr. Eine Herrschaftsanalyse, München 2015, S. 317-320.

eine geschichtswissenschaftliche Abhandlung hätte gelten können: „Von der Weisheit Goethes über und für die Geschichte“[40]. Dort sang Scheidt das Loblied „der produktiven Einbildungskraft“[41], von der sich der Historiker beseelen lassen müsse, wenn er aus dem toten Quellenmaterial der Historie erzählerische Funken schlagen wolle.

Solche Elemente begegnen uns nun auch in der Dissertation Felix Hartlaubs. Seine Schrift legt deutlich Zeugnis ab von der Schule, die er bei Walter Elze durchlaufen hatte, obgleich er sich mehrfach über seinen Doktorvater beschwerte und dessen „gepflegte[...] Sterilität“ ihm aufstieß.[42] Andererseits schien Elze seinen zwischen Geschichtswissenschaft und Literatur schwankenden Ambitionen jedoch auch entgegenzukommen und so erschien ihm „das Seminar von Prof. Elze als [...] mein einziger Anhaltspunkt, da er wirkliche menschliche Prägung und menschliche Geschichte besitzt.“[43] Trotzdem bereitete ihm die Niederschrift erhebliche Probleme. Sie zog sich sehr lang hin, und die Klagen über die in der Regel qualvolle Zeit der Niederschrift durchziehen etliche Briefe aus den Jahren der Promotionszeit.[44] Anlässlich der Abgabe eines Teils der Arbeit an seinen Betreuer fürchtete der Doktorand das Urteil und schätzte seine eigene Arbeit als „langweilig“ ein, ja ihm hing die „Arbeit, die ganze Uni [...] schrecklich zum Halse heraus“.[45]

40 Wilhelm Heinrich Scheidt: Von der Weisheit Goethes über und für die Geschichte, Diss. Phil., Berlin 1937.
41 Ebd., S. 20.
42 Hartlaub an Werner Meyer (29.05.1938), in: DLA Marbach, NL Felix Hartlaub 93.17.97.
43 Hartlaub an Erika Hartlaub (19.05.1935), in: DLA Marbach, NL Felix Hartlaub 93.17.73.
44 Vgl. exemplarisch Hartlaub an seinen Vater (17.01.1937), in: DLA Marbach, NL Felix Hartlaub 93.17.85/3; Hartlaub an seinen Vater (29.03.1937), in: ebd., 93.17.85/6.
45 Hartlaub an Werner Meyer (28.12.1938), in: DLA Marbach, NL Felix Hartlaub 93.17.97.

Sein Thema hatte auf den ersten Blick einen militärhistorischen Anstrich – was auch dem Umstand geschuldet war, dass Elze als Leiter der kriegsgeschichtlichen Abteilung im Historischen Seminar mit Vorliebe kriegshistorische Themen vergab. Die Militärgeschichte hatte damals innerhalb der akademischen Geschichtswissenschaft eine noch exotischere Stellung als heutzutage. Sieht man von dem Berliner Professor Hans Delbrück[46], der Elze habilitiert hatte, ab, so fand die historische Auseinandersetzung mit dem Kriegsgeschehen der Vergangenheit vor Beginn des Ersten Weltkriegs primär beim Großen Generalstab statt – insbesondere für die Zeitgeschichte und die Kriege Friedrichs des Großen.[47] Dabei taten die Militärs alles dafür, um Zivilisten wie Delbrück aus ihrem Feld auszuschließen.[48] Die Offiziere sicherten sich auch nach 1918/19 eine Oberhoheit über ihr Themengebiet, so dass die Analyse des Ersten Weltkriegs von Offizieren im neugegründeten Reichsarchiv[49] in Potsdam vorgenommen wurde, während die Seeoperationen beim Berliner Marine-Archiv bearbeitet wurden.[50] Während der Zwischenkriegszeit (und darüber hinaus) erschienen zahlreiche Bände mit vornehmlich operationsgeschichtlichem Schwerpunkt, die kaum geeignet

46 Vgl. Andreas Hillgruber: Hans Delbrück, in: Hans-Ulrich Wehler (Hg.): Deutsche Historiker, Göttingen 1973, S. 416-428; Wilhelm Deist: Hans Delbrück – Militärhistoriker und Publizist, in: Militärgeschichtliche Zeitschrift 57 (1998), S. 371-383.

47 Vgl. Reinhard Brühl: Militärgeschichte und Kriegspolitik. Zur Militärgeschichtsschreibung des preußisch-deutschen Generalstabes 1816-1945, Berlin (Ost) 1973; Martin Raschke: Der politisierende Generalstab. Die friderizianischen Kriege in der amtlichen Militärgeschichtsschreibung 1890-1914, Freiburg i. Br. 1993.

48 Sven Lange: Hans Delbrück und der „Strategiestreit“. Kriegführung und Kriegsgeschichte in der Kontroverse 1879-1914, Freiburg im Breisgau 1995.

49 Vgl. hierzu ausführlich Matthias Herrmann: Das Reichsarchiv (1919-1945). Eine archivische Institution im Spannungsfeld der deutschen Politik, 2 Bde., phil. Diss. Berlin 1993.

50 Vgl. hierzu Sebastian Rojek: Versunkene Hoffnungen. Die Deutsche Marine im Umgang mit Erwartungen und Enttäuschungen 1871-1930, Phil. Diss. München 2016, Kap. IV.4.

waren, ein breiteres Publikum zu erreichen.[51] Als wesentlich erfolgreicher erwiesen sich dagegen ebenfalls vom Reichsarchiv angeregte stärker literarisierende Monographien über einzelne Schlachten und Kriegsereignisse, die weniger trocken daher kamen.[52]

Vor diesem Hintergrund also bewegten sich Walter Elze und seine Schüler, und hier fielen dessen Anregungen auf fruchtbaren Boden. So gesehen handelte es sich bei Hartlaubs Arbeit nur an der Oberfläche um eine militärhistorische Arbeit im engeren Sinne. Vielmehr bildete die „Schlacht bei Lepanto" für Hartlaub lediglich den Anlass, den Oberbefehlshaber der vereinigten spanisch-päpstlich-venezianischen Flotte zu illuminieren, die am 7. Oktober 1571 bei Lepanto im Ionischen Meer die Flotte des Osmanischen Reiches besiegt hatte. Letztlich ging es Hartlaub darum, die beiden Hauptbeteiligten auf Seiten der christlichen Ligamächte so zu modellieren, dass sie

51 Vgl. umfassend Markus Pöhlmann: Kriegsgeschichte und Geschichtspolitik: Der Erste Weltkrieg. Die amtliche deutsche Militärgeschichtsschreibung 1914-1956, Paderborn u. a. 2002; ders.: Republik und Reichsarchiv. Hermann Ritter Mertz von Quirnheim, Hans von Haeften und die amtliche Militärgeschichtsschreibung nach 1918, in: Ehlert (Hg.), Militärhistoriker, S. 21-31; Erich Murawski: Die amtliche deutsche Kriegsgeschichtsschreibung über den Ersten Weltkrieg, in: Wehrwissenschaftliche Rundschau 9 (1959), S. 513-531, S. 584-598; Friedrich Frhr. Hiller von Gaertringen: Militärgeschichte in Deutschland von 1918 bis 1945, in: Militärgeschichtliches Forschungsamt (Hg.): Militärgeschichte in Deutschland und Österreich vom 18. Jahrhundert bis in die Gegenwart (Vorträge zur Militärgeschichte Bd. 6), Herford 1985, S. 108-133.

52 Vgl. Markus Pöhlmann: „Das große Erleben da draußen". Die Reihe Schlachten des Weltkrieges (1921-1930), in: Thomas F. Schneider/Hans Wagener (Hg.): Von Richthofen bis Remarque: Deutschsprachige Prosa zum I. Weltkrieg, Amsterdam/New York 2003, S. 113-131; Florian Brückner: Cultural turn und Erster Weltkrieg. Das Reichsarchiv und die literarische Politisierung des Kriegserlebnisses, in: Jahrbuch zur Kultur und Literatur der Weimarer Republik 16 (2013/14), S. 95-114; ähnliche Ziele verfolgte auch das Bayerische Kriegsarchiv Hermann Rumschöttel: Kriegsgeschichtsschreibung als militärische Geschichtspolitik? Zur publizistischen Arbeit des Bayerischen Kriegsarchivs nach 1918, in: Zeitschrift für Bayerische Landesgeschichte 61 (1998), S. 233-254.

trotz einer nur spärlichen Quellenüberlieferung einzigartige Gestalt gewannen. Diese beiden Protagonisten waren Don Juan d'Austria, der 1547 geborene uneheliche Sohn von Kaiser Karl V., der als letzter Habsburger in den österreichischen wie spanischen Erblanden regierte. Fast ebenso großes Interesse widmete Hartlaub jedoch auch der eigentlichen Seele der vereinigten anti-osmanischen Allianz, nämlich Papst Pius V. Die Beziehung zwischen dem jungen Feldherrn und dem Pontifex maximus bildete den erzählerischen Leitfaden der Dissertation, die als Vorstufe einer Biographie gelten kann. Hartlaub wies beiden Persönlichkeiten einen historischen Sinn zu, weil er mit dem Wissen des Nachgeborenen operiert, der aus einem Abstand von fast vierhundert Jahren die welthistorische Bedeutung der Schlacht von Lepanto und der beiden Hauptprotagonisten auf christlicher Seite einzuschätzen beanspruchte

Hartlaub erzählt also post festum eine Geschichte, die er nach nachträglichen narrativen Fluchtpunkten strukturiert – ein Verfahren, dass schon damals innerhalb der Geschichtswissenschaft umstritten war, weil es die situative Dynamik und die Offenheit des historischen Geschehens der Perspektive des mit umfassen Wissens gesegneten allwissenden Erzählers unterordnete. Andererseits erlaubte es eine solche Erzählweise dem Autor besonders elegant, Ordnung in seine Erzählung zu bringen.[53] Lassen wir an dieser Stelle einmal Hartlaub selbst in einem längeren Zitat zu Worte kommen: „Es bestand die Gefahr, daß Pius V. mit seinem mittelalterlich unbedingten Herrscheranspruch an den politischen Realitäten seiner Zeit

53 Vgl. zu den Möglichkeiten narrativer Ordnung Frank Rexroth: Meistererzählungen und die Praxis der Geschichtsschreibung. Eine Skizze zur Einführung, in: Ders. (Hg.): Meistererzählungen vom Mittelalter. Epochenimaginationen und Verlaufsmuster in der Praxis mediävistischer Disziplinen. (Historische Zeitschrift Beiheft 46) München 2007, S. 1-22, hier S. 6-7; Walter Pohl: Ursprungserzählungen und Gegenbilder. Das archaische Frühmittelalter, in: ebd., S. 23-41, hier S. 33-35.

vorbeiregierte, daß sich ihm der Stoff für seine großen Pläne entzog. Wenn man sich dies vergegenwärtigt, scheint der Umstand, daß dem heiligen Asketen der jugendlich weltfrohe Don Juan d'Austria als Helfer zur Seite trat, einen tieferen Sinn zu gewinnen. Eine Biographie Don Juans müsste untersuchen, ob dem Verhältnis beider Männer, deren Altersunterschied fast ein halbes Jahrhundert betrug, die sich nie begegnet sind und nur ein Jahr nebeneinander in Verbindung standen, nicht eine Eigenbedeutung innewohnt. Die Frage ist wohl zu bejahen."[54]

Diese Textpassage bringt zum Ausdruck, dass Hartlaub sich mit seiner Dissertation als Biograph seines Hauptakteurs in Stellung bringen wollte.[55] In den 1930er-Jahren war es äußerst unüblich, dass die erste wissenschaftliche Qualifikationsarbeit – und dies war die Dissertation – die Textsorte der historischen Biographie in Anspruch nahm. Denn nach herkömmlicher Ansicht war diese besonders anspruchsvolle Erzählform einem Meister und keinem Anfänger vorbehalten. Dementsprechend hatte sein Doktorvater ihm von „einer[r] vollständige[n] Lebensbeschreibung" dringend abgeraten.[56] Daher wählte Hartlaub einen Umweg: Er nahm die Grundzüge einer späteren Biographie Juan d'Austrias vorweg – um zugleich deutliche Signale auszusenden, dass eine künftige Biographie darauf aufbauen müsse.[57] Hartlaub bewegte sich als ästhetisch sensibler Geschichtswissenschaftler auf biographischem Terrain – und daher ist es als eine Koketterie zu werten, wenn er gegenüber einem Freund, der mit den Gepflogenheiten der Geschichtswissenschaft nicht vertraut war, ausführte, sein Dissertationsprojekt sei „mehr als Vor-

54 Hartlaub: Don Juan, Berlin 1940, S. 35; in unserer Ausgabe S.76.

55 Dementsprechend löste das Gerücht, demnächst erscheine eine große Biographie über Don Juan, einen ziemlichen Schock aus. Vgl. Brief Hartlaubs (04.08.1937), in: DLA Marbach, NL Felix Hartlaub 93.17.85/13.

56 Elze an Hartlaub (09.02.1936), in: DLA Marbach, NL Felix Hartlaub 93.17.109/3.

57 Vgl. Hartlaub: Don Juan, S. 11 u. S. 82; in unserer Ausgabe S. 47 bzw. 129

entwurf eines Romans“[58] zu betrachten. Hartlaub war weit davon entfernt, die hybride Form des historischen Romans für eine geschichtswissenschaftliche Dissertation zu wählen. Dies war er zum einen den Standards seines Fachs schuldig; zum anderen bot ihm – und dies sollten die vorangegangenen Ausführungen gezeigt haben – das von ihm gewählte Sujet wie der im Elze-Kreis mögliche ästhetisch verfeinerte Zugriff Gelegenheit genug, seine literarischen Qualitäten auch in dem Format einer wissenschaftlichen Qualifikationsschrift zur Geltung zu bringen. An vielen Stellen spitzte er die Schilderung der Ereignisse geradezu dramatisch zu und ließ den Leser teilhaben an Kabalen und Ränkespielen der Akteure aller Seiten; selbst die osmanische Seite, über die Hartlaub mangels Rezeption osmanischer Quellen nur aus zweiter Hand informiert war, gewann durch dieses Erzählverfahren scharfgeschnittene Konturen.[59]

Den Preis dafür entrichtet Hartlaub leichten Herzens: Er ging überaus sparsam mit Zitaten aus den Quellen um. Damit setzte er einen bewussten Kontrapunkt zu jenen Dissertationen schüchterner Anfänger seines Fachs, die sich auch Mangels kreativer Durchdringung des Quellenmaterials hinter wahren Zitatenungetümen verschanzten. Hartlaub wählte ein Kontrastprogramm. Er ging sparsam mit Fußnoten um und geizte mit der Wiedergabe wörtlicher Zitate aus Dokumenten, die er ohnehin nur in publizierter Form zur Kenntnis nahm.[60] Dieser zwar nicht freihändige, aber doch nicht aktenbessenene Umgang mit der Historie wurde Hartlaub denn auch von

58 Schreiben Hartlaubs an seinen Freund Rudolph Kiewe, 20. Januar 1936, zitiert bei Ewenz, Hartlaub, Bd. 2, S. 24.

59 Aus den unzähligen Stellen bei Hartlaub: Don Juan, seien nur S. 23 – 25 herausgehoben; in unserer Ausgabe S. 62-64.

60 Bezeichnend ist folgende Bemerkung Hartlaubs: „Es ließen sich viele Stellen aus der diplomatischen Korrespondenz anführen, wo [die Spanier] sich die Angst und Unruhe der Venezianer zu erklären suchten, oft mit einem Zug ins Sarkastische“., ebd., S. 50; in unserer Ausgabe S. 92-93..

denjenigen Historikern angekreidet, die in der akribischen Absicherung der Befunde die vornehmste Aufgabe des Historikers erblickten.[61]

Die Rezeption seiner Dissertation zeugt im übrigen davon, dass aufmerksame Leser diese deutlichen Signale verstanden haben. Im Leitorgan der deutschsprachigen Geschichtswissenschaft, der schon damals altehrwürdigen „Historischen Zeitschrift"[62], war der Rezensent[63] voll des Lobes, dass es dem Verfasser „dank einer meisterhaften Beherrschung auch der ferneren Hintergründe in Geistes- und Literaturgeschichte" gelungen sei, die „Gesamtpersönlichkeit Don Juans" überzeugend und farbig zu rekonstruieren. Und er endete mit der eindeutigen Empfehlung: „Es wäre dringend zu wünschen, daß dieselbe Hand, ... das Bild des ganzen Lebens Don Juans entwerfen würde."[64] Der angesehene Karl Alber Verlag in Freiburg fragte im Oktober 1940 bei Hartlaub an, ob dieser für den Verlag eine Biographie Juan d'Austrias schreiben wolle.[65] Die wohl ausführlichste Auseinandersetzung mit Hartlaubs Monographie bot allerdings keine Rezension, sondern ein ganzes Kapitel in dem Monumentalwerk, das der französische Historiker Fernand Braudel über die Geschichte des Mittelmeers im Zeitalter Philipps II. 1949 publizierte[66] und das für die Entwicklung der Geschichtswissenschaft und der historischen Auseinandersetzung mit dem

61 Vgl. z. B. die Rezension von Roger B. Merriman, in: The American Historical Review (46) 1941, S. 712f.

62 Vgl. Lothar Gall: 150 Jahre Historische Zeitschrift, in: Historische Zeitschrift 289 (2009), S. 1-23.

63 W. Kaegi (Basel) in: Historische Zeitschrift 165 (1942), S. 208.

64 Ebd.

65 Dieses Schreiben wird auszugsweise zitiert bei Ewenz, Hartlaub, Bd. 2, S. 172, Anmerkung 7.

66 Vgl. Fernand Braudel: La Méditerranée et le Monde méditerranéen à l' époque de Phlippe II, Paris 1949; deutsche Fassung: Das Mittelmeer und die mediterrane Welt in der Epoche Philipps II., 3 Bde., Frankfurt/M.1990 .